Taschenkommentare
des
Betriebs-Beraters

Kommentar zum Gesetz über den Ladenschluß und zum Gesetz zur Einführung eines Dienstleistungsabends

mit den Ladenschlußverordnungen

von

Dr. Johannes Zmarzlik

Ministerialrat im Bundesministerium für Arbeit und Sozialordnung

unter Mitwirkung von

Werner Heidrich

im Bundesministerium für Arbeit und Sozialordnung

Verlag Recht und Wirtschaft GmbH
Heidelberg

CIP-Titelaufnahme der Deutschen Bibliothek

Zmarzlik, Johannes:
Kommentar zum Gesetz über den Ladenschluß und zum Gesetz zur Einführung eines Dienstleistungsabends: mit den Ladenschlußverordnungen / von Johannes Zmarzlik. Unter Mitw. von Werner Heidrich. – Heidelberg: Verl. Recht u. Wirtschaft, 1989

Taschenkommentare des Betriebs-Beraters)

ISBN 3-8005-6884-5

ISBN 3-8005-6884-5

Satz: Filmsatz Unger & Sommer GmbH, 6940 Weinheim

Offsetdruck: Druckerei Schmich KG,
6915 Dossenheim bei Heidelberg

Buchbinderische Verarbeitung: Progressdruck GmbH, 6720 Speyer

Umschlaggestaltung: Horst König, 6700 Ludwigshafen

Printed in Germany

Vorwort

Das Gesetz zur Einführung eines Dienstleistungsabends tritt am 1. Oktober 1989 in Kraft. Es wirft für alle Beteiligten und Betroffenen eine Fülle von Fragen auf. Insbesondere auf Dienstleistungsbetriebe und Behörden mit Publikumsverkehr, auf Betriebsräte und Personalräte, auf Gewerkschaften und Arbeitgeberverbände, auf Aufsichtsbehörden der Länder und Gemeinden sowie auf Gerichte kommen mit diesem Gesetz neuartige Probleme und Aufgaben zu.

Das Ladenschlußgesetz ist seit seinem Inkrafttreten im Jahre 1956 mehrfach geändert worden. Das Gesetz zur Einführung eines Dienstleistungsabends ändert das Ladenschlußgesetz darüber hinaus in seiner entscheidenden Grundnorm des § 3 über allgemeine Ladenschlußzeiten.

Verlag und Autor haben dies zum Anlaß genommen, allen Beteiligten und Betroffenen mit diesem Erläuterungsbuch so schnell wie möglich eine Orientierungshilfe zu geben. Rechtsprechung, Schrifttum und Verwaltungspraxis zum Ladenschlußgesetz sind trotz der gebotenen Eile und der für die Praxis gebotenen Kürze soweit wie möglich berücksichtigt worden. Bei den Erläuterungen des Gesetzes zur Einführung eines Dienstleistungsabends haben Verlag und Autor Teile der amtlichen Begründung der Bundesregierung und des Schriftlichen Berichts des Ausschusses für Arbeit und Sozialordnung des Deutschen Bundestages zum Entwurf eines Gesetzes zur Einführung eines Dienstleistungsabends abgedruckt, weil sie davon ausgehen, daß diese Teile für die Auslegung und Anwendung dieses Gesetzes von erheblicher Bedeutung sein werden.

Verlag und Autor sind der Auffassung, daß zu einem Erläuterungsbuch über das Ladenschlußgesetz ein Abdruck der Ladenschlußverordnungen des Bundes und der Länder gehört. Ein solcher Abdruck erscheint zum Verständnis der jeweiligen Ermächtigungsvorschrift des Ladenschlußgesetzes notwendig und zeigt darüber hinaus Ausmaß und Umfang des Ladenschlusses und die Vielfalt der Zuständigkeiten im Ladenschluß. Zugleich wird damit damit den Verkaufsstellen die Möglichkeit geboten, ihrer Auslagepflicht nach § 21 Abs. 1 Nr. 1 Ladenschlußgesetz und den sie betreffenden Verordnungen nachzukommen.

Im Anhang sind die den Ladenschluß und den Dienstleistungsabend ergänzende Arbeitszeitverordnung sowie einschlägige Vorschriften aus der Gewerbeordnung und der Arbeitsstättenverordnung abgedruckt.

Das eingehende Sachregister am Ende des Erläuterungsbuches soll die in der Praxis gebotene rasche und doch zuverlässige Orientierung erleichtern.

Juli 1989 *Johannes Zmarzlik*

Inhaltsverzeichnis

Teil B
Ladenschlußverordnungen

Teil C:
Gesetz zur Einführung eines Dienstleistungsabends

Teil D:
Anhang

Abkürzungsverzeichnis

a. A.	anderer Ansicht
a. a. O.	am angegebenen Ort
ABl.	Amtsblatt
Abs.	Absatz
allg.	allgemein
Amtliche Begründung	Begründung der Bundesregierung zum Entwurf eines Gesetzes zur Einführung eines Dienstleistungsabends in BT-Drucks. 11/2973 S. 5ff.
a. M.	anderer Meinung
Anh.	Anhang
Anm.	Anmerkung
AO	Anordnung
AP	Arbeitsrechtliche Praxis, Nachschlagewerk
ApBetrO	Apothekenbetriebsordnung
ARBlattei	Arbeitsrechtliche Blattei
ArbSch	Arbeitsschutz
Art.	Artikel
Aufl.	Auflage
AuS-Ausschuß BT	Ausschuß für Arbeit und Sozialordnung des Deutschen Bundestages
AVE	Allgemeinverbindlicherklärung
AZO	Arbeitszeitordnung
BABl.	Bundesarbeitsblatt, Zeitschrift
BAG	Bundesarbeitsgericht
BAG	Bundesarbeitsgemeinschaft der Mittel- und Großbetriebe des Einzelhandels e. V.
Bay	Bayern
BayOblG	Bayerisches Oberstes Landesgericht
BayVBl.	Bayerische Verwaltungsblätter
BayVGH	Bayerischer Verwaltungsgerichtshof
BAZG	Bäcker-Arbeitszeit-Gesetz
BB	Betriebs-Berater, Zeitschrift
Begr.	Begründung
Berl	Berlin

betr.	betreffend
BetrVG	Betriebsverfassungsgesetz
BGB	Bürgerliches Gesetzbuch
BGBl.	Bundesgesetzblatt
BGH	Bundesgerichtshof
BGHSt	Entscheidungen des Bundesgerichtshofs in Strafsachen
BGHZ	Entscheidungen des Bundesgerichtshofs in Zivilsachen
BMA	Bundesminister für Arbeit und Sozialordnung
BR	Bundesregierung
BR-Drucks.	Drucksachen des Bundesrates
Brem	Bremen, bremisch
BT	Bundestag
BT-Drucks.	Drucksachen des Bundestages
BTX	Bildschirmtext
BVerfG	Bundesverfassungsgericht
BVerfGE	Entscheidungen des Bundesverfassungsgerichts
BVerwG	Bundesverwaltungsgericht
BVerwGE	Entscheidungen des Bundesverwaltungsgerichts
BW	Baden-Württemberg
bzw.	beziehungsweise
DB	Der Betrieb, Zeitschrift
d. h.	das heißt
DÖV	Die Öffentliche Verwaltung, Zeitschrift
DVBl.	Deutsches Verwaltungsblatt, Zeitschrift
EG	Einführungsgesetz
Einf.	Einführung
Erl.	Erläuterung
ff.	folgende
G	Gesetz
GastG	Gaststättengesetz
GBl.	Gesetzesblatt
gem.	gemäß
GewArch	Gewerbearchiv, Zeitschrift
GewO	Gewerbeordnung

GG	Grundgesetz
GO	Geschäftsordnung
GRUR	Gewerblicher Rechtsschutz und Urheberrecht, Zeitschrift
GVBl.	Gesetz- und Verordnungsblatt
GWB	Gesetz gegen Wettbewerbsbeschränkungen
GzED	Gesetz zur Einführung eines Dienstleistungsabends
Hamb	Freie und Hansestadt Hamburg
Hess	Hessen
h. M.	herrschende Meinung
HwO	Handwerksordnung
i. d. R.	in der Regel
insbes.	insbesondere
i. S. d.	im Sinne des
i. V. m.	in Verbindung mit
JArbSchG	Jugendarbeitsschutzgesetz
KG	Kammergericht
LG	Landgericht
LSchlG	Ladenschlußgesetz
MDR	Monatsschrift für Deutsches Recht, Zeitschrift
MinBl.	Ministerialblatt
MuSchG	Mutterschutzgesetz
m. w. N.	mit weiteren Nachweisen
Nds	Niedersachsen
NJW	Neue Juristische Wochenschrift, Zeitschrift
Nr.	Nummer
NW	Nordrhein-Westfalen
NZA	Neue Zeitschrift für Arbeits- und Sozialrecht, Zeitschrift
OLG	Oberlandesgericht
OVG	Oberverwaltungsgericht
OWiG	Gesetz über Ordnungswidrigkeiten
RABl.	Reichsarbeitsblatt, Zeitschrift
Rn.	Randnummer
RGBl.	Reichsgesetzblatt
RGZ	Entscheidungen des Reichsgerichts in Zivilsachen

Rpf	Rheinland-Pfalz
Rspr.	Rechtsprechung
RVO	Rechtsverordnung
Schriftlicher Bericht	Schriftlicher Bericht des Ausschusses für Arbeit und Sozialordnung des Deutschen Bundestages zum Entwurf eines Gesetzes zur Einführung eines Dienstleistungsabends in BT-Drucks. 11/4649 S. 6ff.
S.	Seite
s.	siehe
Saarl	Saarland
SH	Schleswig-Holstein
s. o.	siehe oben
sog.	sogenannte
StGB	Strafgesetzbuch
TVG	Tarifvertragsgesetz
UWG	Gesetz gegen den unlauteren Wettbewerb
VerfGH	Verfassungsgerichtshof
VerwArch.	Verwaltungsarchiv
VG	Verwaltungsgericht
VGH	Verwaltungsgerichtshof
vgl.	vergleiche
VO	Verordnung
VwGO	Verwaltungsgerichtsordnung
VwVfG	Verwaltungsverfahrensgesetz
WRP	Wettbewerb in Recht und Praxis, Zeitschrift
WRV	Verfassung des Deutschen Reiches
z. B.	zum Beispiel

Literaturverzeichnis

Aengenendt	Ladenöffnungszeiten im Einzelhandel, 1971
Akkermann	Gesetz über den Ladenschluß, 1958
Ambs	Ladenschlußgesetz in Erbs/Kohlhaas, 1989
BAG	Strafrechtliche Nebengesetze, 4. Aufl., Bundesarbeitsgemeinschaft der Mittel- und Großbetriebe des Einzelhandels e. V., Gefahr für die Innenstädte wächst, 1984
Denecke/Neumann	Arbeitszeitordnung, 10. Aufl., 1987
Dietz/Richardi	Betriebsverfassungsgesetz, 6. Aufl., 1981
dies.	Bundespersonalvertretungsgesetz, 2. Aufl., 1978
Fitting/Auffahrt/Kaiser/Heither	Betriebsverfassungsgesetz, 15. Aufl., 1987
Galperin/Löwisch	Betriebsverfassungsgesetz, 6. Aufl., 1982
Gaul	Das Arbeitsrecht im Betrieb, 8. Aufl., 1986
Gnade/Kehrmann/Schneider/Blanke	Betriebsverfassungsgesetz, 3. Aufl., 1989
Gschwendtner/Kaul/Lüdeke/Majer/Ott	Die volkswirtschaftlichen Auswirkungen einer Liberalisierung des Ladenschlußgesetzes, 1976
Herschel/Löwisch	Kündigungsschutzgesetz, 6. Aufl., 1984
Hoffmann	Ladenschlußgesetz in v. Brauchitsch/Ule, Wirtschaftsverwaltungsrecht, 1966
Jahn-Schnelle/Wieken	Einkaufsgewohnheiten und Ladenöffnungszeiten, 1970
Löwisch	Betriebsverfasungsgesetz, 2. Aufl., 1989
Maurer	Allgemeines Verwaltungsrecht, 6. Aufl., 1988
Meisel/Hiersemann	Arbeitszeitordnung, 2. Aufl., 1977
Molitor/Volmer/Germelmann	Jugendarbeitsschutzgesetz, 3. Aufl., 1986

Neumann	Das neue Ladenschlußgesetz, 1986
Piepenbrock	Ladenschluß kontrovers, 1984
Röhsler	Die Arbeitszeit, 1973
Schaub	Arbeitsrechts-Handbuch, 4. Aufl., 1987
Schmidt/Kayser	Ladenschluß International, 1986
Schulte-Langforth/ Böhm	Ladenschlußgesetz, 1957
Siegel	Ladenschlußgesetz, 1960
Stober	Ladenschlußgesetz, 2. Aufl., 1988
Trommsdorff	Handelsforschung 1987: Ladenschluß, 1987
Wiedemann/Stumpf	Tarifvertragsgesetz, 5. Aufl., 1977
Wlotzke	Betriebsverfassungsgesetz, 1984
Zmarzlik	Arbeitszeitordnung, 1967
ders.	Jugendarbeitsschutzgesetz, 3. Aufl., 1985
Zmarzlik/Zipperer/ Viethen	Mutterschutzgesetz, 5. Aufl., 1986

Einführung

A. Ladenschluß

I. Geschichte des Ladenschlusses

1 Der Ladenschluß wurde in Deutschland durch die Gewerbeordnung eingeführt, für Sonn- und Feiertage im Jahre 1891 von 0.00 bis 24.00 Uhr (Gesetz vom 1. 6. 1891, RGBl. S. 261), für Werktage von 21.00 Uhr abends bis 5.00 Uhr morgens im Jahre 1900 (Gesetz vom 30. 6. 1900, RGBl. S. 321). Im Jahre 1919 wurden die Ladenschlußzeiten durch § 9 der Verordnung über die Regelung der Arbeitszeit der Angestellten vom 18. 3. 1919 (RGBl. S. 315) von 21.00 bis 5.00 Uhr auf 19.00 bis 7.00 Uhr ausgedehnt und in § 22 der Arbeitszeitordnung vom 30. 4. 1938 (RGBl. I S. 447) bis zum Jahre 1956 beibehalten. Im Jahre 1956 wurde der Beginn des Ladenschlusses am Abend montags bis freitags von 19.00 auf 18.30 Uhr, am langen Samstag von 19.00 auf 18.00 Uhr, am kurzen Samstag von 19.00 auf 14.00 Uhr durch das Ladenschlußgesetz vom 28. 11. 1956 (BGBl. I S. 875) vorverlegt. Durch das Gesetz zur Einführung eines Dienstleistungsabends vom 10. 7. 1989 (BGBl. I S. 1382) wurde der Beginn des Ladenschlusses am Donnerstagabend von 18.30 Uhr auf 20.30 Uhr zurückverlegt und an den langen Samstagen in den Monaten April bis September von 18.00 Uhr auf 16.00 Uhr vorverlegt.

II. Inhalt des Ladenschlußgesetzes

2 Das Ladenschlußgesetz (LSchlG) regelt die höchstzulässige Dauer und äußerste zeitliche Lage des Feilhaltens von Waren an Endverbraucher in und außerhalb von Verkaufsstellen (§ § 1, 19 und 20 LSchlG). In der Grundnorm des § 3 setzt das LSchlG für alle Verkaufsstellen folgende allgemeine Ladenschlußzeiten fest:

1. An Sonn- und Feiertagen von 0.00 bis 24.00 Uhr,
2. montags bis freitags bis 7.00 Uhr, in Verkaufsstellen für Bäckerwaren bis 6.30 Uhr, und ab 18.30 Uhr,

3. samstags bis 7.00 Uhr, in Verkaufsstellen für Bäckerwaren bis 6.30 Uhr, und ab 14.00 Uhr, am ersten Samstag im Monat oder, wenn dieser Tag auf einen Feiertag fällt, am zweiten Samstag im Monat sowie an den vier aufeinanderfolgenden Samstagen vor dem 24. Dezember ab 18.00 Uhr, in den Monaten April bis September ab 16.00 Uhr,
4. am 24. Dezember, wenn dieser Tag auf einen Werktag fällt, ab 14.00 Uhr,
5. am Dienstleistungsabend am Donnerstag ab 20.30 Uhr.

3 Die §§ 4 bis 16 sowie §§ 18a und 23 LSchlG enthalten Sonderegelungen mit kürzeren Ladenschluß- bzw. mit längeren Ladenöffnungszeiten zur Versorgung der Bevölkerung in besonderen Fällen. So werden vor allem für Apotheken, Zeitungen und Zeitschriften, Tankstellen, Bahnhöfe, Flughäfen, Kur- und Erholungsorte sowie für ländliche Gebiete längere Ladenöffnungszeiten zugelassen (§§ 4 bis 11 LSchlG).

4 Die allgemeinen und besonderen Ladenschlußzeiten gelten grundsätzlich auch für den Marktverkehr im Rahmen des § 19 LSchlG und für das gewerbliche Feilhalten von Waren außerhalb von Verkaufsstellen im Rahmen des § 20 LSchlG. Außerdem werden die Friseurbetriebe durch § 18 LSchlG in die allgemeinen Ladenschlußzeiten einbezogen.

5 Mit der Festsetzung der allgemeinen und besonderen Ladenschlußzeiten wird zugleich der gesetzliche Rahmen für die höchstzulässigen Ladenöffnungszeiten abgesteckt. Jeder Verkaufsstelle und jeder unter §§ 19 oder 20 LSchlG fallenden Verkaufseinrichtung wird aber freigestellt, diesen Rahmen unter Beachtung des Mitbestimmungsrechts des Betriebsrats aus § 87 Abs. 1 Nr. 2 BetrVG auszuschöpfen, für den Donnerstag wird jedoch allen Beteiligten empfohlen, die an diesem Tag zulässige Öffnungszeit bis 20.30 Uhr auszuschöpfen und einen Dienstleistungsabend einzurichten.

6 Der Gesetzestext des LSchlG muß in jeder Verkaufsstelle an geeigneter Stelle ausgelegt werden (§ 21 LSchlG). Die Einhaltung des LSchlG wird von den Aufsichtsbehörden der Länder überwacht (§ 22 LSchlG). Überschreitungen des LSchlG werden mit Bußgeld geahndet (§ 24 LSchlG).

III. Systematik des Ladenschlußgesetzes

Der Systematik des LSchlG liegen feste, allgemeine, bundeseinheitlich geltende Ladenschlußzeiten zugrunde, damit Verkaufsstelleninhaber sowie Beschäftigte und Kunden der Verkaufsstellen sich auf die Ladenschlußzeiten verlassen können und die Wettbewerbsneutralität im Bundesgebiet gewahrt bleibt (vgl. BVerfG vom 9. 2. 1982, BVerfGE 59, 336, 352 ff.). 7

IV. Zweck des Ladenschlußgesetzes

Das LSchlG verfolgt das Ziel, die Arbeitnehmer im Einzelhandel vor überlangen Arbeitszeiten, insbesondere am Wochenende und in den Abend- und Nachtstunden zu schützen, die Einhaltung der Arbeitszeitbestimmungen für die Arbeitnehmer sicherzustellen, zumindest ihre Kontrolle wirksamer zu machen. Darüber hinaus will das LSchlG die zulässige Arbeitszeit auf die Tageszeiten der Werktage verteilen und, soweit es Verkaufsstellen ohne Angestellte einbezieht, gleiche Chancen im Wettbewerb herbeiführen (vgl. BVerfG vom 9. 11. 1961, BVerfGE 13, 230, 235, 240). Gegenüber den zunehmend größer werdenden Betrieben im Einzelhandel gewinnt das LSchlG ähnlich wie das BAZG (vgl. hierzu BVerfG vom 21. 1. 1968 und 25. 2. 1976, BVerfGE 23, 50, 59 f. und 41, 360, 372) immer größere Bedeutung als Gesetz zum Schutz der kleineren und mittleren Betriebe. 8

V. Ladenschluß, ein Kompromiß

Der Ladenschluß ist ein Kompromiß zwischen den unterschiedlichen Interessen des Einzelhandels, der dort Beschäftigten und der Verbraucher (BT-Plenarprotokoll 10/256 S. 20086 D). Er wurde durch das Gesetz zur Einführung eines Dienstleistungsabends geändert. Zugunsten der Verbraucher wurde mit dem Dienstleistungsabend ein Verkaufsabend in der Woche am Donnerstag bis 20.30 Uhr eingeführt, zugunsten der Arbeitnehmer wurde der Ladenschluß an den langen Samstagen in den Monaten April bis Dezember von 18.00 auf 16.00 Uhr vorverlegt. Im Interesse der Verbraucher und des Einzelhandels wurde der Ladenschluß im übrigen, vor allem in seiner Systematik und Zwecksetzung, beibehalten (BT-Drucks. 11/4649 S. 8; BT-Plenarprotokoll 11/147 S. 10954 A). 9

VI. Ladenschlußgesetz, ein Gesetz besonderer Art

10 Beim Ladenschluß handelt es sich seit Jahrzehnten (vgl. Einf. Rn. 1) um eine öffentlich-rechtliche Regelung, d.h. um eine Regelung, deren Einhaltung durch behördliche Aufsicht und Verwaltungszwang sowie durch Straf- und Bußgelddrohungen sichergestellt wird. Trotz der Wiedererlangung der Tarifautonomie im Rahmen des Art. 9 Abs. 3 GG nach dem Zweiten Weltkrieg haben die Verbände der Arbeitgeber und Arbeitnehmer des Einzelhandels Anfang der 50er Jahre vom Bundesgesetzgeber nicht nur die Beibehaltung des damals in den §§ 22 und 23 AZO enthaltenen öffentlich-rechtlichen Ladenschlusses, sondern dessen weitere Ausdehnung und Präzisierung verlangt. Der Bundesgesetzgeber ist diesem Verlangen im LSchlG von 1956 unter Berufung auf Art. 72 Abs. 2 Nr. 3 GG nachgekommen, d.h. zur Wahrung der Einheitlichkeit der Lebensverhältnisse in der Bundesrepublik. Der Bundesgesetzgeber des Jahres 1989 ist trotz gegenteiliger Vorschläge, den Ladenschluß den Tarifpartnern zu überlassen (vgl. BT-Plenarprotokoll 11/147 S. 10948 B), beim bundeseinheitlichen öffentlich-rechtlichen Ladenschluß mit geringfügigen Änderungen (vgl. Einf. Rn. 9) geblieben.

VII. Arbeitszeit der Arbeitnehmer

11 Die höchstzulässige Dauer der Arbeitszeit der Arbeitnehmer im Einzelhandel wird in § 3 der Arbeitszeitordnung (AZO) vom 30. 4. 1938 (RGBl. I S. 447) auf grundsätzlich 8 Stunden werktäglich und damit auf 48 Stunden wöchentlich begrenzt. Diese 48 Stunden pro Woche können im Rahmen des § 4 AZO auf die einzelnen Werktage unterschiedlich verteilt werden. Die so verteilte tägliche Arbeitszeit kann nach § 5 Abs. 2 AZO um eine halbe Stunde, jedoch höchstens bis zu 10 Stunden täglich verlängert werden.

12 Die Verpflichtung der Arbeitnehmer, während einer bestimmten Dauer und Lage am Tag und in der Woche zu arbeiten, ist nicht in der AZO, sondern im jeweiligen Tarifvertrag, in der jeweiligen Betriebsvereinbarung und/oder im jeweiligen Arbeitsvertrag geregelt.

13 Der Betriebsrat hat bei der Festsetzung von Beginn und Ende der täglichen Arbeitszeit einschließlich der Pausen sowie der Verteilung der Arbeitszeit auf die einzelnen Wochentage ein Mitbestimmungsrecht nach § 87 Abs. 1 Nr. 2 BetrVG. Von diesem Mitbestimmungsrecht wird auch

eine Arbeitszeitregelung gedeckt, die die Ausschöpfung der gesetzlichen Ladenschlußzeiten unmöglich macht (BAG vom 31. 8. 1982 und vom 13. 10. 1987, BB 1983 S. 1597 und 1988 S. 270; a. A. Gaul D III 14). Für den Verkaufsabend am Donnerstag gilt die Empfehlung gemäß Art. 1 GzED.

B. Ladenschlußverordnungen

14 In Ausführung der Ermächtigungen und Befugnisse in § 4 Abs. 2, in §§ 8 bis 16, in §§ 22 und 28 LSchlG haben Bund und Länder eine Reihe von Verordnungen erlassen. In ihnen wird vor allem ein über die allgemeinen Ladenöffnungszeiten des § 3 LSchlG hinausgehender Verkauf bestimmter Waren an Sonn- und Feiertagen, auf Bahnhöfen und in Flughäfen sowie in Kur-, Ausflugs- und Erholungsorten aus Gründen der Versorgung der Bevölkerung zugelassen (vgl. Teil B).

C. Dienstleistungsabend

15 Durch das Gesetz zur Einführung eines Dienstleistungsabends (GzED) wird nicht nur ein Verkaufsabend, sondern ein allgemeiner Dienstleistungsabend in der Woche eingeführt.

I. Empfehlung für den Dienstleistungsabend

16 In Art. 1 GzED wird allen privaten und öffentlichen Dienstleistungsbetrieben sowie allen Dienststellen des Bundes mit regem Publikumsverkehr empfohlen, grundsätzlich an jedem Donnerstag, der kein gesetzlicher Feiertag ist, einen Dienstleistungsabend bis 20.30 Uhr einzurichten. Der Bund erwartet, daß die Länder entsprechende Empfehlungen an ihre Dienststellen und an die Dienststellen der Gemeinden richten werden.

17 Bei der Empfehlung in Art. 1 GzED handelt es sich nicht um einen bloßen Appell, sondern um eine gesetzliche Leitlinie für alle Beteiligten. Sie richtet sich in erster Linie an die Inhaber der Dienstleistungsbetriebe und an die Leiter der Dienststellen. Sie richtet sich aber auch

an alle anderen Beteiligten, vor allem an die dort Beschäftigten. Sie ist als gesetzliche Leitlinie auch in die Ermessensentscheidungen der betrieblichen Einigungsstellen nach § 76 Abs. 5 BetrVG und bei der Feststellung des öffentlichen Interesses i. S. d. § 5 Abs. 1 Nr. 2 TVG vor der Allgemeinverbindlicherklärung eines Tarifvertrages einzubeziehen.

18 Die Empfehlung bringt den Willen des Gesetzgebers deutlich zum Ausdruck, möglichst in allen Dienstleistungsbereichen mit regem Publikumsverkehr einen Dienstleistungsabend einzuführen. Die Form der Empfehlung in einem formellen Gesetz ist neu und deshalb ungewöhnlich, verfassungsrechtlich aber durchaus zulässig und dem Vorhaben angemessen.

II. Änderung des Ladenschlußgesetzes

19 In Art. 2 GzED wird das Ladenschlußgesetz geändert und vor allem die Offenhaltung von Verkaufsstellen an jedem Donnerstag, der kein gesetzlicher Feiertag ist, über 18.30 Uhr hinaus bis 20.30 Uhr zugelassen. Damit wird dem Einzelhandel und den dort Beschäftigten ermöglicht, der gesetzlichen Empfehlung zu folgen, den Dienstleistungsabend im Einzelhandel als Verkaufsabend einzurichten und die ihm zukommende Vorreiterrolle bei der Einführung des allgemeinen Dienstleistungsabends zu übernehmen.

III. Zweck des Dienstleistungsabends

20 Mit der Einführung des Dienstleistungsabends soll es den Bürgern ermöglicht werden, an einem Tag in der Woche auch abends einzukaufen und Dienstleistungen in Anspruch zu nehmen. Damit sollen die Chancen besser genutzt werden, die im Dienstleistungssektor mit seinem von allen Wirtschaftszweigen zur Zeit größten Wachstums- und Beschäftigungspotential vorhanden sind. Mit der Wahrnehmung dieser Chancen wird eine Zunahme des Angebots an Arbeitsplätzen vor allem für solche Arbeitnehmer erwartet, die eine Beschäftigung in der zweiten Tageshälfte oder eine Teilzeitarbeit in den Abendstunden suchen. Außerdem wird mit einer Belebung der Innenstädte gerechnet. Ein Versuch mit dem Dienstleistungsabend dürfte vor allem in Gebieten Erfolg haben, in denen der lange Samstag bei der Bevölkerung ankommt.

Teil A

Gesetz über den Ladenschluß

Vom 28. November 1956 (BGBl. I S. 875), in der im BGBl. III, Gliederungsnummer 8050-20, veröffentlichten bereinigten Fassung

Geändert durch Gesetze vom 24. Mai 1968 (BGBl. I S. 503), vom 23. Juli 1969 (BGBl. I S. 945), vom 2. März 1974 (BGBl. I S. 469), vom 10. März 1975 (BGBl. I S. 685), vom 5. Juli 1976 (BGBl. I S. 1773), vom 25. Juli 1986 (BGBl. I S. 1169), vom 18. Dezember 1987 (BGBl. I S. 2793) und vom 10. Juli 1989 (BGBl. I S. 1382)

Erster Abschnitt: Begriffsbestimmungen

§ 1 Verkaufsstellen

(1) Verkaufsstellen im Sinne dieses Gesetzes sind

1. Ladengeschäfte aller Art, Apotheken, Tankstellen, Warenautomaten und Bahnhofsverkaufsstellen,

2. sonstige Verkaufsstände und -buden, Kioske, Basare und ähnliche Einrichtungen, falls in ihnen ebenfalls von einer festen Stelle aus ständig Waren zum Verkauf an jedermann feilgehalten werden. Dem Feilhalten steht das Zeigen von Mustern, Proben und ähnlichem gleich, wenn Warenbestellungen in der Einrichtung entgegengenommen werden,

3. Verkaufsstellen von Genossenschaften.

(2) Zur Herbeiführung einer einheitlichen Handhabung des Gesetzes kann der Bundesminister für Arbeit im Einvernehmen mit dem Bundesminister für Wirtschaft durch Rechtsverordnung mit Zustimmung des Bundesrates bestimmen, welche Einrichtungen Verkaufsstellen gemäß Absatz 1 sind.

§ 1 mit seiner Definition der Verkaufsstelle bestimmt zusammen mit 1
§ 20 den sachlichen **Geltungsbereich** für den Ladenschluß des **LSchlG**, d. h. den gesetzlichen Rahmen für die zulässige Dauer und Lage des

Feilhaltens von Waren zum Verkauf an jedermann. Außerhalb von Verkaufsstellen wird nur das gewerbliche Feilhalten erfaßt. Beim Feilhalten in Verkaufsstellen kommt es nicht darauf an, ob das Feilhalten gewerblich erfolgt.

2 **§ 1 Abs. 1 Nr. 1** enthält Beispiele für Verkaufsstellen, die unter das LSchlG fallen; im Zweifel müssen sie jedoch die Merkmale in Nr. 2 „ebenfalls" erfüllen. Allerdings handelt es sich um Hauptbeispiele, d.h. richtungweisende Beispiele für die Beurteilung der Ähnlichkeit einer Einrichtung in Nr. 2. Für diese Beispiele mit Ausnahme des Beispiels Ladengeschäfte enthält das LSchlG in den §§ 4, 6, 7 und 8 Sonderregelungen. **§ 1 Abs. 1 Nr. 2** bezeichnet weitere Einrichtungen als Verkaufsstellen, so den Kiosk (vgl. § 5), falls die dort aufgeführten Merkmale „ebenfalls" erfüllt sind.

3 Grundmerkmal für den Begriff Verkaufsstelle und damit Grundvoraussetzung für die Anwendung des LSchlG ist nach § 1 Abs. 1 Nr. 2 eine **Einrichtung**, die den in Nr. 1 und 2 beispielhaft aufgezählten Verkaufseinrichtungen **ähnlich** ist. Ähnlich ist die Einrichtung, wenn sie ebenso wie die beispielhaft aufgezählten Verkaufseinrichtungen gegenständlich ist, dem Feilhalten von Waren dient und in ihr ein unmittelbarer Kundenkontakt stattfindet, insbesondere, wenn die Einrichtung aus einem für die Allgemeinheit zugänglichen Raum mit entsprechender Ausstattung, vor allem mit einem Verkaufsstand, besteht.

4 **Einzelfälle:** Ist eine solche Einrichtung nicht vorhanden, in der Regel beim Verkauf aus der Urproduktion, z.B. beim Verkauf landwirtschaftlicher oder gärtnerischer Erzeugnisse auf dem **Hof des Bauern** oder im Garten des Gärtners, z.B. beim Verkauf frisch gefangener Fische am Strand durch den Fischer, liegt eine Verkaufsstelle nicht vor (vgl. BVerwG GewArch 1973 S. 77; BayObLG GewArch 1980 S. 65). Keine Verkaufsstelle ist mangels Feilhaltens ein reiner **Ausstellungsraum** (OLG Karlsruhe GewArch 1964 S. 90). Keine Verkaufsstelle ist mangels eines unmittelbaren Kundenkontakts das Versandhaus des Versandhandels, der bloße **Bestelldienstraum** mit Telefon oder BTX (vgl. Stober § 1 Rn. 16, 50).

5 Die Einrichtung muß wie die beispielhaft aufgezählten Verkaufseinrichtungen eine **feste Stelle** haben, d.h. ortsfest sein. Zumindest muß die Einrichtung regelmäßig an derselben Stelle zum Verkauf aufgebaut und verkaufsbereit gehalten werden (Stober § 1 Rn. 20), z.B. auch ein

auf Sockeln in einer Passage eingerichteter Verkaufsstand (vgl. BayObLG GewArch 1980 S. 65, 66).

Die Einrichtung muß wie die beispielhaft aufgezählten Verkaufseinrichtungen eine ständige Einrichtung sein. Dieses Kriterium dient der Abgrenzung zwischen Verkaufsstellen, die **ständig** betrieben werden, von anderen, insbesondere von solchen Verkaufsstellen, die gelegentlich, vorübergehend eingerichtet werden, z. B. nur vorübergehend eingerichtete Verkaufsausstellungen in Hotels, Gaststätten, Kinos u. a. (OLG Karlsruhe GewArch 1981 S. 268 und 1964 S. 90), z. B. nur gelegentliche Teilnahme an nur am Wochenende stattfindenden Trödelmärkten (VG Düsseldorf GewArch 1984 S. 302, 304). 6

In der Einrichtung müssen wie in den beispielhaft aufgezählten Verkaufseinrichtungen **Waren** feilgehalten werden, d. h. bewegliche, im Handelsverkehr umgesetzte Sachen (OVG Rpf ArbSch 1960 S. 129), auch ausländische Geldsorten (OLG Frankfurt GewArch 1977 S. 382; VGH Kassel GewArch 1984 S. 240; BVerwG GewArch 1985 S. 277). Einrichtungen, in denen Bücher, **Videofilme** verliehen werden, wie Leihbüchereien, Viodeotheken, sind ebensowenig Verkaufsstellen wie Einrichtungen für andere Dienstleistungen, z. B. Reisebüros, Wettbüros, Reinigungsbetriebe, Waschanlagen, Reparaturbetriebe (BVerwG GewArch 1980 S. 236; BGH NJW 1983 S. 1504; BayObLG GewArch 1985 S. 143; OLG Celle GewArch 1984 S. 397; OLG Frankfurt GewArch 1984 S. 347). Zu Mischbetrieben vgl. § 1 Rn. 13. 7

Zu der Einrichtung muß wie zu den beispielhaft aufgezählten Verkaufseinrichtungen **jedermann** Zutritt haben. Dies ist der Fall, wenn der Zutritt für jeden völlig frei ist. Diese Voraussetzung ist auch dann zu bejahen, wenn zu der Einrichtung zwar nur Mitglieder einer Organisation Zutritt haben, Mitglied aber gleichsam jedermann werden kann, z. B. zu Verkaufseinrichtungen von Gewerkschaften, vom Beamtenbund (BGH GewArch 1974 S. 32; VG München GewArch 1974 S. 74). Das gleiche gilt, wenn zu der Einrichtung zwar nur Besitzer von Einlaßkarten Zutritt haben, eine Einlaßkarte aber jedermann erwerben kann, z. B. zu Verkaufseinrichtungen in Vergnügungs- und Sportstätten (vgl. BayObLG GewArch 1979 S. 243 für Kinos; OLG Hamm GewArch 1986 S. 346 für Sportstätten). Auch ein Verkauf an Reisegruppen ist ein Verkauf an jedermann (OLG Karlsruhe GewArch 1988 S. 61). 8

9 Ein Zutritt für **jedermann** ist zu **verneinen**, wenn zu der Einrichtung nur ein genau abgegrenzter Personenkreis Zutritt hat, insbesondere wenn der Zutritt an eine bestimmte Eigenschaft gebunden ist, z. B. als Betriebsangehöriger zur Betriebskantine, als Vereinsangehöriger zum Vereinslokal, als Wiederverkäufer oder Großverbraucher zur Großhandelsverkaufsstelle. Jedoch unterliegt auch eine **Großhandelsverkaufsstelle** dem LSchlG, wenn sie Waren auch privaten Letztverbrauchern nicht nur gelegentlich verkauft, ferner wenn sie Wiederverkäufern, gewerblichen Verbrauchern und Großverbrauchern auch Waren zur Deckung ihres betriebsfremden Eigenbedarfs verkauft und der Umsatz mit diesen Waren im Verhältnis zum Gesamtumsatz der Verkaufsstelle des Großhandels die Toleranzgrenze von 10% überschreitet (BGH GRUR 1966 S. 323 und 1978 S. 173; vgl. ferner BT-Drucks. 11/2973 S. 4, 6 und 11/4649 S. 8 und 9; hier im Teil C zu Art. 3 GzED).

10 In der Einrichtung müssen wie in den beispielhaft aufgezählten Verkaufseinrichtungen Waren **feilgehalten** werden. Hierunter ist das äußerlich erkennbare Bereitstellen und Zugänglichmachen von Waren im Original zur sofortigen Abgabe zu verstehen (BayObLG GewArch 1962 S. 6), vor allem ein ausdrückliches oder konkludentes Anbieten zum Verkauf (OLG Karlsruhe GewArch 1981 S. 268, 269). Es braucht kein persönliches Bereitstellen oder Anbieten zu sein; auch in einer voll mechanisierten Verkaufsstelle wird feilgehalten (OLG Stuttgart GewArch 1975 S. 199; OLG Karlsruhe GewArch 1979 S. 388). Ein direkter Kundenkontakt in der Verkaufseinrichtung ist jedoch für das Feilhalten wesentlich. Diese Voraussetzung fehlt beim echten Versandhandel, beim Telefonversand, beim BTX-Verkauf (vgl. § 1 Rn. 4), beim Vertrieb von Getränken und gefrosteten Lebensmitteln durch Verkaufsfahrer. Dem Feilhalten steht das Zeigen von **Mustern, Proben** u. ä. im Rahmen des § 1 Abs. 1 Nr. 2 Satz 2 gleich. Ein Feilhalten liegt auch vor, wenn in einer zur Besichtigung geöffneten Verkaufsstelle Bestellzettel ausgelegt sind (OLG Karlsruhe GewArch 1981 S. 268, 270).

11 In **§ 1 Abs. 1 Nr. 3** werden Verkaufsstellen von Genossenschaften zu dem LSchlG unterfallende Verkaufsstellen erklärt, weil früher Genossenschaften (Konsumvereine) Waren nur an Mitglieder verkaufen durften, ihnen also das Merkmal des Verkaufs an jedermann fehlte.

12 Eine Rechtsverordnung nach **§ 1 Abs. 2** ist bisher nicht erlassen worden. Die Entscheidung, ob eine Einrichtung eine Verkaufsstelle ist, ist zur Zeit den Gerichten überlassen.

In **Mischbetrieben**, z. B. in Bäckereien, Konditoreien, Schuhmachereien, Änderungsschneidereien, Videotheken unterliegt dem LSchlG nur die Verkaufstätigkeit, nicht dagegen die Werk- und Dienstleistung, z. B. das Backen, auch wenn dafür dieselben Räume benutzt werden (BVerwG GewArch 1960 S. 286; OVG Münster GewArch 1964 S. 46; OLG Stuttgart GewArch 1975 S. 199; BGH NJW 1983 S. 1504; OLG Frankfurt WRP 1983 S. 625), z. B. das Entfrosten. Zum Kiosk vgl. § 5 Anm. 6. 13

Der **Zubehörverkauf** richtet sich nach der zugehörigen Hauptleistung. Ist die Hauptleistung während der allgemeinen Ladenschlußzeiten zulässig, dürfen auch Zubehörwaren verkauft werden (OLG Köln GewArch 1985 S. 242), soweit sie die Hauptleistung notwendiger- oder üblicherweise ergänzen (BVerwGE 41, 271, 277; OVG Münster DB 1974 S. 2052). Zum zulässigen Zubehörverkauf bei Veranstaltungen vgl. OLG Stuttgart GewArch 1955 S. 13; OVG Hamburg GewArch 1955 S. 11; OLG Celle GewArch 1962 S. 155; OVG Münster GewArch 1975 S. 35; KG Berlin GewArch 1980 S. 35 und 1982 S. 168; zum unzulässigen Zubehörverkauf vgl. BayObLG GewArch 1979 S. 243. Der Verkauf von Leerkassetten und Kassettenhüllen anläßlich der Vermietung von Video-Filmkassetten ist kein zulässiger Zubehörverkauf (OLG Frankfurt GewArch 1984 S. 347). 14

Der Zubehörverkauf in **Gaststätten** ist in § 7 GastG geregelt. Danach darf der Schank- und Speisewirt, zu denen auch der Tankstellen-, Trinkhallen- oder Kioskbesitzer gehören kann, Getränke und zubereitete Speisen, die er in seinem Betrieb verabreicht, ferner Flaschenbier, alkoholfreie Getränke, Tabak- und Süßwaren an jedermann über die Straße außerhalb der Sperrzeit abgeben. Außerdem dürfen Zubehörwaren an Gäste verkauft werden. Soweit die zubereiteten Speisen, wie Speiseeis, auch unter den Begriff Süßwaren fallen, darf der Gastwirt sie gemäß § 7 Abs. 2 Nr. 2 GastG selbst dann über die Straße abgeben, wenn er sie nicht in seinem Betrieb verabreicht (BVerwG GewArch 1989 S. 141). 15

Pizzabäckereien mit Lieferservice ohne Gaststättenbetrieb sind dann keine Verkaufsstelle, wenn sie die Pizzas nur ausliefern. Wenn aber Kunden Pizzas in einer Pizzabäckerei ständig abholen können, handelt es sich um eine Verkaufsstelle, da die Pizzabäckerei dann eine Einrichtung ist, in der „von einer festen Stelle aus ständig Waren zum Verkauf an jedermann feilgehalten werden“ bzw. nach „Muster, Proben oder 16 ähnlichem ... Warenbestellungen entgegengenommen werden" (§ 1 Abs. 1 Nr. 2 LSchlG). Pizzabäckereien sind ladenschlußrechtlich genauso zu behandeln wie z.B. „Party-Service-Betriebe" ohne Gaststättenbetrieb.

17 Für die **Versteigerung** von Waren gilt § 10 Abs. 2 der Versteigererverordnung. Danach kann an Werktagen während des ganzen Tages versteigert und Gelegenheit zur Besichtigung des Versteigerungsgutes gegeben werden, also auch während der allgemeinen Ladenschlußzeiten (zur Versteigerung von Gebrauchtwagen vgl. BayObLG GewArch 1986 S. 170; OLG Koblenz GewArch 1986 S. 171).

18 Auf den liturgischen Bereich der **Kirchen** findet das LSchlG schon wegen Art. 4 Abs. 2 GG keine Anwendung. Für den außerliturgischen Bereich können die Kirchen von ihrer Regelungsautonomie nach Art. 140 GG i.V.m. Art. 137 Abs. 3 WRV Gebrauch machen (vgl. im einzelnen Zmarzlik, JArbSchG, § 21 a Rn. 34 f.).

19 Die nach **§ 1 Abs. 2** mögliche Rechtsverordnung ist bisher nicht erlassen worden.

§ 2 Feiertage

Feiertage im Sinne dieses Gesetzes sind die gesetzlichen Feiertage.

1 Verkaufsstellen müssen nach § 3 Abs. 1 Nr. 1 an gesetzlichen Feiertagen geschlossen sein. Ob ein Tag für eine Verkaufsstelle ein gesetzlicher Feiertag ist, richtet sich nach dem Feiertagsrecht des Landes, in dem sich die Verkaufsstelle befindet.

2 **Gesetzliche Feiertage** in allen Länder **sind**: Neujahr (1. 1.), Karfreitag, Ostermontag, 1. Mai, Christi Himmelfahrt, Pfingstmontag, Tag der Deutschen Einheit (17. 6.), Buß- und Bettag, 1. und 2. Weihnachtsfeiertag. Folgende Feiertage sind auf einige Länder beschränkt: *Hl. Drei Könige* (6. 1.) auf Baden-Württemberg und Bayern, *Fronleichnam* auf Baden-Württemberg, Bayern in Gemeinden mit überwiegend katholischer Bevölkerung, Hessen, Nordrhein-Westfalen, Rheinland-Pfalz und Saarland, *Mariä Himmelfahrt* (15. 8.) auf Bayern mit überwiegend katholischer Bevölkerung und Saarland, *Allerheiligen* (1. 11.) auf Baden-Württemberg, Bayern in Gemeinden mit überwiegend katholischer Bevölkerung, evtl. auch in evangelischen Gemeinden, Nordrhein-Westfalen, Rheinland-Pfalz und Saarland.

Für Nordrhein-Westfalen vgl. § 2 Feiertagsgesetz NW vom 23. 4. 1989 (GV NW S. 222). 3

Zweiter Abschnitt: Ladenschlußzeiten

§ 3 Allgemeine Ladenschlußzeiten

(1) Verkaufsstellen müssen zu folgenden Zeiten für den geschäftlichen Verkehr mit Kunden geschlossen sein:

1. an Sonn- und Feiertagen,

2. montags bis freitags bis 7.00 Uhr, in Verkaufsstellen für Bäckerwaren bis 6.30 Uhr, und ab 18.30 Uhr,

3. samstags bis 7.00 Uhr, in Verkaufsstellen für Bäckerwaren bis 6.30 Uhr, und ab 14.00 Uhr, am ersten Samstag im Monat oder, wenn dieser Tag auf einen Feiertag fällt, am zweiten Samstag im Monat sowie an den vier aufeinanderfolgenden Samstagen vor dem 24. Dezember ab 18.00 Uhr, in den Monaten April bis September ab 16.00 Uhr,

4. am 24. Dezember, wenn dieser Tag auf einen Werktag fällt, ab 14.00 Uhr.

Die beim Ladenschluß anwesenden Kunden dürfen noch bedient werden.

(2) Abweichend von Absatz 1 Nr. 2 dürfen Verkaufsstellen donnerstags bis 20.30 Uhr geöffnet sein, wenn hierdurch die nach Absatz 1 Nr. 2 und 3 zulässige Gesamtöffnungszeit in der Woche nicht überschritten wird. Dies gilt nicht für den Gründonnerstag.

§ 3 Abs. 1, die Grundnorm des LSchlG, regelt die **allgemeinen Ladenschlußzeiten** für Verkaufsstellen in Nr. 1 an Sonn- und Feiertagen, in Nr. 2 von Montag bis Freitag und in Nr. 3 an Samstagen. § 3 Abs. 2 ermöglicht einen Verkaufsabend in der Woche, und zwar am Donnerstag. §§ 4 bis 16 sowie 18a und § 19 enthalten **Sonderregelungen** mit kürzeren Ladenschluß- bzw. längeren Ladenöffnungszeiten zur Versorgung der Bevölkerung in besonderen Fällen. Die tatsächliche Offenhaltung einer Verkaufsstelle innerhalb des freigegebenen zeitlichen Rahmens ist Angelegenheit der einzelnen Verkaufsstelle (vgl. Einf. Rn. 5). 1

2 § 3 Abs. 1 erster Halbsatz ordnet die **Schließung** der Verkaufsstelle zu den dort angegebenen Zeiten an, z.B. am Montag um 18.30 Uhr. Schließen bedeutet nicht mechanisches oder automatisches Verschließen (BGH NJW 1963 S. 117), wenn dies auch tatsächlich so sein kann. Das Gesetz ordnet die Schließung der Verkaufsstelle nicht schlechthin an, sondern nur für den geschäftlichen Verkehr mit den Kunden. Dem Schließungsgebot wird daher Genüge getan, wenn nach außen deutlich erkennbar gemacht wird, daß der geschäftliche Verkehr mit den Kunden in der Verkaufsstelle eingestellt wird, daß neue Kunden in die Verkaufsstelle nicht mehr eingelassen werden (BVerwG NJW 1960 S. 2209; OLG Stuttgart NJW 1961 S. 184), z.B. durch Verhängen der Türen und Fenster, durch entsprechenden Aushang an der Ladentür oder durch andere nach außen erkennbare Schließungsmaßnahmen (BayObLG GewArch 1958 S. 277). Dem Schließungsgebot würde es widersprechen, das Publikum aufzufordern, die Verkaufsstelle eine Minute vor dem allgemeinen Ladenschluß zu betreten (BGH NJW 1972 S. 1469; OLG Frankfurt NJW 1970 S. 866) oder den geschäftlichen Verkehr mit den Kunden vor der verschlossenen Ladentür fortzusetzen (vgl. aber § 3 Rn. 8).

3 § 3 Abs. 1 verbietet nur das Offenhalten einer Verkaufsstelle für den geschäftlichen **Verkehr mit den Kunden**, d.h. mit Personen, die eine Verkaufsstelle als Kaufinteressenten betreten (BGHZ 79, 99, 101). Für andere Zwecke kann die Verkaufsstelle während der Schließungszeiten genutzt werden, z.B. zu Wohn-, Büro-, Pack-, Lager- oder Produktionszwecken oder zu Verhandlungen mit Lieferanten (BVerwGE 21, 163, 165), selbst wenn dabei der Zugang durch die Ladentür benutzt wird (BGH ArbSch 1963 S. 86).

4 § 3 Abs. 1 gebietet nur die Schließung der Verkaufsstelle. Die Vorschrift verbietet nicht jede Tätigkeit **außerhalb der Verkaufsstelle** (KG Berlin GewArch 1982 S. 167), zumindest dann nicht, wenn mit der Tätigkeit vor Ladenschluß begonnen wurde. So ist das **Austragen**, Ausfahren und Aushändigen gekaufter Ware außerhalb der Verkaufsstelle während der allgemeinen Ladenschlußzeiten zulässig, wenn die Verkaufsstelle zu diesem Zweck noch vor Ladenschluß verlassen wird (OLG Oldenburg GewArch 1964 S. 114; Stober § 3 Rn. 18). Diese Vorschrift verbietet auch nicht eine **Probefahrt** mit dem Kaufinteressenten für ein Kraftfahrzeug während der allgemeinen Ladenschlußzeiten (KG Berlin GewArch 1982 S. 167), wenn die Probefahrt noch vor dem Ladenschluß beginnt (a.A. OLG Hamm GewArch 1985 S. 203, das

Probefahrten während der allgemeinen Ladenschlußzeiten generell für unzulässig hält). Das Austragen und Ausfahren von **Bäckerwaren** ist nach § 5 Abs. 5 BAZG von 5.45 bis 22.00 Uhr zulässig (vgl. ferner § 3 Rn. 9).

§ 3 Abs. 1 verbietet den **geschäftlichen Verkehr** der Verkaufsstelle mit 5
den Kunden während der allgemeinen Ladenschlußzeiten, d. h. den auf den Warenverkauf gerichteten Verkehr der Verkaufsstelle mit den Kunden (BGHZ 79, 99, 102), insbesondere das Feilhalten, das Zeigen von Mustern und Proben in der Verkaufsstelle, die Erteilung von Auskünften, die Beratung der Kunden, die Abmessung und Anpassung der Ware, das Anprobieren von Kleidern und Schuhen, das Abschließen des Kaufvertrages, die Abwicklung des Verkaufs. Der Begriff des geschäftlichen Verkehrs bezieht darüber hinaus auch solche Tätigkeiten mit ein, die das Kaufgeschäft vorbereiten, die Voraussetzung für sein Zustandekommen sind und bei denen ein direkter zweiseitiger Kontakt zwischen Verkaufsstelle und Kunde stattfindet (BGHZ 66, 159; BVerwGE 21, 163; BayObLG GewArch 1981 S. 386, 387; OLG Hamm GewArch 1985 S. 204). Verboten ist damit auch das Auslegen von Bestellzetteln (OLG Frankfurt DB 1980 S. 823), das Zurücklegen von Waren während der allgemeinen Ladenschlußzeiten.

Eine **bloße Besichtigung** der Ware in der Verkaufsstelle wie durch ein 6
Schaufenster ohne Kontaktaufnahme erfüllt diese Voraussetzungen nicht und ist daher noch kein geschäftlicher Verkehr (OLG Hamburg GewArch 1985 S. 172). Zulässig nach inzwischen allgemeiner Meinung ist insbesondere das Offenhalten einer Verkaufsstelle zur Besichtigung von Waren, wenn weder der Ladeninhaber noch das Verkaufspersonal anwesend sind, die Beaufsichtigung der Verkaufsstelle betriebsfremden Personen übertragen wird und diese sich auf die Bewachung der Verkaufsstelle (bloßer Objektschutz) beschränken, z. B. bei einer Möbelschau in den Ausstellungsräumen eines Möbelgeschäftes (BVerwG GewArch 1968 S. 115; BGH GewArch 1976 S. 239; OLG Stuttgart GewArch 1975 S. 239; BayObLG GewArch 1981 S. 386, 387). In anderen Fällen, in denen darüber hinaus verkaufsfördernde Maßnahmen getroffen wurden, hat die Rechtsprechung einen Verstoß gegen § 3 bejaht, auch wenn Ladeninhaber und Verkaufspersonal nicht zugegen waren, so für den Fall der Warenerläuterung in einer Modenschau (OLG Hamm GewArch 1985 S. 204), für den Fall der Kleiderprobe (BGH GewArch 1981 S. 136), für den Fall der Vorführung und Erläuterung von Elektro-Küchengeräten (OLG Düsseldorf GewArch 1982

S. 165; BGH GewArch 1984 S. 135), für den Fall der Vorführung auch ohne Bestellung gefertigter Pelzkleidung (OLG Stuttgart GewArch 1988 S. 132), für den Fall des Abhebens von Teppichen vom Stapel und ihres Vorzeigens (OLG Stuttgart GewArch 1988 S. 343), ferner auch für den Fall der Kunstausstellung von Gegenständen in einer Verkaufsstelle eines Juweliers oder eines Galeristen, die nicht zu dessen normalem Angebot gehören (OLG Düsseldorf GewArch 1988 S. 32).

7 Nicht gefolgt werden kann der abweichenden Auffassung von Stober § 3 Rn. 40ff., nicht nur die reine Besichtigung, auch die reine Warenvorführung, selbst die reine Warenprüfung in der Verkaufsstelle sei noch kein geschäftlicher Verkehr i.S.d. § 3. Dies ergäbe sich rechtssystematisch aus § 20, der das Zeigen von Mustern in Verbindung mit dem Feilhalten regele und unter bestimmten Umständen erlaube. Dem ist entgegenzuhalten, daß § 20 gegenüber § 3 eine Sonderregelung darstellt und daher schon deswegen nicht auf die allgemeine Regelung in § 3 übertragbar ist. Dies widerspräche auch der Regelung in § 3. Darin verbietet der Gesetzgeber im Unterschied zur Regelung in § 20 während der allgemeinen Ladenschlußzeiten nicht nur das Feilhalten von Waren unter bestimmten Umständen wie in § 20, sondern jede Art des Feilhaltens, darüber hinaus auch jeden anderen geschäftlichen Verkehr mit den Kunden, also auch die Warenvorführung und die Warenprüfung, die in der Regel beide einen auf Verkauf gerichteten Kontakt mit den Kunden voraussetzen.

8 Für die zeitliche Lage der 4 aufeinanderfolgenden Samstage vor dem 24. Dezember in **§ 3 Abs. 1 Satz 1 Nr. 3** gilt die rückwärtige Zählweise. Fällt der 24. Dezember wie z.B. im Jahre 1989 auf einen Sonntag, sind bei dieser Zählweise im Jahre 1989 der 23., 16., 9. und 2. Dezember verkaufsoffene Samstage.

9 **§ 3 Abs. 1 Satz 2** erlaubt das Bedienen der beim Ladenschluß anwesenden Kunden, d.h. der Kunden, die die Verkaufsstelle vor Ladenschluß betreten haben und beim Ladenschluß noch da sind. Dabei kommt es nicht darauf an, ob es sich um Kunden handelt, die mit dem Einkauf vor Ladenschluß begonnen hatten. Selbst bei großem Andrang ist das **Zuendebedienen** aller beim Ladenschluß anwesenden Kunden zulässig (BGH NJW 1972 S. 1469). Jedoch muß darauf geachtet werden, daß durch das Zuendebedienen einschließlich der damit zusammenhängenden Aufräumungsarbeiten die Arbeitszeit der Arbeitnehmer um nicht mehr als eine halbe Stunde und höchstens bis zu

10 Stunden täglich verlängert wird (§ 5 Abs. 2 AZO). Außerdem muß unterlassen werden, die Kunden aufzufordern, „eine Minute vor Ladenschluß" die Verkaufsstelle zu betreten (vgl. § 3 Rn. 2). Dies wäre ein Gesetzesmißbrauch (vgl. auch Stober § 3 Rn. 68).

Verkaufsstellen für Bäckerwaren sind Verkaufsstellen, deren Haupt- 10
zweck im Verkauf von Bäckerwaren besteht und die hierdurch den Charakter einer Verkaufsstelle für Bäckerwaren erhalten. Bäckerwaren sind Waren, die üblicherweise in Bäckereien hergestellt werden, z.B. Brot, Brötchen u.a., außer den in § 1 Abs. 1 Nr. 3 BAZG ausdrücklich ausgenommenen Dauerbackwaren. Erfüllt eine Verkaufsstelle diese Voraussetzungen, darf sie für den geschäftlichen Verkehr mit den Kunden bereits ab 6.30 Uhr geöffnet sein und ab 6.30 Uhr auch andere Waren als Bäckerwaren verkaufen, z.B. Kaffee, Tee, Zucker; es sei denn, daß sie hierdurch den Charakter einer Verkaufsstelle für Bäckerwaren verliert. Die Abgabe, das Austragen und Ausfahren von Bäckerwaren aus der Bäckerei ist nach § 5 Abs. 5 BAZG bereits ab 5.45 Uhr zulässig. Zu Pizzabäckereien vgl. § 1 Rn. 16.

Nach **§ 3 Abs. 2** dürfen Verkaufsstellen abweichend vom allgemeinen 11
Ladenschluß um 18.30 Uhr, am **Donnerstag bis 20.30 Uhr** geöffnet sein, allerdings nur unter der Voraussetzung, daß die nach § 3 Abs. 1 Nr. 2 und 3 zulässige wöchentliche Gesamtöffnungszeit bei einem kurzen Samstag 64 1/2 Stunden, bei einem langen Samstag 68 1/2 Stunden, in den Monaten April bis September 66 1/2 Stunden nicht überschritten wird. Die tatsächliche Dauer und Lage der Öffnungszeiten an den einzelnen Tagen in der Woche innerhalb der zulässigen Gesamtöffnungszeit, auch der Ausgleich der längeren Öffnungszeit am Donnerstag, ist betrieblichen Regelungen überlassen. Eine längere Öffnungszeit am Donnerstag braucht nur in dem Umfang ausgeglichen zu werden, in dem von dieser Möglichkeit tatsächlich Gebrauch gemacht wird. Wird die Verkaufsstelle am Donnerstag z.B. nur bis 20.00 Uhr offengehalten, brauchen nur 1 1/2 Stunden ausgeglichen zu werden. Auf jeden Fall sollte jede Verkaufsstelle ihre Öffnungszeiten im Interesse der Kunden durch einen gut sichtbaren Aushang bekanntmachen (BT-Drucks. 11/2973 S. 6).

§ 3 Abs. 2 ermöglicht dem **Inhaber** der Verkaufsstelle, der Empfeh- 12
lung des Art. 1 des Gesetzes zur Einführung eines Dienstleistungsabends zu folgen und in seiner Verkaufsstelle einen **Dienstleistungsabend** einzurichten. Die Möglichkeit zur Offenhaltung am Dienstlei-

stungsabend und die Empfehlung hierzu gilt für **alle Verkaufsstellen**, die unter den Geltungsbereich des LSchlG fallen, auch soweit für sie in den §§ 5 ff. Sonderregelungen vorgesehen sind. Der Empfehlung kann der Verkaufsstelleninhaber dadurch Rechnung tragen, daß er seine Verkaufsstelle am Donnerstag für den geschäftlichen Verkehr mit den Kunden bis 20.30 Uhr offenhält. Er ist jedoch hierzu nicht verpflichtet (für Apotheken vgl. § 4 Rn. 6 f.). Der Gesetzgeber empfiehlt zwar den Verkaufsstelleninhabern, ihre Verkaufsstellen am Donnerstag bis 20.30 Uhr offenzuhalten, er zwingt sie jedoch hierzu nicht, knüpft an die Nichterfüllung der Empfehlung keine Sanktionen und greift auch nicht in anderer Weise in ihre unternehmerische Entscheidungsfreiheit ein. Das Risiko, durch die Nichtoffenhaltung Wettbewerbsnachteile zu erleiden, ist Zwang genug. Der Gesetzgeber beschränkt sich darauf, die Verkaufsstelleninhaber durch die Empfehlung zur Offenhaltung zu ermuntern. Gleichzeitig will er sie aber bei der Realisierung der Abendöffnung mit der Empfehlung, einer Verhaltensvorschrift besonderer Art (vgl. Art. 1 GzED Rn. 6 ff.), unterstützen. Dies folgt schon daraus, daß er für die Empfehlung die Form eines formellen Gesetzes benutzt und sie in der Gesetzesbegründung und im Schriftlichen Bericht als gesetzliche Leitlinie hervorhebt. Stehen der Einführung eines Dienstleistungsabends Tarifverträge, Betriebsvereinbarungen oder Arbeitsverträge entgegen, vgl. Art. 5 GzED Rn. 1 ff. Für neue Betriebsvereinbarungen vgl. § 3 Rn. 15 und Art. 5 GzED Rn. 7, für neue Arbeitsverträge Art. 5 GzED Rn. 8 und 9.

13 Der **Betriebsrat** hat bei der Festsetzung von Beginn und Ende der täglichen Arbeitszeit einschließlich der Pausen sowie der Verteilung der Arbeitszeit auf die einzelnen Wochentage ein Mitbestimmungsrecht nach § 87 Abs. 1 Nr. 2 BetrVG. Von diesem Mitbestimmungsrecht wird auch eine Arbeitszeitregelung gedeckt, die die Ausschöpfung der gesetzlichen Ladenschlußzeiten unmöglich macht (BAG BB 1983 S. 1597; a. A. Gaul D III 14). Der Betriebsrat hat auch darüber mitzubestimmen, ob und in welchem Umfang sich die Arbeitszeit der teilzeitbeschäftigten Arbeitnehmer mit den Ladenöffnungszeiten decken soll oder nicht (BAG BB 1988 S. 270).

14 Bei Meinungsverschiedenheiten zwischen der Verkaufsstelle und deren Betriebsrat über die Offenhaltung während der allgemeinen Ladenöffnungszeiten entscheidet die **Einigungsstelle** nach § 76 BetrVG. Die Einigungsstelle faßt ihre Beschlüsse nach § 76 Abs. 5 Satz 3 BetrVG unter angemessener Berücksichtigung der Belange der Verkaufsstelle

und der dort beschäftigten Arbeitnehmer nach billigem Ermessen. Die Überschreitung der Grenzen des Ermessens kann durch die Verkaufsstelle oder den Betriebsrat nach § 76 Abs. 5 Satz 4 BetrVG beim Arbeitsgericht geltend gemacht werden. Zu den Belangen der Verkaufsstelle gehört deren Interesse an der vollen Ausschöpfung der gesetzlichen Ladenöffnungszeiten, insbesondere zu umsatzstarken Zeiten. Zu den Belangen der betroffenen Arbeitnehmer gehört deren Interesse an einem nicht zu frühen Arbeitsbeginn und deren Interesse an einem nicht zu späten Arbeitsende, insbesondere am Samstag (BAG BB 1983 S. 1597). Für eine Überschreitung der Grenzen des Ermessens der Einigungsstelle spricht in der Regel, wenn sie die Schließung der Verkaufsstelle zu einer umsatzstarken Zeit beschließt, die mit ihr konkurrierenden Verkaufsstellen aber geöffnet haben und die Verkaufsstelle hierdurch erhebliche Wettbewerbsnachteile erleidet.

Bei Meinungsverschiedenheiten zwischen Verkaufsstelle und Betriebs- 15
rat über die Einführung eines **Dienstleistungsabends** in der Verkaufsstelle ist von der **Einigungsstelle** zusätzlich die Empfehlung in Art. 1 GzED zu beachten, die eine Wertentscheidung des Gesetzgebers zugunsten dieses Abends enthält und damit eine entprechende gesetzliche Leitlinie und Verhaltensvorschrift für alle Beteiligten darstellt, also auch für die Einigungsstelle (BT-Drucks. 11/2973 S. 5). Nach dieser Leitlinie ist im Interesse der Kunden, Waren in der Verkaufsstelle einmal in der Woche auch abends einzukaufen, das Interesse der Verkaufsstelle, an diesem Abend dem Wunsch der Kunden nachzukommen, höher zu achten als das Interesse der Arbeitnehmer, zu dieser Zeit Feierabend zu haben. Dies gilt insbesondere dann, wenn sich konkurrierende Verkaufsstellen am Dienstleistungsabend beteiligen, da zu den Belangen der Verkaufsstelle i. S. d. § 76 Abs. 5 Satz 3 BetrVG deren Konkurrenzfähigkeit gehört (BT-Drucks. 11/4649 S. 7); vgl. ferner hier Art. 1 GzED; zur Kündigung geltender Betriebsvereinbarungen vgl. Art. 5 GzED Rn. 3f.

Die Frage, ob es rechtlich zulässig ist, die **Ladenöffnungszeiten durch** 16
Tarifvertrag festzulegen, ist strittig. Nach der einen Auffassung liegt in der Festlegung von Ladenöffnungszeiten eine Wettbewerbsbeschränkung. Zumindest der Zustimmungsbeschluß der Arbeitgeber sei als unwirksamer Vertrag i. S. d. § 1 GWB zu werten. Diese Unwirksamkeit des Zustimmungsbeschlusses führe zur Ungültigkeit des ganzen Tarifvertrages (Immenga, Rechtsgutachten erstattet für die BAG am 5. 5. 1989; Kulka RdA 1988 S. 336 jeweils m. w. N.). Nach h. M. unterliegen

Tarifverträge nicht dem Kartellverbot des § 1 GWB (Wiedemann/Stumpf, TVG, Einl. Rn. 69 m.w.N.; BAG vom 27. 6. 1989, 1 AZR 404/88).

17 Nach Inkrafttreten des GzED am 1. 10. 1989 gilt die Empfehlung des Art. 1 GzED, in Verkaufsstellen am Donnerstag einen Dienstleistungsabend bis 20.30 Uhr einzurichten. Dieser Verhaltensempfehlung würde ein Tarifvertrag, der die Ladenöffnung am Donnerstag nach 18.30 Uhr ausschließt, nicht entsprechen (vgl. Art. 1 und 5 GzED Rn. 7ff. und Rn. 9ff.). Falls die Allgemeinverbindlicherklärung (AVE) eines solchen Tarifvertrages beantragt würde, müßte der BMA die Empfehlung des Art. 1 GzED zumindest im Rahmen der Abwägung der Gründe, die für und gegen die Anerkennung eines öffentlichen Interesses an der AVE i.S.d. § 5 Abs. 1 Nr. 2 TVG sprechen, berücksichtigen, auch wenn ihm bei der Beurteilung des öffentlichen Interesses an der AVE ein weites normatives Ermessen zusteht (vgl. BVerwG NZA 1989 S. 364). Mit der Empfehlung des Art. 1 GzED hat der Gesetzgeber nicht nur sein Interesse am, sondern seinen Willen zur Einführung des Dienstleistungsabends, wenn auch „nur empfehlend", so doch deutlich zum Ausdruck gebracht (vgl. auch Art. 5 GzED Rn. 9ff.).

18 Die nach § 3 LSchlG zulässigen Ladenöffnungszeiten sind nicht den **höchstzulässigen Arbeitszeiten** der Arbeitnehmer gleichzusetzen. Der gesetzliche Rahmen für die höchstzulässige Arbeitszeit der Arbeitnehmer an Werktagen ergibt sich aus der AZO (vgl. Anh. 1). Nach § 3 AZO darf die regelmäßige werktägliche Arbeitszeit die Dauer von 8 Stunden und damit in der Woche die Dauer von 48 Stunden (6 × 8 = 48) nicht überschreiten. Nach § 4 AZO ist innerhalb eines 2-Wochen-Zeitraumes auch eine andere Verteilung der Arbeitszeit zulässig, d.h. an einigen Tagen kann auch über 8 bis zu 10 Stunden gearbeitet werden, wenn dafür an einem oder an mehreren Werktagen der Woche innerhalb des 2-Wochen-Zeitraumes weniger als 8 Stunden gearbeitet werden bzw. an einem Tag in der Woche überhaupt nicht gearbeitet wird. Beim Zuendebedienen der Kundschaft einschließlich der damit zusammenhängenden notwendigen Aufräumarbeiten darf die Arbeitszeit um eine halbe Stunde, jedoch höchstens bis zu 10 Stunden täglich verlängert werden. Das Verbot des § 19 Abs. 1 AZO, Arbeiterinnen **in der Nachtzeit** von 20.00 Uhr bis 6.00 Uhr und an den Tagen vor Sonn- und Feiertagen nach 17.00 Uhr zu beschäftigen, gilt nach § 19 Abs. 3 i.V.m. § 17 Abs. 3 AZO nicht für Verkaufsstellen (zu weiteren Einzelheiten vgl. die AZO in Anh. 1). Ob die Sonderregelung der

Ruhepausen für weibliche Arbeitnehmer in § 18 AZO mit Art. 3 Abs. 2 GG vereinbar ist, ist strittig.

Für Sonn- und Feiertage gilt das Ladenöffnungsverbot des § 3 Abs. 1 Nr. 1 LSchlG und das Verbot der Beschäftigung von Arbeitnehmern im Handelsgewerbe gemäß § 105b Abs. 2 und Abs. 5 GewO (zu weiteren Einzelheiten vgl. den Auszug der GewO in Anh. 2). Zu den Ausnahmen vom Ladenöffnungsverbot vgl. §§ 4ff. LSchlG und vom Verbot der Beschäftigung von Arbeitnehmern § 17 LSchlG. 19

Jugendliche dürfen nach § 8 Abs. 1 JArbSchG nicht mehr als 8 Stunden täglich und nicht mehr als 40 Stunden wöchentlich beschäftigt werden. Wenn an einzelnen Werktagen die Arbeitszeit auf weniger als 8 Stunden verkürzt ist, können Jugendliche nach § 8 Abs. 2a JArbSchG an den übrigen Werktagen derselben Woche 8 1/2 Stunden beschäftigt werden. Die Beschäftigung Jugendlicher an Samstagen ist nach § 16 Abs. 2 Nr. 2 JArbSchG in Verkaufsstellen zulässig. An Sonn- und Feiertagen dürfen Jugendliche nach §§ 17 und 18 JArbSchG nicht beschäftigt werden. Insoweit ist auch eine Ausnahme in § 17 LSchlG nicht vorgesehen. Von der Arbeitszeitregelung für Jugendliche in den §§ 8, 15, 16 Abs. 3 und 4, 17 Abs. 3 und 18 Abs. 3 JArbSchG sind dagegen Abweichungen durch Tarifvertrag oder auf Grund eines Tarifvertrages durch Betriebsvereinbarung nach § 21a JArbSchG zulässig. Hiervon ist z.B. in § 5 Nr. 2 des Manteltarifvertrages für den Berliner Einzelhandel vom 2. 4. 1985 und in § 6 Nr. 7 des Manteltarifvertrages für die Angestellten und gewerblichen Arbeitnehmer/innen des Einzelhandels in Baden-Württemberg vom 7. 5. 1985 Gebrauch gemacht worden (zu weiteren Einzelheiten vgl. Zmarzlik, JArbSchG, 3. Aufl.). 20

Für werdende und Stillende **Mütter** gelten die Sonderregelungen des MuSchG (vgl. im einzelnen Zmarzlik/Zipperer/Viethen, MuSchG, 5. Aufl.). 21

Die **Verpflichtungen der Arbeitnehmer**, während einer bestimmten Dauer und Lage am Tag und in der Woche in Verkaufsstellen zu arbeiten, ist nicht im LSchlG, in der AZO, GewO oder im JArbSchG, sondern im jeweiligen Tarifvertrag, in der jeweiligen Betriebsvereinbarung und/oder im jeweiligen Arbeitsvertrag geregelt. Die tarifliche **Wochenarbeitszeit** beträgt im Einzelhandel z.Z. 38,5, ab 1. 1. 1991 37,5 Stunden. Betriebsvereinbarungen über die Berücksichtigung sozialer Belange und besonderer Belastungen, die sich für einzelne Arbeitnehmer 22 aus dem Verkaufsabend ergeben, sowie die Begrenzung der Häufigkeit der Teilnahme des einzelnen Arbeitnehmers am Verkaufsabend sind im Rahmen des § 87 BetrVG zulässig, sofern sie nicht die Befolgung der Empfehlung des Art. 1 GzED unmöglich machen. **Zur Anpassung von Betriebsvereinbarungen** und Arbeitsverträgen, die der Einrichtung eines Dienstleistungsabends nach Inkrafttreten des GzED entgegenstehen, vgl. Art. 5 GzED Rn. 2ff.

§ 4 Apotheken

(1) Abweichend von den Vorschriften des § 3 dürfen Apotheken an allen Tagen während des ganzen Tages geöffnet sein. An Werktagen während der allgemeinen Ladenschlußzeiten (§ 3) und an Sonn- und Feiertagen ist nur die Abgabe von Arznei-, Krankenpflege-, Säuglingspflege- und Säuglingsnährmitteln, hygienischen Artikeln sowie Desinfektionsmitteln gestattet.

(2) Die nach Landesrecht zuständige Verwaltungsbehörde hat für eine Gemeinde oder für benachbarte Gemeinden mit mehreren Apotheken anzuordnen, daß während der allgemeinen Ladenschlußzeiten (§ 3), und darüber hinaus montags bis sonnabends von sieben bis acht Uhr, abwechselnd ein Teil der Apotheken geschlossen sein muß. An den geschlossenen Apotheken ist an sichtbarer Stelle ein Aushang anzubringen, der die zur Zeit offenen Apotheken bekanntgibt. Dienstbereitschaft der Apotheken steht der Offenhaltung gleich.

1 § 4 Abs. 1 Satz 1 **befreit Apotheken** von den für Verkaufsstellen geltenden allgemeinen Ladenschlußzeiten des § 3, obwohl Apotheken nach § 1 Abs. 1 Nr. 1 Verkaufsstellen sind. § 4 Abs. 1 Satz 2 i. V. m. § 24 Abs. 1 Nr. 2a **verbietet aber** den Apotheken unter Androhung von Bußgeld aus Gründen der Wettbewerbsneutralität gegenüber den anderen Verkaufsstellen, während der allgemeinen Ladenschlußzeiten **andere Waren** als die in § 4 Abs. 1 Satz 2 genannten Apothekerwaren **zu verkaufen.**

2 § 23 Abs. 1 Apothekenbetriebsordnung (ApBetrO) verpflichtet die Apotheken im Interesse einer ordnungsgemäßen Arzneimittelversorgung der Bevölkerung grundsätzlich zur ständigen Dienstbereitschaft: **Offenhaltungszwang.** § 4 Abs. 2 Satz 1 verpflichtet die zuständige Verwaltungsbehörde im Interesse des Arbeitsschutzes der in Apotheken

Beschäftigten durch Verwaltungsakt anzuordnen, daß während der allgemeinen Ladenschlußzeiten (§ 3) und in der Zeit von 7.00 bis 8.00 Uhr ein Teil der Apotheken geschlossen sein muß: **Apothekennotdienstregelung**. Die Behörde muß eine solche Anordnung treffen, wenn die Grundvoraussetzungen des § 4 Abs. 2 vorliegen, d.h. wenn in einer Gemeinde oder in benachbarten Gemeinden mehrere Apotheken vorhanden sind.

Bei der **Ausgestaltung der Anordnung** im Einzelfall hat die Behörde ein Handlungsermessen, ein Auswahlermessen. Bei der Ausübung des Handlungsermessens muß sie sowohl dem Interesse des Arbeitsschutzes nach einer ausreichenden Ruhezeit der in Apotheken Beschäftigten als auch dem öffentlichen Interesse an einer ordnungsgemäßen Arzneimittelversorgung der Bevölkerung gerecht werden. Die Anordnung nach § 4 Abs. 2 setzt keinen Antrag der Apotheke voraus. Die Behörde muß von Amts wegen tätig werden, wenn die Grundvoraussetzungen der Vorschrift des § 4 Abs. 2 erfüllt sind. Liegt bereits eine Notdienstregelung vor und haben sich die Verhältnisse wesentlich geändert – z.B. durch Neuansiedlung von Apotheken –, so ist die Behörde ebenfalls von Amts wegen verpflichtet, den Notdienst nach den geschilderten Kriterien neu zu ordnen (vgl. BVerwG vom 16. 2. 1989, BVerwG 3 C 35.86; OVG NW GewArch 1982 S. 277). 3

Die **zuständige Behörde** für die Apothekennotdienstregelung ergibt sich aus den Verordnungen der Länder über die Zuständigkeit nach dem LSchlG (vgl. hier Teil B). In Nordrhein-Westfalen z.B. ist zuständige Behörde die Kreisordnungsbehörde (vgl. Anlage 4.8.1 im Teil B 9.3), in Niedersachsen die Apothekerkammer (vgl. Anlage 4.9.1 im Teil B 8.2). 4

Die Apotheken sind nach § 4 Abs. 2 Satz 2 verpflichtet, an sichtbarer Stelle einen **Aushang** anzubringen, der auf die nächstgelegenen dienstbereiten Apotheken hinweist. Bei Dunkelheit sollte der Aushang beleuchtet sein. 5

Während der allgemeinen Ladenschlußzeiten genügt es zur Gewährleistung der **Dienstbereitschaft** einer Apotheke, wenn sich der Apothekenleiter oder eine vertretungsberechtigte Person in unmittelbarer Nachbarschaft zu den Apothekenbetriebsräumen aufhält und jederzeit erreichbar ist (§ 23 Abs. 4 ApBetrO). Während des **Dienstleistungsabends** am Donnerstag in der Zeit von 18.30 bis 20.30 Uhr genügt dies nicht, da diese Zeit nach Verabschiedung des Gesetzes zur Einführung 6 eines Dienstleistungsabends keine allgemeine Ladenschlußzeit mehr ist. Von der Verpflichtung zur ständigen Dienstbereitschaft während des Dienstleistungsabends am Donnerstag nach § 23 Abs. 1 ApBetrO kann aber die zuständige Behörde eine Apotheke aufgrund des § 23 Abs. 2 ApBetrO befreien, wenn die Apotheke in einem Ort oder Ortsteil liegt, in dem die Verkaufsstellen vom Dienstleistungsabend keinen Gebrauch machen.

7 Der Ausschuß Arzneimittel-, Apotheken- und Gefahrstoffwesen der Arbeitsgemeinschaft der Leitenden Medizinalbeamten der Länder hat in seiner Sitzung am 26./27. 10. 1988 den für die Dienstbereitschaft zuständigen Behörden empfohlen, **Allgemeinverfügungen** auf der Grundlage des § 23 Abs. 2 der ApBetrO zu erlassen, die es den Apotheken überläßt, während des Dienstleistungsabends offenzuhalten oder nicht. Die zuständigen Landesbehörden haben bisher bereits allgemeine und individuelle Befreiungsverfügungen u. a. für die Mittagszeit und für Mittwoch- und Samstagnachmittage erteilt. Hier hat jedoch die Behörde Art. 1 GzED zu berücksichtigen.

§ 5 Zeitungen und Zeitschriften

Abweichend von den Vorschriften des § 3 dürfen Kioske für den Verkauf von Zeitungen und Zeitschriften

1. an allen Werktagen durchgehend von sechs bis neunzehn Uhr,

2. an Sonn- und Feiertagen von elf bis dreizehn Uhr geöffnet sein.

1 Die Ausnahme des § 5 ist auf eine **bestimmte Art von Verkaufsstellen,** nämlich Kioske (vgl. zum Begriff Verkaufsstelle § 1 Abs. 1 Nr. 2), und auf den Verkauf einer bestimmten Art **von Waren**, nämlich Zeitungen und Zeitschriften, sowie auf bestimmte, in § 5 genannte Verkaufszeiten beschränkt. Die Ausnahme des § 5 ist im Unterschied zur Ausnahme für Apotheken in § 4 keine ausschließliche oder abschließende Regelung für Kioske. Erfüllt ein Kiosk die Voraussetzungen einer weitergehenden Ausnahme, z.B. einer Ausnahme nach § 10 oder § 12, kann er auch diese in Anspruch nehmen (OLG Hamm GewArch 1966 S. 70). Ein in einem Kurort gelegener Kiosk z.B. kann über die in § 5 zugelassenen Verkaufszeiten und Waren hinaus auch die Regelung des § 10 in Anspruch nehmen.

Ein **Kiosk** ist ein kleines, ortsfestes, in der Regel nur einen einzigen Raum enthaltendes, von den Kunden nicht betretbares Bauwerk, bei dem die Warenausgabe in Form des Schalterverkaufs erfolgt. Die Ausnahme gilt nach ihrem Wortlaut für alle Kioske, sie ist weder ihrem Wortlaut nach noch von ihrem Sinn her, dem Informationsbedürfnis der Bevölkerung zu dienen, auf Zeitungskioske beschränkt (Stober § 5 Rn. 8). Andererseits gilt die Ausnahme nach ihrem insoweit eindeutigen Wortlaut nur für Kioske, nicht für andere in § 1 Abs. 1 genannte Verkaufsstellen. Ein Ladengeschäft kann auch nicht dadurch, daß in seiner Tür ein „Schalterverkauf" eingerichtet wird, zu einem Kiosk werden, es bleibt ein Ladengeschäft (BVerwG GewArch 1964 S. 20 = ArbSch 1964 S. 20, 41; a. A. Stober § 5 Rn. 9f.). 2

Zeitungen sind periodische Druckwerke, die in tagebuchartiger Weise fortlaufend über aktuelle Vorgänge in allen oder in bestimmten Lebensbereichen in Schrift und Bild öffentlich berichten. **Zeitschriften** sind periodische Druckwerke, die einzelne Fragen oder Vorgänge in Schrift und Bild öffentlich erörtern und damit zugleich der allgemeinen Information des Bürgers dienen. Keine Zeitungen oder Zeitschriften sind Bücher und andere Druckwerke, auch wenn sie periodisch hergestellt und als „Zeitung" oder „Zeitschrift" gedruckt werden. Sie dürfen während der über die allgemeinen Öffnungszeiten hinausgehenden Verkaufszeiten des § 5 ebensowenig verkauft werden wie andere Waren. Der Warenkatalog des § 5 ist im Rahmen dieser Ausnahme abschließend. 3

Der **ambulante Verkauf** von Tageszeitungen an Werktagen unterliegt nach § 20 Abs. 1 Satz 1 Halbsatz 2 keinen Beschränkungen durch das Ladenschlußgesetz. An Sonn- und Feiertagen gilt § 5 Nr. 2 auch im ambulanten Verkauf. 4

Zeitungen, nicht jedoch Zeitschriften, darf ein Kiosk **an Sonn- und Feiertagen** auch über die in § 5 zugelassene Zeit von 10.00 bis 13.00 Uhr verkaufen, und zwar wie Ladengeschäfte für Zeitungen für insgesamt 5 Stunden (§ 1 Abs. 1 Nr. 4 VO im Teil B 1.1). 5

Kioske mit Schank- und/oder **Speisebetrieb** unterliegen hinsichtlich des Schank- und Speisebetriebes nicht dem LSchlG, sondern dem Gaststättengesetz. Sie können daher offene Getränke und zubereitete Speisen sowie Flaschenbier, alkoholfreie Getränke, Tabak- und Süßwaren im Rahmen des § 7 GastG auch während der Ladenschlußzeiten 6 abgeben, nicht dagegen andere Waren mit Ausnahme der Zeitungen und Zeitschriften (vgl. ferner § 1 Rn. 15).

§ 6 Tankstellen

(1) Abweichend von den Vorschriften des § 3 dürfen Tankstellen an allen Tagen während des ganzen Tages geöffnet sein.

(2) An Werktagen während der allgemeinen Ladenschlußzeiten (§ 3) und an Sonn- und Feiertagen ist nur die Abgabe von Ersatzteilen für Kraftfahrzeuge, soweit dies für die Erhaltung oder Wiederherstellung der Fahrbereitschaft notwendig ist, sowie die Abgabe von Betriebsstoffen gestattet.

1 Tankstellen (vgl. § 1 Abs. 1 Nr. 1) können zu allen Tages- und Nachtzeiten geöffnet sein, **verkaufen** dürfen sie an Sonn- und Feiertagen sowie während der allgemeinen Ladenschlußzeiten an Werktagen (§ 3) allerdings, auch wenn sie zu Minimärkten ausgebaut sind, nur Betriebsstoffe und Ersatzteile für Kraftfahrzeuge, nicht dagegen andere Waren, abgesehen von Kaugummi, Zigaretten, alkoholfreien Getränken in geringen Mengen zum alsbaldigen Verzehr beim Autofahren (KG Berlin GewArch 1982 S. 168; a. A. OLG Schleswig MDR 1983 S. 232; für analoge Anwendung der §§ 8 und 9 Stober § 6 Rn. 26).

2 Tankstellen mit **Schank- oder Speisebetrieb** können wie Gaststätten Getränke und zubereitete Speisen sowie Tabak- und Süßwaren im Rahmen des § 7 GastG auch während der allgemeinen Ladenschlußzeiten verkaufen.

3 **Wagenwaschen** ist kein Verkauf, sondern eine Dienstleistung und daher während der allgemeinen Ladenschlußzeiten zulässig (BGH NJW 1983 S. 1504), wegen der Sonn- und Feiertagsgesetze der Länder und des Sonn- und Feiertagsarbeitsverbots des § 105 b GewO jedoch nur an Werktagen, nicht an Sonn- und Feiertagen (OLG NW GewArch 1983 S. 274; OLG Frankfurt BB 1984 S. 1808; OLG Stuttgart GewArch 1989 S. 144).

§ 7 Warenautomaten

(1) Abweichend von den Vorschriften des § 3 dürfen Warenautomaten an allen Tagen während des ganzen Tages benutzbar sein, *falls sie von* *dem Inhaber einer Verkaufsstelle oder mit seiner Zustimmung von einem anderen in räumlichem Zusammenhang mit dieser aufgestellt und in ihnen nur Waren feilgehalten werden, die auch in der offenen Verkaufsstelle selbst geführt werden.*

(2) Für Warenautomaten, die Verkaufsstellen auf Personenbahnhöfen oder auf Flughäfen im Sinne der §§ 8 und 9 sind, treten an die Stelle der Vorschriften des Absatzes 1 die Vorschriften der §§ 8 und 9. Warenautomaten, die in Gaststätten oder Betrieben aufgestellt sind, unterliegen nicht den Vorschriften dieses Gesetzes.

(3) Der Bundesminister für Arbeit wird ermächtigt, im Einvernehmen mit dem Bundesminister für Wirtschaft zur Durchführung der Vorschrift des Absatzes 1 Rechtsverordnungen mit Zustimmung des Bundesrates zu erlassen, die den Verkauf aus Warenautomaten während der allgemeinen Ladenschlußzeiten (§ 3) näher regeln.

Der kursiv gedruckte Satzteil in § 7 Abs. 1 ist nach der Entscheidung 1
des Bundesverfassungsgerichtes vom 21. 2. 1962 (BGBl. I S. 166) nichtig. § 7 hat damit insgesamt an Bedeutung verloren.

§ 8 Verkaufsstellen auf Personenbahnhöfen

(1) Abweichend von den Vorschriften des § 3 dürfen Verkaufsstellen auf Personenbahnhöfen

1. **der Deutschen Bundesbahn, soweit sie Nebenbetriebe dieser Bahn im Sinne des § 41 des Bundesbahngesetzes vom 13. Dezember 1951 (Bundesgesetzbl. I S. 955) sind,**
2. **der nichtbundeseigenen Eisenbahnen, soweit sie den Bedürfnissen des Betriebs und Verkehrs dieser Bahnen zu dienen bestimmt sind (Nebenbetriebe der nichtbundeseigenen Eisenbahnen),**

an allen Tagen während des ganzen Tages geöffnet sein, am 24. Dezember jedoch nur bis siebzehn Uhr.

(2) Der Bundesminister für Verkehr wird ermächtigt, im Einvernehmen mit den Bundesministern für Wirtschaft und für Arbeit durch Rechtsverordnung mit Zustimmung des Bundesrates Ladenschlußzeiten für die Verkaufsstellen auf Personenbahnhöfen der nichtbundeseigenen Eisenbahnen vorzuschreiben, die sicherstellen, daß die Dauer der Offenhaltung nicht über das von den Bedürfnissen des Reisever-

kehrs geforderte Maß hinausgeht; er kann ferner die Abgabe von Waren in den genannten Verkaufsstellen während der allgemeinen Ladenschlußzeiten (§ 3) auf bestimmte Waren beschränken.

(2a) Die Landesregierungen werden ermächtigt, durch Rechtsverordnung zu bestimmen, daß in Städten mit über 200000 Einwohnern zur Versorgung der Berufspendler und der anderen Reisenden mit Waren des täglichen Ge- und Verbrauchs sowie mit Geschenkartikeln

1. **Verkaufsstellen auf Personenbahnhöfen des Schienenfernverkehrs und**
2. **Verkaufsstellen innerhalb einer baulichen Anlage, die einen Personenbahnhof des Schienenfernverkehrs mit einem Verkehrsknotenpunkt des Nah- und Stadtverkehrs verbindet,**

an Werktagen von 6.00 bis 22.00 Uhr geöffnet sein dürfen; sie haben dabei die Größe der Verkaufsfläche auf das für diesen Zweck erforderliche Maß zu begrenzen.

(3) Für Apotheken bleibt es bei den Vorschriften des § 4.

1 Verkaufsstellen auf dem **Gelände** eines Personenbahnhofs (vgl. § 1 Abs. 1 Nr. 1) der Deutschen **Bundesbahn** dürfen nach § 8 Abs. 1 an allen Tagen von 0.00 bis 24.00 Uhr geöffnet sein, auch an Sonn- und Feiertagen. Während der allgemeinen Ladenschlußzeiten sollen sie aber nur Reisebedarf und nur an Reisende verkaufen (vgl. Nr. II 5 AVV Bahnhofsverkaufsstellen im Teil B 1.3).

2 Für Verkaufsstellen auf dem Gelände eines Personenbahnhofs einer **nichtbundeseigenen** Eisenbahn gilt die NE-Ladenschlußzeiten-V (vgl. Teil B 1.2).

3 Für Verkaufsstellen auf Bahnhöfen der **U-Bahnen** und der Vorortbahnen sowie auf Omnibusbahnhöfen gelten, sofern eine Rechtsverordnung nach § 8 Abs. 2a nicht erlassen ist, die allgemeinen Ladenschlußzeiten des § 3 (BVerwGE 25, 277).

4 **In Städten mit über 200000 Einwohnern** dürfen Verkaufsstellen auf Personenbahnhöfen und in den in § 8 Abs. 2a genannten Verbindungsanlagen auch andere Waren des täglichen Ge- und Verbrauchs als Reisebedarf und auch an andere Personen als an Bahnreisende verkaufen, wenn die für die betreffende Stadt zuständige Landesregierung eine entsprechende Rechtsverordnung erlassen hat (vgl. Zmarzlik DB 1986 S. 1622ff.). Dies ist bisher nur für den Hauptbahnhof und die

Klett-Passage in Stuttgart (vgl. § 5 VO BW im Teil B 2.1) sowie für den Fernbahnhof Berlin-Zoologischer Garten (vgl. § 1 VO Berlin im Teil B 4.2) erfolgt.

Bahnhofsapotheken nehmen im Unterschied zu anderen Bahnhofsver- 5
kaufsstellen an der sich aus § 4 ergebenden wechselweisen Öffnung und Schließung von Apotheken teil (BVerfGE 13, 225).

§ 9 Verkaufsstellen auf Flughäfen und in Fährhäfen

(1) Abweichend von den Vorschriften des § 3 dürfen Verkaufsstellen auf Flughäfen an allen Tagen während des ganzen Tages geöffnet sein, am 24. Dezember jedoch nur bis siebzehn Uhr. An Werktagen während der allgemeinen Ladenschlußzeiten (§ 3) und an Sonn- und Feiertagen ist nur die Abgabe von Reisebedarf an Reisende gestattet.

(2) Der Bundesminister für Verkehr wird ermächtigt, im Einvernehmen mit den Bundesministern für Wirtschaft und für Arbeit durch Rechtsverordnung mit Zustimmung des Bundesrates Ladenschlußzeiten für die in Absatz 1 genannten Verkaufsstellen vorzuschreiben und die Abgabe von Waren näher zu regeln.

(3) Die Landesregierungen werden ermächtigt, durch Rechtsverordnung abweichend von Absatz 1 Satz 2 zu bestimmen, daß auf internationalen Verkehrsflughäfen und in internationalen Fährhäfen Waren des täglichen Ge- und Verbrauchs sowie Geschenkartikel an Werktagen während der allgemeinen Ladenschlußzeiten (§ 3) und an Sonn- und Feiertagen auch an andere Personen als an Reisende abgegeben werden dürfen; sie haben dabei die Größe der Verkaufsflächen auf das für diesen Zweck erforderliche Maß zu begrenzen.

Nach § 9 Abs. 1 dürfen Verkaufsstellen auf Flughäfen an allen Tagen 1
während des ganzen Tages geöffnet sein, während der allgemeinen Ladenschlußzeiten jedoch nur Reisebedarf und nur an Flugreisende verkaufen (BGH NJW 1982 S. 2502).

Die Rechtsverordnung nach § 9 Abs. 2 ist noch nicht erlassen worden. 2

Verkaufsstellen auf **internationalen Verkehrsflughäfen** und in interna- 3
tionalen Fährhäfen dürfen auch andere Waren des täglichen Ge- und Verbrauchs als Reisebedarf und auch an andere Personen als an Reisende verkaufen, wenn die Landesregierung für den betreffenden Flug-

hafen oder Fährhafen eine entsprechende Rechtsverordnung nach § 9 Abs. 3 erlassen hat (vgl. Zmarzlik DB 1988 S. 119). Eine solche Rechtsverordnung ist bisher für die Flughäfen Stuttgart (§ 6 VO BW im Teil B 2.1), München-Riem und Nürnberg (§ 6 VO Bay im Teil B 3.1), Berlin-Tegel (§ 1 VO Berl im Teil B 4.2) und Frankfurt Main (§ 1 VO im Teil B 7.2) erlassen worden.

§ 10 Kur- und Erholungsorte

(1) Die Landesregierungen können durch Rechtsverordnung bestimmen, daß und unter welchen Voraussetzungen und Bedingungen in Kurorten und in einzeln aufzuführenden Ausflugs-, Erholungs- und Wallfahrtsorten mit besonders starkem Fremdenverkehr, Badegegenstände, Devotionalien, frische Früchte, alkoholfreie Getränke, Milch und Milcherzeugnisse im Sinne des § 4 Abs. 2 des Milch- und Fettgesetzes in der Fassung vom 10. Dezember 1952 (Bundesgesetzbl. I S. 811), Süßwaren, Tabakwaren, Blumen und Zeitungen sowie Waren, die für diese Orte kennzeichnend sind, abweichend von den Vorschriften des § 3 Abs. 1 Nr. 1 und 3

1. an jährlich höchstens vierzig Sonn- und Feiertagen bis zur Dauer von acht Stunden,

2. sonnabends bis spätestens zwanzig Uhr,

verkauft werden dürfen. Sie können durch Rechtsverordnung die Festsetzung der zugelassenen Öffnungszeiten auf andere Stellen übertragen. Bei der Festsetzung der Öffnungszeiten ist auf die Zeit des Hauptgottesdienstes Rücksicht zu nehmen.

(2) In den in Absatz 1 erlassenen Rechtsverordnungen kann die Offenhaltung auf bestimmte Ortsteile beschränkt werden. Wird die Offenhaltung am Sonnabendnachmittag zugelassen, so muß gleichzeitig angeordnet werden, daß die Verkaufsstellen, die am Sonnabendnachmittag offenhalten dürfen, an einem bestimmten anderen Nachmittag derselben Woche ab vierzehn Uhr geschlossen sein müssen.

(3) Die Landesregierungen können durch Rechtsverordnung bestimmen, daß in einzeln aufzuführenden Orten, die in der Nähe der Bundesgrenze liegen, die Verkaufsstellen an Sonnabenden abweichend von der Vorschrift des § 3 Abs. 1 Nr. 3 bis achtzehn Uhr geöffnet sein dürfen. In diesem Falle muß gleichzeitig angeordnet werden, daß die Ver-

kaufsstellen an einem bestimmten anderen Nachmittag derselben Woche ab vierzehn Uhr geschlossen sein müssen.

(4) (gegenstandslos)

Die Ausnahme des § 10 gilt für **Kurorte,** d.h. für Orte, die vom Deut- 1
schen Bäderverband und vom Bund Deutscher Verkehrsverbände als Kurort anerkannt sind. **Andere Orte** können sich auf die Ausnahme nur berufen, wenn sie in einer der im Teil B abgedruckten Verordnung eines Landes namentlich als Ausflugs-, Erholungs- oder Wallfahrtsort aufgeführt sind. In Betracht kommen Orte, auch Ortsteile, mit besonders starkem Fremdenverkehr. Ob es sich im Einzelfall um einen solchen Ort oder Ortsteil handelt, entscheidet der Verordnungsgeber des jeweiligen Landes im Rahmen seines pflichtgemäßen Ermessens. Ein Rechtsanspruch auf Anerkennung eines Ortes als Fremdenverkehrsort mit erweiterten Verkaufszeiten besteht nicht. Für das Hofbräuhaus in München und dessen Umgebung ist dies z.B. abgelehnt worden; für den Olympiapark in München sowie für abgegrenzte Altstadtbezirke in Bamberg, Nürnberg, Passau und Würzburg ist dies bejaht worden (BayVerfGH NJW 1988 S. 1257 und Teil B 3.1), ferner für das Schnoorviertel in Bremen (Teil B 5.1).

Zugelassen sind in § 10 **erweiterte Verkaufszeiten** an bis zu 40 Sonn- 2
und Feiertagen im Jahr bis zur Dauer von 8 Stunden, am Samstag bis 20.00 Uhr. Die konkret für den einzelnen Kur- und Erholungsort zulässigen Verkaufszeiten sind aus der für diesen Ort geltenden Landesverordnung oder aus der aufgrund dieser Verordnung zu erfolgenden amtlichen Festsetzung zu entnehmen (vgl. hierzu im einzelnen Teil B). Nach der für die Ausflugs- und Erholungsgebiete von Berlin geltenden Rechtsverordnung (Teil B 4.1) z.B. darf an Sonn- und Feiertagen von 11.00 bis 19.00 Uhr und am Samstag von 7.00 bis 19.00 Uhr verkauft werden. In den Kur- und Erholungsorten von Bayern (Teil B 3.1) z.B. sind die von der jeweiligen Kreisverwaltungsbehörde festgesetzten Öffnungszeiten maßgebend. Aus der jeweiligen Landesverordnung ergibt sich ferner der für den jeweiligen Ort geltende Ersatzschließungstag, in Bayern (Teil B 3.1) ist es in der Regel der Mittwoch ab 14.00 Uhr.

Zum Verkauf in den erweiterten Verkaufszeiten sind nur die in § 10 ge- 3
nannten **Waren zugelassen**. Badegegenstände sind Waren, die üblicherweise beim Baden benutzt werden, insbesondere Badeanzüge, Handtücher, Seife, Sonnenschutzmittel. Devotionalien sind religiöse Gegen-

stände, z. B. Kreuze, Rosenkränze, Gebetbücher. Süßwaren sind Lebensmittel, die Zucker oder Zuckeraustauschstoffe als mengenmäßig wesentliche und daher geschmacklich hervortretende Bestandteile enthalten, z. B. Schokoladenerzeugnisse, Bonbons, Lakritzen, aber auch Speiseeis (BVerwG GewArch 1989 S. 141; OVG NW GewArch 1987 S. 273, 274). Blumen sind alle blütenbildenden Pflanzen, aber auch Grünpflanzen, Sträuße ohne Blüten, Topfpflanzen, auch Balkon- und Beetpflanzen (OLG Stuttgart GewArch 1987 S. 272). Von den Presseerzeugnissen sind nur Zeitungen zum Verkauf zugelassen.

4 **Waren, die für diese Orte kennzeichnend sind**, sind Waren, die auf einen bestimmten Ort hinweisen, einen spezifischen Bezug zu einem bestimmten Ort haben, für diesen Ort charakteristisch sind (OLG Stuttgart GewArch 1987 S. 272, 273; Stober § 10 Rn. 24), insbesondere

a) Waren, die in ihrer Art oder Ausgestaltung auf den Ort oder dessen nähere Umgebung, in dem sie feilgeboten werden, besonders Bezug nehmen, z. B. Andenken an den Ort.

b) Waren, die in dem betreffenden Ort oder Gebiet als besondere Spezialität hergestellt oder gewonnen werden, von den Fremden als charakteristisch für dieses Gebiet empfunden und deshalb gekauft werden, z. B. Elfenbeinschnitzereien im Odenwald, Steine in Idar-Oberstein, Aale am Steinhuder Meer.

c) Waren, die zwar an ihrem Verkaufsort nicht hergestellt werden, jedoch landschaftlich so typisch und charakteristisch sind, daß die Ortsbezogenheit dadurch vermittelt wird, z. B. Trachten mit dem deutlichen Hinweis auf den Verkaufsort oder seine unmittelbare Umgebung, insbesondere in Bayern (BayObLG GewArch 1977 S. 27, 28).

d) Waren eines Betriebes, dessen Vorhandensein zumindest wesentlich dazu beigetragen hat, daß der Ort Ausflugsort geworden ist, weil vor allem dieser Betrieb Fremde zum Besuch des Ortes und des Betriebes veranlaßt und dadurch bei den Besuchern den Wunsch entstehen läßt, diese Waren des Betriebes gleich an Ort und Stelle zu erwerben. Hat z. B. der Schaugarten einer Baumschule wesentlich dazu beigetragen, daß eine Gemeinde zum Ausflugsort erklärt wurde, dann sind auch die dort gezeigten und verkauften Pflanzen für die Gemeinde als Ausflugsort kennzeichnend (OLG Stuttgart GewArch 1986 S. 393). Baumschulenpflanzen sind dagegen dann keine für den Ausflugsort kennzeichnenden Pflanzen, wenn der Gartenbaubetrieb, in dem diese Pflanzen verkauft werden, nicht wesentlich dazu beigetragen hat, daß der Ort zum Ausflugsort geworden ist (OLG Stuttgart GewArch 1987 S. 272).

Keine für einen bestimmten Ort kennzeichnenden **Waren** sind in der Regel Sportartikel. Sie können in den nach § 10 Abs. 1 erweiterten Verkaufszeiten nur verkauft werden, soweit sie Badegegenstände sind. 5

Die Ausnahme des § 10 Abs. 1 ist auf die Verkaufsstellen beschränkt, in denen mehrere der in dieser Vorschrift genannten **Waren** im Verhältnis zum Gesamtumsatz **in erheblichem Umfang** geführt werden. 6

Zu einem **Aushang** über die erweiterten Verkaufszeiten und über die während dieser Zeit zum Verkauf zugelassenen Waren sind Verkaufsstellen über § 21 Abs. 1 Nr. 1 hinaus in den Ländern verpflichtet, in denen dies in der Landesverordnung ausdrücklich vorgeschrieben ist (vgl. § 3 VO Nds im Teil B 8.1; § 5 VO NW im Teil B 9.1; § 2 VO Rpf im Teil B 10.1; § 4 VO Saarl im Teil B 11.1; § 3 VO SH im Teil B 12.1). 7

Keine Warenbegrenzung gilt für den Verkauf in den **Grenzorten** des § 10 Abs. 3. Voraussetzung für die Zulässigkeit des Verkaufs in einem Grenzort nach dieser Vorschrift in der Zeit von 14.00 bis 18.00 Uhr am Samstag ist, daß er in der aufgrund des § 10 Abs. 3 erlassenen Landesverordnung namentlich als Grenzort aufgeführt ist (vgl. z.B. § 2 VO BW im Teil B 2.1; § 1 VO Bay im Teil B 3.2). 8

Der Bürger hat **keinen Anspruch** auf ein bestimmtes Handeln des Verordnungsgebers nach § 10 (BayVerfGH NJW 1988 S. 1257; vgl. auch § 14 Rn. 5). 9

§ 11 Verkauf in ländlichen Gebieten an Sonntagen

(1) Die Landesregierungen oder die von ihnen bestimmten Stellen können durch Rechtsverordnung bestimmen, daß und unter welchen Voraussetzungen und Bedingungen in ländlichen Gebieten während der Zeit der Feldbestellung und der Ernte abweichend von den Vorschriften des § 3 alle oder bestimmte Arten von Verkaufsstellen

1. **an Sonn- und Feiertagen bis zur Dauer von zwei Stunden,**
2. **an Werktagen eine Stunde länger, als nach § 3 Abs. 1 Nr. 2 und 3 zulässig ist,**

geöffnet sein dürfen, falls dies zur Befriedigung dringender Kaufbedürfnisse der Landbevölkerung erforderlich ist.

(2) (gegenstandslos)

1 Die Ausnahme gilt für Verkaufsstellen in ländlichen Gebieten, d. h. in Gemeinden und Ortsteilen, in denen ein erheblicher Teil der Einwohner in der Landwirtschaft tätig ist. Die Ausnahme kann von einer Verkaufsstelle nur dann und nur in dem Rahmen in Anspruch genommen werden, wenn und soweit für das Gebiet, in dem die Verkaufsstelle liegt, eine entsprechende **Rechtsverordnung** aufgrund des § 11 Abs. 1 erlassen worden ist und sie zu der dort bezeichneten Art der Verkaufsstellen gehört: Für BW vgl. §§ 3 und 7 sowie Anlage 2 der VO im Teil B 2.1; für Bay vgl. § 2 Nr. 2 VO im Teil B 3.3.1; in Berl, Brem und Hamb ist keine VO erlassen worden; für Hess vgl. § 1 VO im Teil B 7.3.1; für Nds vgl. Ziff 4.9.3 der Anlage 2 der VO im Teil B 8.2; für NW vgl. § 4 Abs. 1 Nr. 2 VO im Teil B 9.3; für Rpf vgl. § 3 Nr. 2 VO im Teil B 10.3; im Saarl ist keine VO erlassen worden; für SH vgl. § 1 Abs. 1 VO im Teil B 12.3.

2 Zeit der **Feldbestellung** und der **Ernte** kann die Zeit vom Frühjahr bis zum Herbst sein. Es ist Aufgabe des Verordnungsgebers, die zum Verkauf freigegebenen Zeiten innerhalb dieses Rahmens durch Angabe der kalendermäßigen Zeiten und Zeitabschnitte näher zu bestimmen (BayVGH GewArch 1983 S. 384). Im Zweifel gilt der Rahmen in § 11 LSchlG als zugelassen. Ein Warenkatalog ist in § 11 im Unterschied zu § 10 nicht aufgestellt.

3 Die Ausnahme des § 11 darf nicht dazu **mißbraucht** werden, Käuferschichten aus umliegenden Städten zu erschließen (BayVGH GewArch 1983 S. 384).

§ 12 Verkauf bestimmter Waren an Sonntagen

(1) Der Bundesminister für Arbeit bestimmt im Einvernehmen mit den Bundesministern für Wirtschaft und für Ernährung, Landwirtschaft und Forsten durch Rechtsverordnung mit Zustimmung des Bundesrates, daß und wie lange an Sonn- und Feiertagen abweichend von der Vorschrift des § 3 Abs. 1 Nr. 1 Verkaufsstellen für die Abgabe von Milch und Milcherzeugnissen im Sinne des § 4 Abs. 2 des Milch- und

Fettgesetzes in der Fassung vom 10. Dezember 1952, Bäcker- und Konditorwaren, frischen Früchten, Blumen und Zeitungen geöffnet sein dürfen.

(2) In den nach Absatz 1 erlassenen Rechtsverordnungen kann die Offenhaltung auf bestimmte Sonn- und Feiertage oder Jahreszeiten sowie auf bestimmte Arten von Verkaufsstellen beschränkt werden. Eine Offenhaltung am 2. Weihnachts-, Oster- und Pfingstfeiertag soll nicht zugelassen werden. Die Lage der zugelassenen Öffnungszeiten wird unter Berücksichtigung der Zeit des Hauptgottesdienstes von den Landesregierungen oder den von ihnen bestimmten Stellen durch Rechtsverordnung festgesetzt.

(3) (gegenstandslos)

Aufgrund des § 12 Abs. 1 wurde die **VO** über den Verkauf bestimmter Waren an Sonn- und Feiertagen vom 21. 12.1957 **erlassen** (vgl. Teil B 1.1). Die Zulässigkeit des Verkaufs an Sonn- und Feiertagen ist darin unter Berücksichtigung des § 12 Abs. 2 Satz 1 und 2 auf die dort genannten Waren und Verkaufsstellen beschränkt. 1

Warenkatalog der VO: In § 1 Abs. 1 Nr. 1 VO ist im Unterschied zu den Kur- und Erholungsorten (§ 10) nur **frische Milch** zum Verkauf zugelassen. Abweichend von § 10 ist in § 1 Abs. 1 Nr. 2 VO nur der Verkauf von **Konditorwaren** zugelassen, allerdings in allen dort genannten Verkaufsstellen und in allen Orten, also auch in Kur- und Erholungsorten. Während die Herstellung in § 7 Abs. 1 BAZG auf leicht verderbliche Konditorwaren beschränkt ist, ist dies beim Verkauf nicht der Fall. Es dürfen also auch andere als leicht verderbliche Konditorwaren verkauft werden, jedoch nicht Bäckerwaren, also insbesondere nicht Brot. 2

Zu den **Blumen** in § 1 Abs. 1 Nr. 3 VO gehören nicht nur Schnittblumen und Topfblumen, sondern auch andere Blumen und Pflanzen, soweit sie nach Auffassung der Bevölkerung geeignet sind, als sonntägliches Geschenk oder Mitbringsel überreicht zu werden, z. B. auch Balkonblumen und -pflanzen. Mit den Blumen und Pflanzen dürfen an Sonn- und Feiertagen auch die üblichen Ausstattungszubehörteile, z. B. Blumentöpfe und Schalen, verkauft werden, soweit ihr Wert in einem angemessenen Verhältnis zum Wert der gekauften Blumen und Pflanzen steht (OLG Hamm WRP 1983 S. 167). Die Zahl und der Wert der Blumen und Pflanzen muß sich in dem als Sonntagsgeschenk oder 3

Sonntagsmitbringsel üblichen Rahmen halten. An den Sonn- und Feiertagen im November dürfen dem Charakter dieser Tage entsprechend auch Kränze und Grabschmuck jeder Art verkauft werden.

4 Frische **Früchte** sind in § 1 VO im Unterschied zu Kur- und Erholungsorten (§ 10) nicht zugelassen. Nach § 1 Abs. 1 Nr. 4 VO dürfen ebenso wie nach § 10 im Unterschied zu § 5 nur **Zeitungen** verkauft werden, nicht Zeitschriften (ebenso Stober § 12 Rn. 13; a. A. Neumann § 1 VO Anm. 6).

5 Die Dauer der zugelassenen **Öffnungszeiten** für den Verkauf bestimmter Waren ist in der Verordnung vom 21. 12. 1957 festgesetzt (vgl. Teil B 1.1). Die Lage dieser Öffnungszeiten wird nach § 12 Abs. 2 Satz 3 von den Landesregierungen (vgl. Berl im Teil B 4.3 § 1; Brem im Teil B 5.2 § 1 Abs. 1; Hamb im Teil B 6.1 § 2 Abs. 1; Saarl im Teil B 11.2 § 1; SH im Teil B 12.2 § 1) oder den von ihnen bestimmten Stellen (vgl. BW im Teil B 2.1 § 7; Bay im Teil B 3.3.1 § 2 Nr. 3; Hess im Teil B 7.3.2 § 1 Nr. 2; Nds im Teil B 8.2 Ziffer 4.9.4 der Anlage; NW im Teil B 9.3 § 4 Nr. 3; Rpf im Teil B 10.3 § 3 Nr. 3) festgesetzt.

§ 13 *(aufgehoben)*

§ 14 Weitere Verkaufssonntage

(1) Abweichend von der Vorschrift des § 3 Abs. 1 Nr. 1 dürfen Verkaufsstellen aus Anlaß von Märkten, Messen oder ähnlichen Veranstaltungen an jährlich höchstens vier Sonn- und Feiertagen geöffnet sein. Wird hiervon Gebrauch gemacht, so müssen die offenen Verkaufsstellen an den jeweils voraufgehenden Sonnabenden ab vierzehn Uhr geschlossen werden. Diese Tage werden von den Landesregierungen oder den von ihnen bestimmten Stellen durch Rechtsverordnung freigegeben.

(2) Bei der Freigabe kann die Offenhaltung auf bestimmte Bezirke und Handelszweige beschränkt werden. Der Zeitraum, während dessen die Verkaufsstellen geöffnet sein dürfen, ist anzugeben. Er darf fünf zusammenhängende Stunden nicht überschreiten, muß spätestens um achtzehn Uhr enden und soll außerhalb der Zeit des Hauptgottesdienstes liegen.

(3) Sonn- und Feiertage im Dezember dürfen nicht freigegeben werden. In Orten, für die eine Regelung nach § 10 Abs. 1 Satz 1 getroffen ist, dürfen Sonn- und Feiertage nach Absatz 1 nur freigegeben werden, soweit die Zahl dieser Tage zusammen mit den nach § 10 Abs. 1 Nr. 1 freigegebenen Sonn- und Feiertagen zweiundzwanzig nicht übersteigt.

4) Für Apotheken bleibt es bei den Vorschriften des § 4.

Die Ausnahmemöglichkeit des § 14 Abs. 1 Satz 1 für höchstens vier 1
Sonn- und Feiertage im Jahr ist auf die dort genannten Anlässe beschränkt. Mit dieser Ausnahme soll den örtlichen Verkaufsstellen ermöglicht werden, an den Veranstaltungsprivilegien des Titels IV GewO teilzunehmen, aber auf keinen Fall an mehr als an 4 Sonn- und Feiertagen im Jahr.

Märkte sind die Marktveranstaltungen gemäß §§ 64ff. GewO, die nur 2
gelegentlich stattfinden und einen starken Besucherstrom auslösen, z. B. Spezialmärkte, Jahrmärkte. **Messen** in diesem Sinne sind Messe-Veranstaltungen nach § 64 GewO. **Ähnliche Veranstaltungen** sind Veranstaltungen, die solchen Märkten oder Messen ähnlich sind und ähnlich wie diese einen erheblichen, über den Veranstaltungsort hinausgehenden Besucherstrom auslösen, der mit Waren auch aus Verkaufsstellen versorgt werden muß (vgl. Stober § 14 Rn. 15), also grundsätzlich nur Veranstaltungen mit traditioneller, überörtlicher Bedeutung, z. B. Ausstellungen, Volksfeste, Heimatfeste, die seit Jahren bestehen, regelmäßig wiederkehren, auf historischen Begebenheiten beruhen und viele, auch auswärtige Besucher anlocken (vgl. RdErl. NW vom 9. 11. 1987 MBL. NW S. 1815). Zu den ähnlichen Veranstaltungen i. S. d. § 14 Abs. 1 Satz 1 zählen auf keinen Fall Veranstaltungen zur Einführung neuer Ausstellungen oder neuer Feste mit bloß lokaler Bedeutung. Dies würde dem Grundsatz der Sonn- und Feiertagsruhe widersprechen.

Eine Verkaufsstelle kann von der Ausnahme erst und nur an dem 3
Sonn- und Feiertag und nur zu den Zeiten Gebrauch machen, wenn und soweit dies in einer aufgrund des § 14 Abs. 1 Satz 3 erlassenen **Rechtsverordnung** ausdrücklich bestimmt ist. Der Verordnungsgeber hat beim Erlaß der Verordnung den Verfassungsauftrag aus Art. 140 GG i. V. m. Art. 139 WRV zu beachten, Sonn- und Feiertage als Tage der Arbeitsruhe und der seelischen Erhebung gesetzlich zu schützen (vgl. auch BVerwG GewArch 1988 S. 268). Eine stärkere Beachtung dieses Verfassungsauftrags bei der Inanspruchnahme der Ermächti-

gung des § 14 als bisher hat auch der Bundestag in seinem Appell im Jahre 1989 angemahnt (BT-Drucks. 11/4649 S. 8, hier abgedruckt zu Art. 2 GzED). Der Verordnungsgeber kann daher einen Sonn- oder Feiertag aufgrund des § 14 für den Verkauf nur freigeben, wenn ein dringendes Bedürfnis zur Versorgung der Besucher der Veranstaltung besteht, das nicht zu anderen Zeiten und nicht mit anderen Mitteln, auch nicht mit einer Ausnahme nach § 20 Abs. 2a, erfüllt werden kann (vgl. auch RdErl. NW vom 9. 11. 1987, MBl. NW S. 1815, vgl. dort auch Muster für eine VO).

4 **Verordnungsgeber** sind in den Fächenstaaten die örtlichen Ordnungsbehörden (BW § 7 VO im Teil B 2.1; Bay § 2 Nr. 4 VO im Teil B 3.3.1; Nds Ziff. 4.9.5 der Anlage 2 im Teil B 8.2; NW § 4 Abs. 1 Nr. 4 VO im Teil B 9.3; Rpf § 3 Nr. 4 VO im Teil B 10.3; Saarl § 1 Nr. 2a im Teil B 11.4.1; SH § 1 Abs. 2 VO im Teil B 12.3.1). In Hessen ist zum Erlaß einer RVO der Regierungspräsident zuständig. In den Stadtstaaten Berlin, Bremen und Hamburg ist hierfür der Senat zuständig; dort ist bisher eine VO aufgrund des § 14 Abs. 1 nicht erlassen worden.

5 **Auf den Erlaß** einer RVO nach § 14 Abs. 1 besteht **kein** im Verwaltungsrechtsweg durchsetzbarer **Anspruch** (OVG Rpf GewArch 1988 S. 239; vgl. auch § 10 Rn. 9). Für eine Einschränkung des Ermessens des Verordnungsgebers, z. B. dahin, daß er mindestens zwei Sonntage jährlich freigeben müßte, gibt es keine Rechtsgrundlage (BVerwG GewArch 1988 S. 344). Eine Verordnung, in der die Freigabe eines Verkaufssonntags auf einen räumlich abgrenzbaren Gemeindebezirk beschränkt ist, verstößt nicht gegen das Gleichbehandlungsgebot des Art. 3 Abs. 1 GG (VGH BW GewArch 1981 S. 204).

6 Der Verkaufsstelleninhaber hat nach **§ 14 Abs. 1 Satz 2** ein Wahlrecht, entweder von der nach § 14 Abs. 1 i. V. m. der in einer bestimmten Verordnung zugelassenen Möglichkeit einer Öffnung am Sonntag Gebrauch zu machen oder seine Verkaufsstelle am voraufgehenden langen Samstag offen zu halten. Nach § 5, § 18 Abs. 2 und § 18a oder nach einer aufgrund des § 10 Abs. 1 und 3 oder § 11 erlassenen RVO ist ein längeres Offenhalten am Samstag abweichend von § 14 Abs. 1 Satz 2 möglich.

7 **Neben § 14** gilt für Märkte, Messen und ähnliche Veranstaltungen auch **§ 16**. Es ist Aufgabe des Verordnungsgebers zu bestimmen, ob die Verkaufsstellen trotz des Schließungsgebots des § 14 Abs. 1 Satz 2 an dem betreffenden Veranstaltungssamstag offenhalten können. Dies folgt

aus der Fassung der Ermächtigung in § 16 Abs. 1, die nur die Zahl, nicht aber die Art der Werktage beschränkt (ebenso Neumann § 14 Anm. 3; a.A. Stober § 14 Rn. 25).

Der in § 14 Abs. 2 Satz 2 und 3 zugelassene Zeitraum von **5 Stunden** darf auch dann nicht über 5 zusammenhängende Stunden des Sonn- oder Feiertags hinaus verteilt werden, wenn er durch Pausen unterbrochen wird. Dies folgt daraus, daß die ausnahmsweise erlaubte Öffnungszeit 5 zusammenhängende Stunden nicht überschreiten darf, ferner daraus, daß der Gesetzgeber das Wort „Zeitraum“ und nicht das Wort „Zeiträume“, erst recht nicht die Worte „zulässige Gesamtöffnungszeiten“ benutzt. 8

In § **14 Abs. 3 Satz 2** ist wegen eines redaktionellen Versehens statt der Zahl „22“ die Zahl „40“ (Sonn- und Feiertage) zu lesen (RdErl. NW vom 17. 3. 1970, MBl. NW 1970 S. 690). 9

§ 15 Sonntagsverkauf am 24. Dezember

Abweichend von der Vorschrift des § 3 Abs. 1 Nr. 1 dürfen, wenn der 24. Dezember auf einen Sonntag fällt,

1. **Verkaufsstellen, die gemäß § 12 oder den hierauf gestützten Vorschriften an Sonn- und Feiertagen geöffnet sein dürfen,**
2. **Verkaufsstellen, die überwiegend Lebens- und Genußmittel feilhalten,**
3. **alle Verkaufsstellen für die Abgabe von Weihnachtsbäumen**

während höchstens drei Stunden bis längstens vierzehn Uhr geöffnet sein. Die Öffnungszeiten werden von den Landesregierungen oder den von ihnen bestimmten Stellen durch Rechtsverordnung festgesetzt.

§ 15 Satz 1 regelt den Verkauf am 24. 12., wenn dieser Tag auf einen Sonntag fällt. Fällt der 24. 12. auf einen Werktag, gilt die weitergehende Öffnungsmöglichkeit nach § 3 Abs. 1 Nr. 4. 1

Zu den Regelungen in den Ländern auf Grund des **§ 15 Satz 2** vgl. für BW § 7 VO im Teil B 2.1; für Bay § 2 Nr. 5 VO im Teil B 3.3; für Berl die VO im Teil B 4.4; für Brem die VO im Teil B 5.3; für Hamb § 4 VO im Teil B 6.1; für Hess § 1 Nr. 4 VO im Teil B 7.3.2; für Nds § 1 und Nr. 4.9.6 der Anlage 2 der VO im Teil B 8.2; für NW die VO im 2

Teil B 9.2; für Rpf die VO im Teil B 10.2; für Saarl die VO im Teil B 11.3; für SH § 1 Abs. 1 der VO im Teil B 12.3.

3 Neben der Regelung des § 15 gilt die Regelung des § 5 Nr. 2 über den Verkauf von Zeitungen und Zeitschriften an Sonntagen als Spezialregelung.

§ 16 Verkauf an Werktagen nach 18.30 Uhr

(1) Abweichend von den Vorschriften des § 3 Abs. 1 Nr. 2 und 3 dürfen Verkaufsstellen aus Anlaß von Märkten, Messen oder ähnlichen Veranstaltungen an jährlich höchstens zwölf Werktagen bis spätestens einundzwanzig Uhr geöffnet sein. Diese Tage werden durch die Landesregierungen oder die von ihnen bestimmten Stellen durch Rechtsverordnung freigegeben.

(2) Bei der Freigabe kann die Offenhaltung auf bestimmte Bezirke und Handelszweige beschränkt werden.

(3) Für Apotheken bleibt es bei den Vorschriften des § 4.

1 § 16 gibt in Ergänzung der Verkaufssonntage des § 14 eine Öffnungsmöglichkeit an bis zu 12 Werktagen bis 21.00 Uhr, auch an einem Samstag (vgl. § 14 Rn. 6).

2 Auch von dieser Ausnahme kann erst Gebrauch gemacht werden, wenn der zuständige Verordnungsgeber (vgl. § 14 Rn. 3) eine entsprechende Rechtsverordnung erläßt. Dies ist in Berlin und Hamburg erfolgt; für Hamburg vgl. Teil B 6.2.

Dritter Abschnitt: Besonderer Schutz der Arbeitnehmer

§ 17 Arbeitszeitschutz der Arbeitnehmer

(1) In Verkaufsstellen dürfen Arbeitnehmer an Sonn- und Feiertagen nur während der ausnahmsweise zugelassenen Öffnungszeiten (§§ 4 bis 15 und die hierauf gestützten Vorschriften) und, falls dies zur Erledigung von Vorbereitungs- und Abschlußarbeiten unerläßlich ist, während insgesamt weiterer dreißig Minuten beschäftigt werden.

(2) Die Dauer der Beschäftigungszeit des einzelnen Arbeitnehmers an Sonn- und Feiertagen darf acht Stunden nicht überschreiten.

(2a) In Verkaufsstellen, die gemäß § 10 oder den hierauf gestützten Vorschriften an Sonn- und Feiertagen sowie an Sonnabenden geöffnet sein dürfen, dürfen Arbeitnehmer an jährlich höchstens 22 Sonn- und Feiertagen und sonnabends höchstens bis 18.00 Uhr beschäftigt werden. Ihre Arbeitszeit an Sonn- und Feiertagen darf vier Stunden nicht überschreiten.

(3) Arbeitnehmer, die an Sonn- und Feiertagen in Verkaufsstellen gemäß §§ 4 bis 6, 8 bis 12, 14 und 15 und den hierauf gestützten Vorschriften beschäftigt werden, sind, wenn die Beschäftigung länger als drei Stunden dauert, an einem Werktag derselben Woche ab dreizehn Uhr, wenn sie länger als sechs Stunden dauert, an einem ganzen Werktage derselben Woche von der Arbeit freizustellen; mindestens jeder dritte Sonntag muß beschäftigungsfrei bleiben. Werden sie bis zu drei Stunden beschäftigt, so muß jeder zweite Sonntag oder in jeder zweiten Woche ein Nachmittag ab dreizehn Uhr beschäftigungsfrei bleiben. Statt an einem Nachmittag darf die Freizeit am Sonnabend- oder Montagvormittag bis vierzehn Uhr gewährt werden. Während der Zeiten, zu denen die Verkaufsstelle geschlossen sein muß, darf die Freizeit nicht gegeben werden.

(4) (gegenstandslos)

(5) Mit dem Beschicken von Warenautomaten dürfen Arbeitnehmer außerhalb der Öffnungszeiten, die für die mit dem Warenautomaten in räumlichem Zusammenhang stehende Verkaufsstelle gelten, nicht beschäftigt werden.

(6) Weitergehende Vorschriften zum Schutze der Arbeitnehmer in anderen Gesetzen werden durch die Vorschriften der Absätze 1 bis 5 nicht berührt. Unberührt bleiben auch die Vorschriften des § 105c der Gewerbeordnung; jedoch dürfen Arbeitnehmer an den nach Absatz 3 freizuhaltenden Sonntagen nur in Notfällen nach § 105c Absatz 1 Nr. 1 beschäftigt werden.

(7) Der Bundesminister für Arbeit wird ermächtigt, zum Schutze der Arbeitnehmer in Verkaufsstellen vor übermäßiger Inanspruchnahme ihrer Arbeitskraft oder sonstiger Gefährdung ihrer Gesundheit durch Rechtsverordnung mit Zustimmung des Bundesrates zu bestimmen,

1. daß während der ausnahmsweise zugelassenen Öffnungszeiten (§§ 4 bis 16 und die hierauf gestützten Vorschriften) bestimmte Arbeitnehmer nicht oder die Arbeitnehmer nicht mit bestimmten Arbeiten beschäftigt werden dürfen,

2. daß den Arbeitnehmern für Sonn- und Feiertagsarbeit über die Vorschriften des Absatzes 3 hinaus ein Ausgleich zu gewähren ist,

3. daß die Arbeitnehmer während der Ladenschlußzeiten an Werktagen (§ 3 Abs. 1 Nr. 2 bis 4, §§ 5, 6, 8 bis 10 und 16 und die hierauf gestützten Vorschriften) nicht oder nicht mit bestimmten Arbeiten beschäftigt werden dürfen.

(8) Das Gewerbeaufsichtsamt kann in begründeten Einzelfällen Ausnahmen von den Vorschriften der Absätze 1 bis 5 bewilligen. Die Bewilligung kann jederzeit widerrufen werden.

(9) Die Vorschriften der Absätze 1 bis 8 finden auf pharmazeutisch vorgebildete Arbeitnehmer in Apotheken keine Anwendung.

1 **§ 17 Abs. 1** erlaubt abweichend vom Sonn- und Feiertagsarbeitsverbot des § 105 b Abs. 2 GewO (vgl. Anh. 2), Arbeitnehmer an Sonn- und Feiertagen in Verkaufsstellen während der Zeit zu beschäftigen, während der diese nach dem LSchlG geöffnet sein dürfen, darüber hinaus bis zu 30 Minuten für Vor- und Abschlußarbeiten. Die Zulässigkeit der Beschäftigung von Arbeitnehmern mit der Bewachung der Verkaufsstelle an Sonn- und Feiertagen ergibt sich aus § 105 c Abs. 1 Nr. 3 GewO (vgl. Anh. 2). Bei einer Ausnahme für eine Ladenöffnung an Sonn- und Feiertagen nach § 23 ergibt sich die Zulässigkeit der Beschäftigung von Arbeitnehmern aus § 105 c Abs. 1 Nr. 1 GewO (vgl. Anh. 2). Das Sonn- und Feiertagsarbeitsverbot für Jugendliche in § 17 Abs. 1 und § 18 Abs. 1 JArbSchG sowie für werdende und stillende Mütter in § 8 Abs. 1 MuSchG ist als Sonderregelung bestehen geblieben. Eine unzulässige Beschäftigung an Sonn- und Feiertagen liegt schon dann vor, wenn der Arbeitgeber eine nicht im Gesetz zugelassene Betätigung des Arbeitnehmers für Zwecke des Betriebs in der Verkaufsstelle zuläßt, anstatt sie zu verhindern (BayObLG GewArch 1981 S. 386).

2 **§ 17 Abs. 2** begrenzt die höchstzulässige Dauer der Arbeitszeit an Sonn- und Feiertagen auf 8 Stunden, ohne jedoch deren Anrechnung auf die nach § 3 AZO zulässige Wochenarbeitszeit von 48 Stunden (vgl. Anh. 1) anzuordnen. In einer Woche mit Sonntagsarbeit ist daher

eine Arbeitszeit bis zu 56 Stunden zulässig. Ob und inwieweit dieser gesetzliche Rahmen ausgeschöpft werden kann, ergibt sich aus dem für den Arbeitnehmer maßgebenden Tarifvertrag bzw. Arbeitsvertrag. Mindestens sind die Ersatzruhezeiten des § 17 Abs. 3 zu beachten. Für Verkaufsstellen in Kur- und Erholungsorten gilt darüber hinaus die Sonderregelung des § 17 Abs. 2a.

§ 17 Abs. 2a schränkt die Beschäftigungsmöglichkeit von Arbeitnehmern in Kur- und Erholungsorten abweichend von §§ 10 und 17 Abs. 1 erheblich ein, und zwar von 40 auf 22 Sonn- und Feiertage im Jahr und samstags von 7.00 bis 20.00 Uhr auf 7.00 bis 18.00 Uhr. An den verbleibenden 18.00 Sonn- und Feiertagen des jeweiligen Jahres sowie am Samstag nach 18.00 Uhr darf in einer Verkaufsstelle eines Kur- und Erholungsortes kein Arbeitnehmer beschäftigt werden. An welchen der für die Verkaufsstelle zum Verkauf freigegebenen Sonn- und Feiertagen im Jahr Arbeitnehmer eingesetzt werden sollen, wird der Verkaufsstelle überlassen. Insgesamt dürfen es aber nicht mehr als 22 Sonn- und Feiertage im Jahr sein. Außerdem darf an diesen 22 Sonn- und Feiertagen die Arbeitszeit des einzelnen Arbeitnehmers nach § 17 Abs. 2a Satz 2, abweichend von § 17 Abs. 1, 4 Stunden nicht überschreiten. Ist die Verkaufsstelle an diesen 22 Sonn- und Feiertagen länger als 4 Stunden geöffnet, dürfen aber anders als an den über 22 hinausgehenden Sonn- und Feiertagen andere Arbeitnehmer eingesetzt werden, allerdings ebenfalls nur für 4 Stunden pro Sonn- und Feiertag. 3

Nach **§ 17 Abs. 3** muß für eine Beschäftigung an einem Sonn- oder Feiertag von mehr als 3 Stunden eine Ersatzruhezeit an einem Werktag derselben Woche ab 13.00 Uhr, für eine Beschäftigung von mehr als 6 Stunden eine Ersatzruhezeit an einem ganzen Werktag derselben Woche gewährt werden; außerdem muß mindestens jeder dritte Sonntag beschäftigungsfrei bleiben. Bei einer Beschäftigung von 3 oder weniger als 3 Stunden muß jeder zweite Sonntag oder in jeder zweiten Woche ein Nachmittag ab 13.00 Uhr beschäftigungsfrei bleiben. In derselben Woche bedeutet, in der Woche, in die der Beschäftigungssonn- oder -feiertag fällt, wobei der Sonntag als der erste Tag der Woche angesehen wird. 4

§ 17 Abs. 4 ist nach Streichung des § 3 Abs. 3 gegenstandslos. 5

Arbeitnehmer dürfen nach **§ 17 Abs. 5** mit dem Beschicken von Automaten nur während der für die Verkaufsstelle geltenden Ladenöffnungszeiten beschäftigt werden. Außerhalb dieser Zeiten dürfen Auto- 6 maten nur vom Verkaufsstelleninhaber oder vom Automatenaufsteller aufgefüllt werden.

7 Weitergehende Vorschriften i.S.d. **§ 17 Abs. 6** sind insbesondere die AZO (vgl. Anh. 1), das JArbSchG, das MuSchG, das BAZG. §§ 105b ff. GewO über das Sonn- und Feiertagsarbeitsverbot werden durch § 17 Abs. 1 dahin geändert, daß abweichend von diesem Verbot Sonn- und Feiertagsarbeit in dem in § 17 Abs. 1 beschriebenen Umfang erlaubt wird. § 17 Abs. 6 stellt darüber hinaus klar, daß die Ausnahmebestimmung des § 105c GewO nicht geändert wird und erlaubt sogar die Beschäftigung von nach § 17 Abs. 3 freizustellenden Arbeitnehmern in den Notfällen des § 105c Abs. 1 Nr. 1 GewO (vgl. Anh. 2).

8 Die nach **§ 17 Abs. 7** mögliche Rechtsverordnung ist bisher nicht erlassen worden.

9 Zuständig für die Ausnahmebewilligung nach **§ 17 Abs. 8** ist das für den betreffenden Inhaber der Verkaufstelle örtlich zuständige Gewerbeaufsichtsamt. In Hamburg ist dies hiervon abweichend das Bezirksamt (vgl. Ziffer III der AO im Teil B 6.3). Ein begründeter Einzelfall für eine Ausnahme kann z.B. vorliegen, wenn dem Inhaber der Verkaufsstelle eine Einstellung von Ersatzkräften nicht möglich ist. Die Ausnahmebewilligung darf jedoch nicht zu einer Dauerregelung ausarten (VG Ansbach GewArch 1989 S. 142).

10 Die pharmazeutisch vorgebildeten Arbeitnehmer in **Apotheken** sind auch von anderen Arbeitssschutzvorschriften ausgenommen, so in § 1 Abs. 1 Nr. 3 AZO und damit auch in § 105b Abs. 5 Satz 1 GewO. Der einzige gesetzliche Schutz für diese Arbeitnehmer ist die in § 4 Abs. 2 Satz 1 angeordnete wechselweise Schließung der Apotheken.

Vierter Abschnitt: Bestimmungen für einzelne Gewerbezweige und für den Marktverkehr

§ 18 Friseurbetriebe

(1) Auf Betriebe des Friseurhandwerks und die in ihnen Beschäftigten finden die Vorschriften dieses Gesetzes mit der Maßgabe Anwendung, daß dem Feilhalten von Waren das Anbieten von Dienstleistungen gleichgestellt wird.

(2) Abweichend von § 3 Abs. 1 Nr. 3 dürfen Betriebe des Friseurhandwerks sonnabends bis achtzehn Uhr geöffnet sein; sie müssen statt dessen am Montag vormittag bis dreizehn Uhr geschlossen sein.

(3) Nicht unter dieses Gesetz fällt die Ausübung des Friseurhandwerks

1. in der Wohnung und der Arbeitsstätte der Kunden,
2. auf Personenbahnhöfen und auf Flughäfen.

Friseurbetriebe unterliegen wie Verkaufsstellen den allgemeinen Ladenschlußzeiten. Sie dürfen ihr Gewerbe in den in § 3 **zugelassenen Zeiten** ausüben, also grundsätzlich nur montags bis freitags in der Zeit von 7.00 bis 18.30 Uhr. 1

Für Samstag und Montag haben die Friseurbetriebe nach § 18 Abs. 2 ein **Wahlrecht**: Sie können an jedem Samstag von 7.00 bis 18.00 Uhr geöffnet sein. Macht ein Betrieb von der Öffnungsmöglichkeit am Samstag von 14.00 bis 18.00 Uhr Gebrauch, muß er statt dessen am Montagvormittag bis 13.00 Uhr schließen. Schließt dagegen ein Friseurbetrieb am Sonnabend wie eine Verkaufsstelle, d.h. bereits um 14.00 Uhr, am ersten Sonnabend im Monat um 18.00 bzw. 16.00 Uhr, kann er am Montagvormittag wie eine Verkaufsstelle ab 7.00 Uhr öffnen (BVerfGE 59, 336). 2

In Art. 1 GzED wird auch Friseurbetrieben empfohlen, einen **Dienstleistungsabend** am Donnerstag einzurichten. Die vom allgemeinen Ladenschluß abweichende Zulassung der Offenhaltung der Verkaufsstellen am Donnerstagabend in § 3 Abs. 2 gilt nach § 18 Abs. 1 im gleichen Umfang auch zugunsten der Friseurbetriebe (vgl. § 3 Rn. 11 ff.). 3

§ 18a Friedhofsverkaufsstellen

Abweichend von § 3 Abs. 1 Nr. 3 dürfen Verkaufsstellen für Blumen und Pflanzen auf Friedhöfen sowie in einem Umkreis bis zu 300 m von Friedhöfen sonnabends bis siebzehn Uhr geöffnet sein.

Die Sonderregelung ist auf Verkaufsstellen für **Blumen und Pflanzen** beschränkt, d.h. auf Verkaufsstellen, bei denen der Blumen- und Pflanzenverkauf im Vordergrund steht und der Verkaufsstelle das Gepräge gibt. 1

Bei der Entscheidung über die Frage, ob die Verkaufsstelle in einem **Umkreis bis zu 300 m** von einem Friedhof liegt, ist von der Friedhofsgrenze, nicht vom Friedhofseingang auszugehen. 2

§ 19 Marktverkehr

(1) Während der allgemeinen Ladenschlußzeiten (§ 3) dürfen auf behördlich genehmigten Groß- und Wochenmärkte Waren zum Verkauf an den letzten Verbraucher nicht feilgehalten werden; jedoch kann die nach Landesrecht zuständige Verwaltungsbehörde in den Grenzen einer gemäß §§ 10 bis 16 oder den hierauf gestützten Vorschriften zulässigen Offenhaltung der Verkaufsstellen einen geschäftlichen Verkehr auf Groß- und Wochenmärkten zulassen.

(2) Am 24. Dezember dürfen nach vierzehn Uhr Waren auch im sonstigen Marktverkehr nicht feilgehalten werden.

(3) Im übrigen bleibt es bei den Vorschriften der §§ 64 bis 71 a der Gewerbeordnung, insbesondere bei den auf Grund des § 69 Abs. 1 Satz 1 der Gewerbeordnung festgesetzten Öffnungszeiten für Messen, Ausstellungen und Märkte.

1 § 19 regelt das Verhältnis des LSchlG zu den Vorschriften der §§ 64ff. GewO über Messen, Ausstellungen, Märkte (vgl. Anh. 2). § 19 Abs. 1 erster Halbsatz stellt klar, daß Verkaufsstände auf **Groß- und Wochenmärkten** den allgemeinen Ladenschlußzeiten nicht unterliegen, wenn sie nur Waren an Wiederverkäufer und Großverbraucher feilhalten. Halten sie jedoch Waren auch an den letzten Verbraucher feil, d.h. an jedermann i.S.d. § 1 Abs. 1 Nr. 2, dann müssen auch sie die allgemeinen Ladenschlußzeiten beachten. § 19 Abs. 1 zweiter Halbsatz ermächtigt die zuständige Verwaltungsbehörde, sie davon zu befreien. In BW und Bay z.B. kann die Befreiung durch Ausnahmegenehmigung der Gemeinde (a.A. Stober § 19 Rn. 15, der eine besondere Rechtsverordnung verlangt) in den in § 19 Abs. 1 angegebenen Grenzen erfolgen (vgl. § 8 Abs. 2 VO im Teil B 2.1 und § 7 Nr. 6 VO im Teil B 2.2.2 sowie Ziffer 4.7.1 der Anlage im Teil B 3.3.1).

2 § 19 Abs. 3 stellt klar, daß **andere Veranstaltungen** nach §§ 64ff. GewO als Groß- und Wochenmärkte den allgemeinen Ladenschlußzeiten nicht unterliegen. Die zulässigen Verkaufszeiten auf diesen Veranstaltungen werden nach § 69 GewO festgesetzt (vgl. Anh. 2).

§ 20 Sonstiges gewerbliches Feilhalten

(1) Während der allgemeinen Ladenschlußzeiten (§ 3) ist auch das gewerbliche Feilhalten von Waren zum Verkauf an jedermann außerhalb

von Verkaufsstellen verboten; dies gilt nicht für Volksbelustigungen, die den Vorschriften des Titels III der Gewerbeordnung unterliegen und von der nach Landesrecht zuständigen Behörde genehmigt worden sind, sowie für das Feilhalten von Tageszeitungen an Werktagen. Dem Feilhalten steht das Zeigen von Mustern, Proben und ähnlichem gleich, wenn dazu Räume benutzt werden, die für diesen Zweck besonders bereitgestellt sind, und dabei Warenbestellungen entgegengenommen werden.

(2) Soweit für Verkaufsstellen gemäß §§ 10 bis 16 oder den hierauf gestützten Vorschriften Abweichungen von den Ladenschlußzeiten des § 3 zugelassen sind, gelten diese Abweichungen unter denselben Voraussetzungen auch für das Feilhalten gemäß Absatz 1.

(2a) Die nach Landesrecht zuständige Verwaltungsbehörde kann abweichend von den Vorschriften der Absätze 1 und 2 Ausnahmen für das Feilhalten von leichtverderblichen Waren und Waren zum sofortigen Verzehr, Gebrauch oder Verbrauch zulassen, sofern dies zur Befriedigung örtlich auftretender Bedürfnisse notwendig ist und diese Ausnahmen im Hinblick auf den Arbeitsschutz unbedenklich sind.

(3) Die Vorschriften des § 17 Abs. 1 bis 4 gelten entsprechend.

(4) Der Bundesminister für Arbeit kann durch Rechtsverordnung mit Zustimmung des Bundesrates zum Schutze der Arbeitnehmer vor übermäßiger Inanspruchnahme ihrer Arbeitskraft oder sonstiger Gefährdung ihrer Gesundheit Vorschriften, wie im § 17 Abs.7 genannt, erlassen.

§ 20 Abs. 1, ein Sammel- und Auffangtatbestand (OVG Rpf ArbSch 1960 S. 129), verbietet im Interesse der Wettbewerbsneutralität zwi- 1
schen Verkaufsstellen und dem ambulanten Handel sowie zur Verhinderung der Umgehung der allgemeinen Ladenschlußzeiten in § 3 das Feilhalten von Waren zum Verkauf an jedermann (zum Begriff vgl. § 10 Rn. 10) während der allgemeinen Ladenschlußzeiten des § 3 auch außerhalb von Verkaufsstellen, allerdings nur das **gewerbliche Feilhalten**, d.h. in Ausübung eines Gewerbebetriebes, einer selbständigen, auf Gewinnerzielung gerichteten und auf eine gewisse Dauer ausgeübten Verkaufstätigkeit mit Ausnahme der aus der Urproduktion (VG Düsseldorf GewArch 1984 S. 302, 304; Stober § 20 Rn. 13). Ein gewerbliches Feilhalten liegt z.B. nicht vor, wenn Landwirte, Gärtner u.a. ihre durch Boden- oder Wassernutzung gewonnenen Urprodukte zum Ver-

kauf anbieten (BVerwG GewArch 1973 S. 77; BayObLG GewArch 1980 S. 65; vgl. ferner § 1 Rn. 4). Zur Sonderregelung des Austragens und Ausfahrens von Bäckerwaren vgl. § 5 Abs. 5 BAZG.

2 § 20 regelt die Verkaufsmöglichkeiten im **Reisegewerbe** nach §§ 55 und 55a GewO und beschränkt sie, vor allem auch an Sonn- und Feiertagen. § 55e Abs. 1 Satz 1 GewO erlaubt nicht abweichend von § 20 das Feilhalten von Waren im Reisegewerbe an Sonn- und Feiertagen (OLG Düsseldorf GewArch 1988 S. 391; a. A. Stober § 20 Rn. 6). Eine solche Erlaubnis würde nicht nur dem Ziel des LSchlG zuwiderlaufen, das Feilhalten von Waren an Sonn- und Feiertagen grundsätzlich, auch im Reisegewerbe, zu verbieten. Sie wäre auch mit der Entstehungsgeschichte des § 55e GewO nicht zu vereinbaren (vgl. OLG Düsseldorf GewArch 1988 S. 391); vor allem aber wäre sie mit dem Verfassungsauftrag aus Artikel 140 GG i. V. m. Artikel 139 WRV nicht zu vereinbaren. Zumindest wäre das Feilbieten von Waren im Reisegewerbe an Sonn- und Feiertagen als öffentlich bemerkbare Arbeit nach den Feiertagsgesetzen der Länder verboten (OLG Düsseldorf GewArch 1988 S. 391). Die Durchführung eines **Trödelmarktes** am Sonntag ist ebenfalls eine öffentlich bemerkbare Arbeit und daher schon nach den Feiertagsgesetzen der Länder verboten. Anbieter auf dem Trödelmarkt können darüber hinaus einen Verstoß nach § 20 Abs. 1 i. V. m. § 24 Abs. 1 Nr. 3 begehen und mit Bußgeld verfolgt werden, wenn sie dort Waren gewerblich feilbieten (vgl. OLG Düsseldorf GewArch 1988 S. 393; VG Düsseldorf GewArch 1984 S. 302).

3 **Ausstellungen** zur bloßen Besichtigung von Waren und reine **Werbeveranstaltungen** außerhalb von Verkaufsstellen, bei denen die gezeigten oder vorgeführten Gegenstände weder verkauft noch bestellt werden können, sind weder durch § 3 noch durch § 20 während der allgemeinen Ladenschlußzeiten verboten (Stober § 20 Rn. 20). So ist eine vorweihnachtliche **Teppichverkaufsausstellung** außerhalb der gewöhnlichen Geschäftsräume des Veranstalters, z. B. in der Kongreß- oder Stadthalle des Ortes, während der allgemeinen Ladenschlußzeiten zulässig, wenn dabei Warenbestellungen nicht entgegengenommen werden, auch nicht in Annahmekästen (OLG Karlsruhe GewArch 1981 S. 268, 269 f.). Nicht verboten nach § 20 Abs. 1 sind ferner **Hotelweinproben**, wenn zu ihnen nur die bisherigen Kunden des Veranstalters eingeladen werden, also nicht jedermann (VG Frankfurt GewArch 1986 S. 394).

Volksbelustigungen des Titels III GewO unterliegen nach **§ 20 Abs. 1 Satz 1 Halbsatz 2** nicht dem Feilhalteverbot des Halbsatzes 1. Das bedeutet, daß auf der Fläche, auf der eine Volksbelustigung stattfindet, für deren Dauer Waren an jedermann auch während der allgemeinen Ladenschlußzeiten feilgehalten werden dürfen (BVerwG GewArch 1976 S. 171; OVG Münster GewArch 1975 S. 35). Volksbelustigungen sind Spielveranstaltungen nach § 60a GewO und Volksfeste nach § 60b GewO (ebenso Stober § 20 Rn. 21), z.B. Schützenfeste, Kirchweih. 4

Das Feilhalten von **Tageszeitungen** (vgl. § 5 Rn. 3) außerhalb von Verkaufsstellen ist nach § 20 Abs. 1 Satz 1 Halbsatz 2 an Werktagen auch während der allgemeinen Ladenschlußzeiten erlaubt, also auch morgens vor 7.00 Uhr und abends nach 18.30 Uhr. An Sonn- und Feiertagen dürfen Zeitungen nach § 1 Abs. 1 Nr. 4 VO im Teil B 1.1 i.V.m. § 20 Abs. 2 für die Dauer von 5 Stunden (zur Lage vgl. § 12 Rn. 5) und nach § 5 Nr. 2 in der Zeit von 11.00 Uhr bis 13.00 Uhr feilgehalten werden. Die Ausnahme des § 5, die erst am Ende des Gesetzgebungsverfahrens eingefügt wurde, ist in § 20 Abs. 2 nur versehentlich nicht aufgeführt worden (a.A. Stober § 20 Rn. 30). 5

Nach **§ 20 Abs. 1 Satz 2** ist nicht nur das Feilhalten von Waren außerhalb von Verkaufsstellen, sondern auch schon das **Zeigen von Mustern,** Proben und ähnlichem während der allgemeinen Ladenschlußzeiten verboten, allerdings nur bei Benutzung besonderer Räume und Entgegennahme von Warenbestellungen. Außerhalb solcher Räume, auch im Straßen- und Hausierhandel, können Bestellungen auf Muster und Proben auch während der allgemeinen Ladenschlußzeiten entgegengenommen werden, selbst von einem Kraftwagen aus. Insoweit bleibt es bei der Regelung der GewO, insbesondere bei §§ 42 und 55 GewO (KG Berlin GewArch 1982 S. 167; Stober § 20 Rn. 26). 6

§ 20 Abs. 2 stellt sicher, daß alle Abweichungen von den allgemeinen Ladenschlußzeiten, die für Verkaufsstellen gemäß §§ 10 bis 16 zugelassen sind, auch für das Feilhalten von Waren außerhalb von Verkaufsstellen gelten. Wenn z.B. in einem Kur- oder Erholungsort Sonntag- und Samstagnachmittags aufgrund des § 10 Abs. 1 und der danach erlassenen VO die darin bezeichneten Waren zu den dort angegebenen Zeiten abgegeben werden dürfen, so dürfen diese zu diesen Zeiten auch von den Straßenhändlern verkauft werden. Wegen der Zeitungen vgl. § 20 Rn. 5. 7

8 **Zuständig für** die Erteilung einer Ausnahme nach **§ 20 Abs. 2a** sind in BW die Gemeinden (§ 8 Abs. 4 VO im Teil B 2.1), in Bay die Gemeinden (Anlage 4.7.2 im Teil B 3.3.1), in Berl das Gewerbeaufsichtsamt (§ 1 Nr. 3 VO im Teil B 4.5), in Brem die Ortspolizeibehörde (§ 1 Abs. 2 VO im Teil B 5.4), in Hamb die Bezirksämter (Ziff. IIb im Teil B 6.3), in Hess die Gemeinden (§ 1 VO im Teil B 7.3.4), in Nds die Gemeinden (Anlage 4.9.9 im Teil B 8.2), in NW die Ordnungsbehörden (Anlage 4.8.3 im Teil B 9.3), in Rpf die Ortspolizeibehörden (Anlagen 4.83 im Teil B 10.3), in Saarl die Ortspolizeibehörden (§ 1 Nr. 2c VO im Teil B 11.4.1), in SH die Bürgermeister (§ 1 Abs. 3 VO im Teil B 12.3).

9 Leicht **verderbliche** Waren in § 20 Abs. 2a sind Waren, die mangels längerer Lagerfähigkeit alsbald verzehrt, gebraucht oder verbraucht werden müssen. Waren zum sofortigen Verzehr, Gebrauch oder Verbrauch sind Waren, die unabhängig von ihrer Lagerfähigkeit bestimmungsgemäß alsbald verzehrt, gebraucht oder verbraucht werden sollen, z.B. Speiseeis (BVerwG GewArch 1980 S. 277, 278). Ein örtlich auftretendes Bedürfnis liegt vor, wenn infolge örtlicher Besonderheiten gerade während der Ladenschlußzeiten ein andernorts so nicht bestehender Bedarf an den genannten Waren besteht (BVerwG GewArch 1980 S. 277; VGH BW GewArch 1979 S. 389; VG Arnsberg GewArch 1984 S. 304; Hess VGH GewArch 1985 S. 347). Zum Speiseeis vgl. Zmarzlik GewArch 1981 S. 287 (a.A. Stober § 20 Rn. 38). Der Verkauf von **Blumen** in Gaststätten ist ein nach § 7 Abs. 1 GastG zulässiger Zubehörverkauf; einer Genehmigung nach § 20 Abs. 2a bedarf es nicht (Kienzle GewArch 1988 S. 392; a.A. VG Frankfurt GewArch 1988 S. 344). Zur Verteilung von Informationsheften vor Sportstätten vgl. BVerwG GewArch 1976 S. 171.

10 Nach **§ 20 Abs. 3** gelten die Vorschriften des § 17 über die Arbeitszeit der Arbeitnehmer an Sonn- und Feiertagen und über Ersatzruhezeiten auch bei der Beschäftigung von Arbeitnehmern außerhalb von Verkaufsstellen. Die in § 17 Abs. 8 vorgesehene Ausnahmebewilligung ist bei der Beschäftigung von Arbeitnehmern außerhalb von Verkaufsstellen nicht zugelassen (OVG Lüneburg GewArch 1976 S. 135).

11 Die nach **§ 20 Abs. 4** mögliche Rechtsverordnung ist noch nicht erlassen worden.

12 In Art. 1 GzED wird die Einrichtung eines **Dienstleistungsabends** auch außerhalb von Verkaufsstellen empfohlen. Die vom allgemeinen Ladenschluß abweichende Zulassung der Offenhaltung der Verkaufsstel-

len am Donnerstagabend in § 3 Abs. 2 gilt nach § 20 Abs. 1 in gleichem Umfang auch für das Feilhalten von Waren außerhalb von Verkaufsstellen (vgl. § 3 Rn. 11ff.).

Fünfter Abschnitt: Durchführung des Gesetzes

§ 21 Auslage des Gesetzes, Verzeichnisse

(1) Der Inhaber einer Verkaufsstelle, in der regelmäßig mindestens ein Arbeitnehmer beschäftigt wird, ist verpflichtet,

1. einen Abdruck dieses Gesetzes und der auf Grund dieses Gesetzes erlassenen Rechtsverordnungen, mit Ausnahme der Vorschriften, die Verkaufsstellen anderer Art betreffen, an geeigneter Stelle in der Verkaufsstelle auszulegen oder auszuhängen,

2. ein Verzeichnis über Namen, Tag, Beschäftigungsart und -dauer der an Sonn- und Feiertagen beschäftigten Arbeitnehmer und über die diesen gemäß § 17 Abs. 3 als Ersatz für die Beschäftigung an diesen Tagen gewährte Freizeit zu führen; dies gilt nicht für pharmazeutisch vorgebildete Arbeitnehmer in Apotheken. Die Landesregierungen können durch Rechtsverordnung eine einheitliche Form für das Verzeichnis vorschreiben.

(2) Die Verpflichtung nach Absatz 1 Nr. 2 obliegt auch den in § 20 genannten Gewerbetreibenden.

Der **Zweck** des § 21 besteht darin, den Arbeitnehmern die Möglichkeit zu geben, das LSchlG und die für die Verkaufsstelle maßgebende Ladenschlußverordnungen kennenzulernen und sich davon zu überzeugen, ob der Inhaber der Verkaufsstelle diese Vorschriften einhält. Der Inhaber der Verkaufsstelle soll durch den Aushang daran erinnert werden, diese Vorschriften einzuhalten. Der Betriebsrat wird an seine Aufgaben aus § 80 Abs. 1 Nr. 1 und § 89 BetrVG erinnert. Kommt der Arbeitgeber seiner Verpflichtung aus § 21 nicht nach, kann der Betriebsrat ihn dazu im Rahmen seiner Aufgaben veranlassen. Nach § 40 Abs. 1 BetrVG hat der Betriebsrat einen Anspruch darauf, daß der Arbeitgeber ihm auf seine Kosten einen Text des LSchlG zur Verfügung stellt. In größeren Betrieben kann sich hiraus ein Anspruch auf einen kommentierten Text ergeben. 1

2 Auszulegen oder auszuhängen ist ein **Abdruck** des **LSchlG** in der jeweils gültigen Fassung, wie sie sich aus dem Bundesgesetzblatt ergibt, und zwar in **deutscher Sprache** und in lesbarem Zustand. Geeignet sind in der Regel die von den Verlagen eigens zum Aushang oder zur Auslage hergestellten Druckwerke.

3 Neben dem Abdruck des LSchlG muß der Inhaber der Verkaufsstelle die aufgrund des LSchlG erlassenen, für die Verkaufsstelle geltenden Ladenschlußverordnungen auslegen oder aushängen, z. B. in einer Verkaufsstelle des § 10 die einschlägige **Landesverordnung** über den betreffenden Kur- und Erholungsort, in einer Verkaufsstelle des § 12 die Bundesverordnung in Teil B 1.1 und die einschlägige Landesverordnung über den Verkauf bestimmter Waren an Sonntagen, in Berlin z. B. Teil B 4.3.

4 Der Inhaber der Verkaufsstelle kann wählen, ob er den Abdruck des LSchlG und der für ihn maßgebenden Landesverordnung **auslegen oder aushängen** will. Es muß aber ein tatsächliches Auslegen oder Aushängen sein, also ein Hinlegen eines Abdrucks auf einen Tisch oder ein Aufhängen eines Abdrucks an die Wand, und zwar so, daß der Arbeitnehmer den Text ohne Schwierigkeiten lesen kann. Wählt der Arbeitgeber den Aushang, muß der Text so groß gedruckt sein, daß er aus normaler Entfernung lesbar ist. Wählt der Arbeitgeber die Auslage, muß der Arbeitnehmer in der Lage sein, den Text ohne fremde Hilfe zu lesen; erst dann kann vom Auslegen zur Einsichtnahme gesprochen werden.

5 Der Aushang oder die Auslage muß an einer **geeigneten Stelle** in der Verkaufsstelle erfolgen. Geeignet ist eine Stelle, die dem Arbeitnehmer während seiner Anwesenheit in der Verkaufsstelle, zumindest während der Pausen, frei zugänglich ist und an der er den Text ohne Inanspruchnahme Dritter lesen kann. Nicht geeignet ist das Zimmer des Inhabers der Verkaufsstelle oder dessen Vertreters, da der Arbeitnehmer zum Lesen der Auslage dort erfahrungsgemäß nicht hingeht.

6 **Das Verzeichnis** in § 21 Abs. 1 Nr. 2 dient der Kontrolle der an Sonn- und Feiertagen beschäftigten Arbeitnehmer. Es muß nicht nur vom Verkaufsstelleninhaber, sondern nach § 21 Abs. 2 auch von dem in § 20 genannten Gewerbetreibenden geführt werden, allerdings nur von solchen, die Arbeitnehmer an Sonn- und Feiertagen tatsächlich beschäftigen. Apotheken sind von der Führung eines Verzeichnisses befreit.

§ 22 Aufsicht und Auskunft

(1) Die Aufsicht über die Ausführung der Vorschriften dieses Gesetzes und der auf Grund dieses Gesetzes erlassenen Vorschriften üben, soweit es sich nicht um Wochenmärkte (§ 19) handelt, die nach Landesrecht für den Arbeitsschutz zuständigen Verwaltungsbehörden aus; ob und inwieweit andere Dienststellen an der Aufsicht beteiligt werden, bestimmen die obersten Landesbehörden.

(2) Auf die Befugnisse und Obliegenheiten der in Absatz 1 genannten Behörden finden die Vorschriften des § 139b der Gewerbeordnung entsprechende Anwendung.

(3) Die Inhaber von Verkaufsstellen und die in § 20 genannten Gewerbetreibenden sind verpflichtet, den Behörden, denen auf Grund des Absatzes 1 die Aufsicht obliegt, auf Verlangen

1. **die zur Erfüllung der Aufgaben dieser Behörden erforderlichen Angaben wahrheitsgemäß und vollständig zu machen,**
2. **das Verzeichnis gemäß § 21 Abs. 1 Nr. 2, die Unterlagen, aus denen Namen, Beschäftigungsart und -zeiten der Arbeitnehmer sowie Lohn- und Gehaltszahlungen ersichtlich sind, und alle sonstigen Unterlagen, die sich auf die nach Nummer 1 zu machenden Angaben beziehen, vorzulegen oder zur Einsicht einzusenden. Die Verzeichnisse und Unterlagen sind mindestens bis zum Ablauf eines Jahres nach der letzten Eintragung aufzubewahren.**

(4) Die Auskunftspflicht nach Absatz 3 Nr. 1 obliegt auch den in Verkaufsstellen oder beim Feilhalten gemäß § 20 beschäftigten Arbeitnehmern.

Die Landesregierungen haben in ihren aufgrund des § 28 erlassenen Rechtsverordnungen (vgl. Teil B) in der Regel das Gewerbeaufsichtsamt als zuständige Aufsichtsbehörde bestimmt. In Hamburg ist Aufsichtsbehörde das Bezirksamt (vgl. Teil B 6.3 Ziffer IIb). Neben dem Gewerbeaufsichtsamt ist Aufsichtsbehörde in der Regel auch die **Ortspolizeibehörde** (vgl. z.B. BW im Teil B 2.1 § 8 Abs. 1; Berl im Teil B 4.5 § 2; NW im Teil B 9.3 zu Ziffer 4.8.4 der Anlage; Rpf im Teil B 10.3 zu Ziffer 4.84 der Anlage) oder die **Gemeinde** (vgl. z.B. bei Bay im Teil B 3.3.1 zu Ziffer 4.7.3 der Anlage; Hess im Teil B 7.3.6 § 1 Nr. 2; Ns im Teil B 8.2 zu Ziffer 4.9.10 der Anlage). Für Groß- und Wochenmärkte (§ 19) ist die zuständige Aufsichtsbehörde in der Regel 1 die **Marktbehörde**, in BW z. B. der Regierungspräsident bzw. die Gemeinde (vgl. Teil B 2.2), in Bay die Gemeinde (vgl. Teil B 3.3.1 zu Ziffer 4.7.1 der Anlage), in Berl der Polizeipräsident (vgl. Teil B 4.5 § 1 Nr. 2 und § 2).

2 Die **Aufsichtsbehörde** hat vor allem die **Aufgabe**, die Verkaufsstellen daraufhin zu überwachen, ob sie die Vorschriften des LSchlG und die aufgrund des LSchlG erlassenen Vorschriften einhalten. Verstöße gegen diese Vorschriften haben sie entsprechend dem Opportunitätsprinzip zu verfolgen und, falls sie zugleich die für die Verfolgung und Ahndung zuständige Verwaltungsbehörde sind (vgl. z. B. Hess im Teil B 7.3.6 § 2; Nds im Teil B 8.2 zu Ziffer 4.9.13 der Anlage; NW im Teil B 9.3 zu Ziffer 4.8.5 der Anlage), einen Bußgeldbescheid zu erlassen. Die Aufsichtspflicht der Aufsichtsbehörden besteht dem Staat gegenüber. Die vom LSchlG Betroffenen werden dadurch nicht berechtigt (Stober § 22 Rn. 9).

3 Zur Durchführung ihrer Aufgaben erhalten die Aufsichtsbehörden in § 22 Abs. 2 LSchlG i. V. m. § 139b GewO die **Befugnis**, die Verkaufsstelle auch entgegen dem Willen ihres Inhabers zu betreten und zu überprüfen. Die Vorschriften verpflichten sie aber auch **zur Geheimhaltung** der amtlich zu ihrer Kenntnis gelangenden Geschäfts- unhd Betriebsverhältnisse.

4 Die **Auskunftspflicht** des Inhabers der Verkaufsstelle nach § 22 Abs. 3 Nr. 1 wird erst aktuell, wenn die Aufsichtsbehörde von ihm eine bestimmte Auskunft verlangt. Von sich aus muß er keine Auskünfte erteilen. Verlangt jedoch die Aufsichtsbehörde Auskunft, muß der Inhaber der Verkaufsstelle die Angaben wahrheitsgemäß und vollständig machen, er muß also nicht nur die gestellten Fragen beantworten, er darf auch nichts Wesentliches verschweigen. Die Auskunftspflicht besteht auch dann, wenn sich der Inhaber einer Verkaufsstelle mit der Auskunft eines Verstoßes gegen das LSchlG bezichtigen würde. Ein Recht zur Auskunftsverweigerung hat er nur bezüglich solcher Angaben, die nicht zur Erfüllung der Aufgaben der Aufsichtsbehörde aus dem LSchlG erforderlich sind.

5 Der Inhaber der Verkaufsstelle ist verpflichtet, die in § 22 Abs. 3 Nr. 2 genannten Unterlagen der Aufsichtsbehörde auf Verlangen **vorzulegen oder einzusenden**, soweit sie vorhanden sind. Er wird nicht verpflichtet, Unterlagen, die er nicht besitzt, zu beschaffen. Handelt es sich um Unterlagen, die der Inhaber der Verkaufsstelle zur Fortführung lau-

fend braucht, dann wird die Aufsichtsbehörde, wenn die Einsichtnahme untunlich ist, die Übersendung der Unterlagen nur in besonders gelagerten Ausnahmefällen verlangen können und die Unterlagen so bald als möglich zurückschicken müssen, da sie die Bedürfnisse des Betriebs nicht außer acht lassen darf. Die Kosten der Übersendung muß der Inhaber der Verkaufsstelle selbst tragen.

Auskunftspflichtig ist nach § 22 Abs. 4 neben dem Inhaber der Ver- 6
kaufsstelle auch der dort beschäftigte Arbeitnehmer. Eine Auskunftspflicht des Betriebsrats ergibt sich nur aus § 89 Abs. 1 BetrVG.

Gegen Entscheidungen der Aufsichtsbehörde, die Verwaltungsakte 7
sind, kann der Betroffene im **Verwaltungsrechtsweg** vorgehen. Bußgeldbescheide können im Bußgeldverfahren angegriffen werden.

§ 23 Ausnahmen im öffentlichen Interesse

(1) Die obersten Landesbehörden können in Einzelfällen befristete Ausnahmen von den Vorschriften der §§ 3 bis 16 und 18 bis 21 dieses Gesetzes bewilligen, wenn die Ausnahmen im öffentlichen Interesse dringend nötig werden. Die Bewilligung kann jederzeit widerrufen werden. Die Landesregierungen werden ermächtigt, durch Rechtsverordnung die zuständigen Behörden abweichend von Satz 1 zu bestimmen. Sie können diese Ermächtigung auf oberste Landesbehörden übertragen.

(2) Der Bundesminister für Arbeit kann im Einvernehmen mit dem Bundesminister für Wirtschaft durch Rechtsverordnung mit Zustimmung des Bundesrates Vorschriften über die Voraussetzungen und Bedingungen für die Bewilligung von Ausnahmen im Sinne des Absatzes 1 erlassen.

§ 23 ermöglicht über die in §§ 3 bis 16 und 18 bis 20 zugelassenen Ver- 1
kaufszeiten hinaus, **weitere Verkaufszeiten** durch behördliche Ausnahmebewilligung zuzulassen. Von der Ausnahme kann erst Gebrauch gemacht werden, wenn die zuständige Behörde eine entsprechende Ausnahmebewilligung erläßt.

Die Ermächtigung in § 23 Abs. 1 ist auf den **Einzelfall** beschränkt. Das 2
schließt nicht aus, daß die zuständige Behörde eine Ausnahme für eine bestimmte Art von Verkaufsstellen, z. B. für alle Obstgeschäfte eines bestimmten Ortes zur Verhütung des Verderbens von Frischobst, an

einem bestimmten Sonntag zuläßt. Weiteres Beispiel: Ausnahme für alle Verkaufsstellen eines bestimmten, durch Überschwemmung betroffenen Ortes zur Versorgung der von der Überschwemmung betroffenen Bevölkerung.

3 Bei dem **öffentlichen Interesse** des § 23 Abs. 1 handelt es sich um das Versorgungs-, ggf. auch das Verwertungsinteresse der Bevölkerung, das unmittelbar durch den Warenerwerb während der verlängerten Öffnungszeiten befriedigt werden kann, z.B. zur Versorgung größerer Menschenmengen in bestimmten Situationen, zum Schutz größerer Mengen Lebensmittel vor dem Verderb. Das öffentliche Interesse an anderen Fragen, z.B. an der öffentlichen Sicherheit und Ordnung, an der Arbeitsplatzbeschaffung, an der Förderung notleidender Branchen, an der Förderung strukturschwacher Gebiete, an der Förderung des Fremdenverkehrs u.a. rechtfertigt keine Ausnahme nach § 23. Das gleiche gilt von privaten Interessen jeder Art, mögen sie noch so schutzwürdig sein. Gegenüber derartigen Interessen hat der Arbeitsschutz ausnahmslos den Vorrang. Das LSchlG mutet den Verkaufsstelleninhabern und den Verbrauchern im Interesse des Arbeitsschutzes bewußt zu, daß sie nicht zu jeder gewünschten Zeit Waren verkaufen bzw. kaufen können (vgl. BVerwG NJW 1982 S. 2513; VGH Mannheim GewArch 1979 S. 391).

4 Welche **Behörde** für die Bewilligung einer Ausnahme nach § 23 zuständig ist, ergibt sich aus der Zuständigkeitsregelung des betreffenden Landes, in dem die Verkaufsstelle liegt (vgl. Teil B). Die nach § 23 Abs. 2 mögliche Rechtsverordnung ist noch nicht erlassen worden.

5 Gegen die Versagung einer Ausnahmebewilligung kann der **Verwaltungsrechtsweg** beschritten werden.

Sechster Abschnitt: Straftaten und Ordnungswidrigkeiten

§ 24 Ordnungswidrigkeiten

(1) Ordnungswidrig handelt, wer vorsätzlich oder fahrlässig

1. als Inhaber einer Verkaufsstelle oder eines Betriebes des Friseurhandwerks oder als Gewerbetreibender im Sinne des § 20

a) einer Vorschrift des § 17 Abs. 1 bis 3 über die Beschäftigung an Sonn- und Feiertagen, die Freizeit oder den Ausgleich,

b) einer Vorschrift einer Rechtsverordnung nach § 17 Abs. 7 oder § 20 Abs. 4, soweit sie für einen bestimmten Tatbestand auf diese Bußgeldvorschrift verweist,

c) einer Vorschrift des § 21 Abs. 1 Nr. 2 über Verzeichnisse oder des § 22 Abs. 3 Nr. 2 über die Einsicht, Vorlage oder Aufbewahrung der Verzeichnisse,

2. als Inhaber einer Verkaufsstelle oder eines Betriebes des Friseurhandwerks

a) einer Vorschrift der §§ 3, 4 Abs. 1 Satz 2, des § 6 Abs. 2, des § 9 Abs. 1 Satz 2, des § 14 Abs. 1 Satz 2, des § 17 Abs. 5, des § 18 Abs. 2 oder einer nach § 4 Abs. 2 Satz 1, § 8 Abs. 2, § 9 Abs. 2 oder nach § 10 oder § 11 erlassenen Rechtsvorschrift über die Ladenschlußzeiten,

b) einer sonstigen Vorschrift einer Rechtsverordnung nach § 10 oder § 11, soweit sie für einen bestimmten Tatbestand auf diese Bußgeldvorschrift verweist,

c) die Vorschrift des § 21 Abs. 1 Nr. 1 über Auslagen und Aushänge,

3. als Gewerbetreibender im Sinne des § 19 oder des § 20 einer Vorschrift des § 19 Abs. 1, 2 oder § 20 Abs. 1, 2 über das Feilhalten von Waren im Marktverkehr oder außerhalb einer Verkaufsstelle oder

4. einer Vorschrift des § 22 Abs. 3 Nr. 1 oder Abs. 4 über die Auskunft zuwiderhandelt.

(2) Die Ordnungswidrigkeit nach Absatz 1 Nr. 1 Buchstabe a und b kann mit einer Geldbuße bis zu fünftausend Deutsche Mark, die Ordnungswidrigkeit nach Absatz 1 Nr. 1 Buchstabe c und Nr. 2 bis 4 mit einer Geldbuße bis zu tausend Deutsche Mark geahndet werden.

In § 24 sind die Tatbestände der **Ordnungswidrigkeiten** im LSchlG ihrer Bedeutung entsprechend vor den Strafvorschriften des § 25 nach dem Enumerationsprinzip abschließend aufgezählt. Wegen der Verletzung anderer Vorschriften des LSchlG kann niemand verfolgt werden. 1

In § 24 ist ferner abschließend aufgezählt, wer **Täter** einer Ordnungswidrigkeit sein kann. Arbeitnehmer kommen als Täter nur für eine 2

Ordnungswidrigkeit nach § 24 Abs. 1 Nr. 4 in Betracht: Verletzung der Auskunftspflicht gegenüber der Aufsichtsbehörde.

3 Täter können die in § 24 Abs. 1 Nr. 1 bis 3 genannten Personen als natürliche Personen sein. Sind **juristische Personen**, Personenhandelsgesellschaften oder nicht geschäftsfähige natürliche Personen Inhaber der Verkaufsstelle oder des Betriebs, ergibt sich der Täterkreis aus § 9 Abs. 1 OWiG. § 9 Abs. 2 OWiG erweitert den Personenkreis, wenn weder der Arbeitgeber noch dessen Vertreter persönlich handelt, auf beauftragte Personen, und zwar auf Personen, die mit der Leitung des Betriebs oder eines Betriebsteils oder mit der Erfüllung bestimmter Pflichten aus dem LSchlG beauftragt sind. Bei juristischen Personen und Personenvereinigungen kommt ferner eine Geldbuße nach § 30 OWiG in Betracht.

4 **Zuständige Behörden** für die Verfolgung und Ahndung von Ordnungswidrigkeiten sind in der Regel die Gewerbeaufsichtsämter, zum Teil auch die Ortspolizeibehörden. Vgl. die Zuständigkeitsregelung der Länder im Teil B.

§ 25 Straftaten

Wer vorsätzlich als Inhaber einer Verkaufsstelle oder eines Betriebes des Friseurhandwerks oder als Gewerbetreibender im Sinne des § 20 eine der in § 24 Abs. 1 Nr. 1 Buchstabe a und b bezeichneten Handlungen begeht und dadurch vorsätzlich oder fahrlässig Arbeitnehmer in ihrer Arbeitskraft oder Gesundheit gefährdet, wird mit Freiheitsstrafe bis zu sechs Monaten oder einer Geldstrafe bis zu einhundertachtzig Tagessätzen bestraft.

1 Eine Straftat kann nur bei einem **vorsätzlichen Verstoß** gegen die in § 24 Abs. 1 Nr. 1 a und b bezeichneten Vorschriften durch eine der in § 25 genannten Personen und nur bei einer Gefährdung der Arbeitskraft oder Gesundheit des Arbeitnehmers als Folge des Verstoßes in Betracht kommen.

2 Unter **Gesundheit** ist der intakte körperliche, geistige und seelische Zustand eines Arbeitnehmers zu verstehen. **Arbeitskraft** ist die von der Natur aus vorhandene oder durch Ausbildung oder Übung erworbene bzw. zu erwerbende Fähigkeit, Arbeit zu leisten. Gesundheit und Arbeitskraft sind gleichwertige Schutzobjekte. Gefährdung eines dieser Schutzobjekte genügt („oder“).

§ 26 *(aufgehoben)*

Siebenter Abschnitt: Schlußbestimmungen

§ 27 Vorbehalt für die Landesgesetzgebung

Unberührt bleiben die landesrechtlichen Vorschriften, durch die der Gewerbebetrieb und die Beschäftigung von Arbeitnehmern in Verkaufsstellen an anderen Festtagen als an Sonn- und Feiertagen beschränkt werden.

An den in § 2 Rn. 2 genannten gesetzlichen **Feiertagen** sowie an Sonntagen ist das Offenhalten von Verkaufsstellen nach § 3 Abs. 1 Nr. 1 vorgehaltlich der §§ 4 bis 15 verboten. Arbeitnehmer dürfen in Verkaufsstellen an Sonn- und Feiertagen allenfalls in dem in § 17 gezogenen Rahmen beschäftigt werden. 1

§ 27 erlaubt den Ländern, die Offenhaltung von Verkaufsstellen und die Beschäftigung von Arbeitnehmern in Verkaufsstellen auch an anderen Festtagen als an Sonn- und Feiertagen zu beschränken. Solche **Festtage** können vor allem kirchliche Feiertage sein, die keine gesetzlichen Feiertage sind, z. B. der St.-Josefs-Tag (19. 3.), Peter und Paul (29. 6.), das Reformationsfest (31. 10.), Mariä Empfängnis (8. 12.). Ob und inwieweit solche über das LSchlG hinausgehenden Beschränkungen in einem Bundesland bestehen, ergibt sich aus dem Landesgesetz zum Schutz der Sonn- und Feiertage des betreffenden Bundeslandes. 2

Für Nordrhein-Westfalen vgl. §§ 8 und 9 **Feiertagsgesetz NW** vom 23. 4. 1989 (GV NW S. 222). 3

§ 28 Bestimmung der zuständigen Behörden

Soweit in diesem Gesetz auf die nach Landesrecht zuständige Verwaltungsbehörde verwiesen wird, bestimmt die Landesregierung durch Verordnung, welche Behörden zuständig sind.

Die in § 28 genannten Zuständigkeitsregelungen sind in allen Ländern erlassen und seit 1956 mehrfach geändert worden. 1

Die zur Zeit geltenden Zuständigkeitsregelungen sind bei dem jeweiligen Bundesland im Teil B abgedruckt. 2

§ 29 Änderung des Jugendschutzgesetzes (gegenstandslos)

§ 30 Geltung in Berlin

(1) Dieses Gesetz gilt nach Maßgabe des § 13 Abs. 1 des Dritten Überleitungsgesetzes vom 4. Januar 1952 (Bundesgesetzblatt I S. 1) auch im Land Berlin. Rechtsverordnungen, die auf Grund dieses Gesetzes erlassen werden, gelten im Land Berlin nach § 14 des Dritten Überleitungsgesetzes.

(2) Die Regelung des § 8 Abs. 1 Nr. 1 gilt sinngemäß für die Verkaufsstellen auf Personenbahnhöfen in Berlin.

1 § 30 Abs. 1 enthält die übliche Berlin-Klausel.

2 In § 30 Abs. 2 ist, da das Bundesbahngesetz im Land Berlin nicht gilt, nur die sinngemäße Geltung des § 8 Abs. 1 Nr. 1 vorgesehen. Mit den Worten „Personenbahnhöfe des Schienenfernverkehrs" in § 8 Abs. 2a sind in Berlin auch die Eisenbahnbahnhöfe der **Reichsbahn** gemeint (BT-Drucks. 10/5771 zu Art. 10). Die Verkaufsstellen auf dem **Fernbahnhof** Berlin-Zoologischer Garten dürfen an Werktagen von 6.00 Uhr bis 22.00 Uhr geöffnet sein (vgl. § 1 VO im Teil B 4.2).

§ 31 Inkrafttreten; Aufhebung bisher geltenden Rechts

(1) Dieses Gesetz tritt einen Monat nach seiner Verkündung in Kraft, § 13 jedoch bereits am Tage nach seiner Verkündung.

(2) Mit dem Zeitpunkt des Inkrafttretens des Gesetzes treten nachstehende Vorschriften außer Kraft, soweit dies nicht bereits geschehen ist:

1. **§§ 22, 23 und 27 Abs. 1 Satz 2 der Arbeitszeitordnung vom 30. April 1938 (Reichsgesetzbl. I S. 447),**
2. **§ 41 a der Gewerbeordnung für das Deutsche Reich,**
3. **Artikel 3 der Verordnung über Sonntagsruhe im Handelsgewerbe und in Apotheken vom 5. Februar 1919 (Reichsgesetzbl. S. 176),**
4. **die Ausführungsverordnung zum Gesetz über den Verkauf von Waren aus Automaten vom 14. August 1934 (Reichsgesetzbl. I S. 814) und die Zweite Ausführungsverordnung zu dem genannten Gesetz vom 22. August 1936 (Reichsgesetzbl. I S. 645),**

5. die Anordnung des Reichswirtschaftsministers zur Verhinderung von Ladenzeitverkürzungen vom 31. Mai 1939 (Ministerialblatt für Wirtschaft S. 363),

6. die Verordnung über den Ladenschluß vom 21. Dezember 1939 (Reichsgesetzbl. I S. 2471) in der Fassung der Verordnung zur Änderung der Verordnung über den Ladenschluß vom 9. Januar 1942 (Reichsgesetzbl. I S. 24) und die auf Grund dieser Verordnung erlassenen Bestimmungen,

7. das bremische Gesetz über die Ladenverkaufszeiten vom 18. Juli 1950 (Gesetzblatt der Freien Hansestadt Bremen S. 87) in der Fassung des Gesetzes vom 17. Oktober 1950 (Gesetzblatt der Freien Hansestadt Bremen S. 111),

8. das badische Landesgesetz über den Ladenschluß vom 28. März 1951 (Badisches Gesetz- und Verordnungsblatt S. 67),

9. die württemberg-hohenzollernsche Verordnung über die Öffnungszeiten offener Verkaufsstellen an Werktagen (Ladenschlußverordnung) vom 22. September 1948 (Regierungsblatt für das Land Württemberg-Hohenzollern S. 126),

10. das Berliner Gesetz über den werktäglichen Ladenschluß vom 8. November 1951 (Gesetz- und Verordnungsblatt für Berlin S. 1085).

Außerdem treten alle Vorschriften, die den Vorschriften dieses Gesetzes widersprechen, außer Kraft.

(3) Verweisungen auf Vorschriften, die nach Absatz 2 außer Kraft getreten sind, gelten als Verweisungen auf die entsprechenden Vorschriften dieses Gesetzes und der auf Grund dieses Gesetzes erlassenen Rechtsverordnungen.

Das BGBl. mit dem LSchlG vom 28. 11. 1956 ist am 29. 11. 1956 ausgegeben und damit an diesem Tage verkündet worden. Das LSchlG vom 28. 11. 1956 ist daher bereits seit dem 29. 11. 1956 in Kraft. 1

Zuletzt wurde das LSchlG durch Art. 2 des Gesetzes zur Einführung eines Dienstleistungsabends mit Wirkung vom 1. 10. 1989 geändert (vgl. hier Teil C). 2

Teil B

Ladenschlußverordnungen

1. Bund

1.1 Verordnung über den Verkauf bestimmter Waren an Sonn- und Feiertagen v. 21. 12. 1957 (BGBl. I S. 1881)

Auf Grund des § 12 Abs. 1 des Gesetzes über den Ladenschluß vom 28. November 1956 (BGBl. I S. 875) in der Fassung des Gesetzes vom 17. Juli 1957 (BGBl. I S. 722) wird im Einvernehmen mit den Bundesministern für Wirtschaft und für Ernährung, Landwirtschaft und Forsten mit Zustimmung des Bundesrates verordnet:

§ 1 [Verkaufsstellen]. (1) Abweichend von der Vorschrift des § 3 Abs. 1 Nr. 1 des Gesetzes über den Ladenschluß dürfen an Sonn- und Feiertagen geöffnet sein für die Abgabe

1. von frischer Milch: Verkaufsstellen, deren Inhaber eine Erlaubnis nach § 14 des Milchgesetzes vom 31. Juli 1930 (Reichsgesetzbl. I S. 421) besitzen, für die Dauer von zwei Stunden,

2. von Konditorwaren: Verkaufsstellen von Betrieben, die Konditorwaren herstellen, für die Dauer von zwei Stunden,

3. von Blumen: Verkaufsstellen, in denen in erheblichem Umfange Blumen feilgehalten werden, für die Dauer von zwei Stunden, jedoch am 1. November (Allerheiligen), am Volkstrauertag, am Buß- und Bettag, am Totensonntag und am 1. Adventssonntag für die Dauer von sechs Stunden,

4. von Zeitungen: Verkaufsstellen für Zeitungen für die Dauer von fünf Stunden.

(2) Absatz 1 Nr. 1 bis 3 gilt nicht für die Abgabe am 2. Weihnachts-, Oster- und Pfingstfeiertag. Absatz 1 Nr. 4 gilt nicht für die Abgabe am 1. Weihnachts-, Oster- und Pfingstfeiertag.

(3) Die Vorschriften der §§ 5, 10, 11, 13 bis 15 des Gesetzes über den Ladenschluß bleiben unberührt.

§ 2 [Berlin-Klausel]. (1) Diese Verordnung gilt nach dem § 14 des Dritten Überleitungsgesetzes vom 4. Januar 1952 (BGBl. I S. 1) in Verbindung mit § 30 des Gesetzes über den Ladenschluß auch im Land Berlin mit der Maßgabe, daß abweichend von § 1 Abs. 2 Satz 2 auch am 1. Weihnachts-, Oster und Pfingstfeiertag während der Dauer von fünf Stunden Zeitungen abgegeben werden dürfen.[1]

(2) Diese Verordnung gilt nicht im Saarland.[2]

§ 3 [Inkrafttreten]. Diese Verordnung tritt am 1. Januar 1958 in Kraft.

1.2 Verordnung über die Ladenschußzeiten für die Verkaufsstellen auf Personenbahnhöfen der nicht bundeseigenen Eisenbahnen[3] (NE-Ladenschlußzeiten-V) v. 18. 7. 1963 (BGBl. I S. 501)

Auf Grund des § 8 Abs. 2 des Gesetzes über den Ladenschluß vom 28. November 1956 (BGBl. I S. 875), zuletzt geändert durch das Zweite Gesetz zur Änderung des Gesetzes über den Ladenschluß vom 14. November 1960 (BGBl. I S. 845) wird im Einvernehmen mit den Bundesministern für Wirtschaft sowie für Arbeit und Sozialordnung mit Zustimmung des Bundesrates verordnet:

§ 1 [Ladenschlußzeiten]. Verkaufsstellen auf Personenbahnhöfen von nichtbundeseigenen Eisenbahnen des öffentlichen Verkehrs[3] müssen an allen Tagen von 22.00 bis 5.00 Uhr geschlossen sein; am 24. Dezember müssen sie ab 17.00 Uhr geschlossen sein.

§ 2 [Ausnahmen]. Die nach Landesrecht zuständige Behörde kann von den in § 1 erster Halbsatz festgesetzten Ladenschlußzeiten in Einzelfäl-

---

[1] Auf Berlin erstreckt durch VO v. 7. 1. 1958 (GVBl. S. 16), vgl. 4.3.

[2] Die VO ist im Saarland in Kraft getreten am 27. 11. 1963 gem. VO v. 21. 11. 1963 (BGBl. I S. 844).

[3] Das Verzeichnis dieser Eisenbahnen ist abgedruckt in BArbBl. Arbeitsschutz 1963 S. 185.

len Ausnahmen bewilligen, wenn dies nach der Zuglage oder der Bedeutung des Personenbahnhofs für den Berufs-, den allgemeinen Reise- oder den Fremdenverkehr erforderlich ist und die Belange des Arbeitsschutzes gewahrt werden.

§ 3 [Waren]. (1) Während der örtlich geltenden Ladenschlußzeiten darf nur Reisebedarf abgegeben werden.

(2) Reisebedarf sind Zeitungen, Lektüre, Schreibmaterialien, Tabakwaren, Blumen, Toilettenartikel und Reiseandenken geringeren Wertes, Filme, Bedarf für Taschenapotheken, Lebens- und Genußmittel in kleineren Mengen sowie Geldsorten.

§ 4 [Schild]. Der Inhaber der Verkaufsstelle hat am Verkaufsstand ein gut sichtbares Schild mit folgender Aufschrift anzubringen:

„Während der örtlich geltenden Ladenschlußzeiten Verkauf nur von Reisebedarf".

§ 5 [Ordnungswidrigkeiten]. Ordnungswidrig im Sinne des § 25 des Gesetzes über den Ladenschluß handelt, wer vorsätzlich oder fahrlässig

1. der Vorschrift des § 1 über die Ladenschlußzeiten der Verkaufsstellen zuwiderhandelt,
2. entgegen § 3 während der örtlich geltenden Ladenschlußzeiten Waren abgibt, die kein Reisebedarf sind.

§ 6 [Berlin-Klausel]. Diese Verordnung gilt nach § 14 des Dritten Überleitungsgesetzes vom 4. Januar 1952 (BGBl. I S. 1) in Verbindung mit § 30 Abs. 1 des Gesetzes über den Ladenschluß auch im Land Berlin.

§ 7 [Saarland]. Diese Verordnung gilt nicht im Saarland.[4]

§ 8 [Inkrafttreten]. Diese Verordnung tritt am 1. September 1963 in Kraft.

[4] Die VO ist im Saarland am 27. 11. 1963 gem. VO v. 21. 11. 1963 (BGBl. I S. 844) in Kraft getreten.

1.3 Allgemeine Verwaltungsvorschriften für die Behandlung von Bahnhofswirtschaften, Bahnhofsverkaufsstellen und Bahnhofsfriseurbetrieben (AVV Bahnhofsverkaufsstellen) v. 9. 11. 1953 (VkBl. S. 580), geändert am 5. 12. 1958 (VkBl. 1959 S. 92)

Aufgrund von § 41 Abs. 2 und § 53 Abs. 1 des Bundesbahngesetzes vom 13. Dezember 1951 (BGBl. I S. 955) werden folgende allgemeine Verwaltungsvorschriften erlassen:

I. Bahnhofswirtschaften und selbständige Erfrischungshallen auf Bahnhöfen. ...

II. Bahnhofsverkaufsstellen und Bahnhofsfriseurbetriebe.

1. Bahnhofsverkaufsstellen im Sinne dieser Verwaltungsvorschriften sind solche Verkaufsstellen, die
   a) sich auf einem Personenbahnhof befinden und
   b) den Bedürfnissen des Eisenbahn- und Schiffahrtverkehrs der Deutschen Bundesbahn zu dienen bestimmt sind, indem sie die Versorgung der Reisenden mit Reisebedarf ermöglichen.
2. Ausnahmsweise gelten als Bahnhofsverkaufsstellen auch Verkaufsstellen, die die Voraussetzungen von Abs. 1 Buchstabe b) erfüllen, falls sie aus zwingenden Gründen infolge der Kriegsereignisse oder bei Umbauten vorübergehend außerhalb des Personenbahnhofs, jedoch in räumlichem Zusammenhang mit ihm betrieben werden.
3. Alle übrigen Verkaufsstellen auf bundesbahneigenem Gelände sind den geltenden gewerberechtlichen Bestimmungen unterworfen.
4. Für die Bahnhofsverkaufsstellen setzt die Bundesbahndirektion im Einvernehmen mit der höheren Verwaltungsbehörde die Verkaufszeiten fest, soweit dadurch die örtlich geltenden Verkaufszeiten überschritten werden. Maßgebend ist allein das Bedürfnis des Reiseverkehrs, wie es sich insbesondere aus der Zuglage ergibt. Dabei ist sowohl die Art der außerhalb der örtlich geltenden Verkaufszeiten zum Verkauf zugelassenen Waren als auch die Zahl der Bahnhofsverkaufsstellen des einzelnen Bahnhofs zu regeln.

5. Bei der Festsetzung dieser verlängerten Verkaufszeiten sind außerdem folgende Gesichtspunkte zu beachten:

   Für die Bahnhofsverkaufsstellen dürfen verlängerte Verkaufszeiten nur für den Verkauf von Reisebedarf festgesetzt werden. Zum Reisebedarf in diesem Sinne zählen: Zeitungen, sonstige Reiselektüre, Schreibmaterialien, Tabakwaren, Blumen, Reisetoilettenartikel, Filme, Reiseandenken geringeren Wertes, Bedarf für Reiseapotheken, Lebens- und Genußmittel für den Reiseverkehr sowie ausländische Geldsorten.

   Die Bundesbahndirektionen haben die Inhaber der Bahnhofsverkaufsstellen vertraglich zu verpflichten, außerhalb der örtlich geltenden Verkaufszeiten nur Waren in einem dem normalen Reisebedürfnis angepaßten Umfang abzugeben. Die Pächter sind ferner zu verpflichten, in den Verkaufsstellen ein gut sichtbares Schild mit folgender Aufschrift anzubringen:

   „Außerhalb der örtlich geltenden Verkaufszeiten Verkauf nur von Reisebedarf und nur an Reisende."

   Die Beachtung dieser Verpflichtungen ist von der Deutschen Bundesbahn den Pächtern in den Pachtverträgen aufzugeben und laufend zu überwachen. Für Verstöße gegen diese Vertragsbestimmungen sind in den Pachtverträgen Vertragsstrafen festzusetzen. Pächtern, die gegen diese Vertragsbestimmungen trotz wiederholter Bestrafung verstoßen, ist das Vertragsverhältnis zu kündigen.

6. Die vorstehenden Bestimmungen finden auf den Betrieb und den Verkauf in Friseurbetrieben entsprechende Anwendung.

7. ...

8. Die Bundesbahndirektionen haben den Inhabern der Bahnhofsverkaufsstellen mitzuteilen, inwieweit für sie verlängerte Verkaufszeiten gelten. Sie haben Listen über diese Betriebe anzufertigen. Die höheren Verwaltungsbehörden sind befugt, diese Listen einzusehen.

2. Baden-Württemberg

2.1 Verordnung der Landesregierung und des Ministeriums für Arbeit, Gesundheit, Familie und Sozialordnung über den Ladenschluß (LadSchlVO) in der Fassung vom 12. 6. 1987 (GBl. S. 249)

Es wird verordnet auf Grund von

1. § 8 Abs. 2a, § 9 Abs. 2a, § 10, § 11 Abs. 1, § 12 Abs. 2 Satz 3, § 14 Abs. 1 Satz 3, § 15 Satz 2, § 16 Abs. 1 Satz 2, § 22 Abs. 1, § 23 Abs. 1 Satz 3 und § 28 des Gesetzes über den Ladenschluß vom 28. November 1956 (BGBl. I S. 875), zuletzt geändert durch Artikel 9 des Gesetzes zur Änderung wirtschafts-, verbraucher-, arbeits- und sozialrechtlicher Vorschriften vom 25. Juli 1986 (BGBl. I S. 1169),
2. § 1 des Gesetzes über Ermächtigungen zum Erlaß von Rechtsverordnungen vom 3. Juli 1961 (BGBl. I S. 856) und § 1 Abs. 2 der Verordnung der Landesregierung über Rechtsverordnungen auf Grund von Ermächtigungen in Bundesgesetzen vom 30. Januar 1962 (GBl. S. 5),
3. § 5 Abs. 3 des Landesverwaltungsgesetzes (LVG) in der Fassung vom 2. Januar 1984 (GBl. S. 101),
4. § 129 Abs. 4 der Gemeindeordnung für Baden-Württemberg (Gemeindeordnung-GemO) in der Fassung vom 3. Oktober 1983 (GBl. S. 578):

§ 1 Ladenschluß in Kur-, Ausflugs-, Erholungs- und Wallfahrtsorten. In den in der Anlage 1 aufgeführten Gemeinden und Ortsteilen dürfen nach Maßgabe dieser Anlage und nach schriftlicher Anzeige an die Gemeinde Badegegenstände, Devotionalien, frische Früchte, alkoholfreie Getränke, Milch und Milcherzeugnisse im Sinne des § 4 Abs. 2 des Milch- und Fettgesetzes in der Fassung vom 10. Dezember 1952 (BGBl. I S. 811), Süßwaren, Tabakwaren, Blumen und Zeitungen sowie Waren, die für diese Orte kennzeichnend sind, von Verkaufsstellen, in denen eine oder mehrere der genannten Waren ausschließlich oder in erheblichem Umfang geführt werden,

1. an jährlich höchstens 40 Sonn- und Feiertagen bis zur Dauer von acht Stunden,

2. am Samstag auch nach dem allgemeinen Ladenschluß (§ 3 des Gesetzes über den Ladenschluß) bis spätestens 20.00 Uhr

verkauft werden, sofern und soweit dies durch Rechtsverordnung der Gemeinde festgesetzt ist.

§ 2 Ladenschluß in Gemeinden in der Nähe der Bundesgrenze. In den in der Anlage 2 aufgeführten Gemeinden und Ortsteilen dürfen Verkaufsstellen an jedem Samstag bis 18.00 Uhr geöffnet sein.

§ 3 Ladenschluß in ländlichen Gebieten. (1) In Gemeinden und Ortsteilen, in denen ein erheblicher Teil der Einwohner in der Landwirtschaft tätig ist, dürfen während der Zeit der Feldbestellung und der Ernte Verkaufsstellen sowie Betriebe des Friseurhandwerks

1. an höchstens 20 Sonn- und Feiertagen bis zu zwei Stunden,
2. an Werktagen für einen oder mehrere kalendermäßig bestimmte Zeitabschnitte eine Stunde länger als nach § 3 Abs. 1 Nr. 2 und 3 des Gesetzes über den Ladenschluß zulässig geöffnet sein, sofern und soweit dies durch Rechtsverordnung der Gemeinde festgesetzt ist.

(2) In den in der Anlage 2 aufgeführten Gemeinden und Ortsteilen verbleibt es am Samstag und am Mittwoch bei den durch die §§ 2 und 4 festgesetzten Ladenschlußzeiten.

§ 4 Schließung der Verkaufsstellen am Mittwoch. Verkaufsstellen, die am Samstag nach § 1 bis spätestens 20.00 Uhr und nach § 2 bis 18.00 Uhr geöffnet sein dürfen, müssen am Mittwoch derselben Woche ab 14.00 Uhr geschlossen sein.

§ 5 Ladenschluß auf Personenbahnhöfen und in Verbindungsbauwerken. (1) Auf den in Anlage 3[1] aufgeführten Personenbahnhöfen des Schienenfernverkehrs und Verbindungsbauwerken zwischen einem Personenbahnhof des Schienenfernverkehrs und einem Verkehrsknotenpunkt des Nah- und Stadtverkehrs dürfen Verkaufsstellen an Werktagen von 6.00 bis 22.00 Uhr geöffnet sein.

(2) Während der allgemeinen Ladenschlußzeiten (§ 3 des Gesetzes über den Ladenschluß) dürfen zur Versorgung der Berufspendler und

[1] Hier nicht abgedruckt.

der anderen Reisenden nur Waren des täglichen Ge- und Verbrauchs sowie Geschenkartikel abgegeben werden. In den Lageplänen der Anlage 3[1] sind die hierzu nutzbaren Verkaufsflächen, von denen in begründeten Ausnahmefällen geringfügig abgewichen werden darf, eingezeichnet.

§ 6 Ladenschluß auf Flughäfen. Auf dem Flughafen Stuttgart dürfen Verkaufsstellen zur Versorgung der Reisenden mit Waren des täglichen Ge- und Verbrauchs sowie mit Geschenkartikeln an Werktagen während der allgemeinen Ladenschlußzeiten (§ 3 des Gesetzes über den Ladenschluß) und an Sonn- und Feiertagen geöffnet sein. Im Lageplan der Anlage 4[1] sind die hierzu nutzbaren Verkaufsflächen, von denen in begründeten Ausnahmefällen geringfügig abgewichen werden darf, eingezeichnet.

§ 7 Ermächtigung zum Erlaß von Rechtsverordnungen. Die Ermächtigung zum Erlaß von Rechtsverordnungen nach § 10, § 11 Abs. 1, § 12 Abs. 2 Satz 3, § 14 Abs. 1 Satz 3, § 15 Satz 2 und § 16 Abs. 1 Satz 2 des Gesetzes über den Ladenschluß wird nach Maßgabe der §§ 1 und 3 auf die Gemeinden übertragen. Bei der Festsetzung der Öffnungszeiten an Sonn- und Feiertagen durch Rechtsverordnung nach § 11 Abs. 1 des Gesetzes über den Ladenschluß ist auf die Zeit des Hauptgottesdienstes Rücksicht zu nehmen.

§ 8 Zuständige Behörden. (1) Zuständige Behörden für die Aufsicht über die Ausführung der Vorschriften des Gesetzes über den Ladenschluß und der auf Grund dieses Gesetzes erlassenen Vorschriften sind neben den Gewerbeaufsichtsämtern die Ortspolizeibehörden und der Polizeivollzugsdienst. Für die Bestimmungen des § 17 Abs. 2 bis 6 und § 20 Abs. 3 des Gesetzes über den Ladenschluß sowie für die Bestimmungen der auf Grund von § 17 Abs. 7 oder von § 20 Abs. 4 des Gesetzes über den Ladenschluß erlassenen Rechtsverordnungen sind die Gewerbeaufsichtsämter ausschließlich zuständig.

(2) Absatz 1 findet keine Anwendung, soweit es sich um die Wochenmärkte (§ 19 des Gesetzes über den Ladenschluß) handelt. Auf § 7 Nr. 6 der Verordnung der Landesregierung über die Zuständigkeiten nach der Gewerbeordnung (GewOZuVO) vom 16. Dezember 1985 (GBl. S. 582) wird hingewiesen.

---

[1] Hier nicht abgedruckt.

(3) Zuständige Behörden im Sinne von § 23 Abs. 1 des Gesetzes über den Ladenschluß sowie von § 2 der Verordnung über die Ladenschlußzeiten für die Verkaufsstellen auf Personenbahnhöfen der nicht bundeseigenen Eisenbahnen vom 18. Juli 1963 (BGBl. I S. 501) sind die unteren Verwaltungsbehörden.

(4) Zuständige Behörden im Sinne von § 20 Abs. 2a des Gesetzes über den Ladenschluß sind die Gemeinden.

§ 9 Erhebung von Gebühren durch Gemeinden. Soweit Gemeinden Aufgaben nach § 8 Abs. 4 wahrnehmen, gelten für die Verpflichtung zur Leistung von Gebühren sowie Umfang und Höhe der Gebühren die für die staatlichen Behörden maßgebenden Vorschriften.

§ 10 Inkrafttreten. (1) Diese Verordnung tritt am ersten Tage des auf die Verkündigung folgenden dritten Monats in Kraft.

(2) Gleichzeitig treten außer Kraft. ...

Anlage 1 zu § 1: Kur-, Ausflugs-, Erholungs- und Wallfahrtsorte

Regierungsbezirk Stuttgart

Lkr. Esslingen: Beuren

Lkr. Göppingen: Adelberg, Bad Ditzenbach, Bad Überkingen (nur Ortsteil Bad Überkingen), Boll (nur Ortsteil Bad Boll), Deggingen (nur Ortsteil Deggingen an Wallfahrtstagen), Lauterstein, Wiesensteig

Lkr. Ludwigsburg: Ludwigsburg (nur Stadtteil Hoheneck und Bereich Schloß Monrepos), Marbach am Neckar (nur Stadtteil Marbach am Neckar)

Lkr. Rems-Murr-Kreis: Kaisersbach (nur Ortsteil Ebni), Murrhardt (nur Stadtteile Murrhardt und Fornsbach), Remshalden (nur Ortsteil Buoch), Rudersberg (nur Ortsteil Rudersberg), Welzheim

Lkr. Heilbronn: Bad Friedrichshall (nur Stadtteil Bad Friedrichshall), Bad Rappenau (nur Stadtteil Bad Rappenau), Bad Wimpfen, Beilstein (nur Stadtteil Beilstein), Gundelsheim (nur Stadtteil Gundelsheim), Jagsthausen (nur Ortsteil Jagsthausen), Lauffen am Neckar,

Löwenstein (nur Stadtteil Löwenstein), Neckarsulm, Neuenstadt am Kocher (nur Stadtteil Neuenstadt am Kocher), Weinsberg (nur Stadtteil Weinsberg), Zaberfeld

Lkr. Hohenlohekreis: Ingelfingen (nur Stadtteil Ingelfingen), Forchtenberg (nur Stadtteile Forchtenberg und Sindringen), Krautheim (nur Stadtteil Krautheim), Neuenstein (nur Stadtteil Neuenstein), Pfedelbach (nur Ortsteil Untersteinbach und Bereich Buchhorner See), Schöntal (nur Ortsteil Kloster Schöntal), Waldenburg (nur Stadtteil Waldenburg und Bereich Neumühle)

Lkr. Schwäbisch Hall: Kirchberg an der Jagst (nur Stadtteil Kirchberg an der Jagst), Langenburg (nur Stadtteil Langenburg), Mainhardt (nur Ortsteile Mainhardt und Ziegelbronn), Schwäbisch Hall (nur am Haalplatz und am Omnibusbahnhof Salinenstraße), Vellberg (nur Stadtteil Vellberg)

Lkr. Main-Tauber-Kreis: Bad Mergentheim (nur das nördlich der Eisenbahnlinie Bad Mergentheim-Crailsheim gelegene Gebiet des Kurparks), Creglingen (nur Stadtteil Creglingen), Freudenberg (nur Stadtteile Freudenberg und Boxtal), Lauda-Königshofen (nur Stadtteil Beckstein), Weikersheim (nur Stadtteil Weikersheim), Wertheim (nur Stadtteile Wertheim, Mondfeld und Reicholzheim, Bereich Bronnbach)

Lkr. Heidenheim: Giengen an der Brenz (nur Bereich Charlottenhöhle), Heidenheim an der Brenz (nur Bereich Schloß Hellenstein), Königsbronn (nur Ortsteil Königsbronn), Steinheim am Albuch (nur Ortsteil Steinheim am Albuch)

Lkr. Ostalbkreis: Bopfingen (nur Stadtteil Baldern), Ellwangen (nur Stadtteil Ellwangen und Bereich Schönenberg), Essingen, Heubach, Lauchheim (nur Bereich Schloß Kapfenburg), Lorch (nur Stadtteile Lorch und Waldhausen), Neresheim (nur Stadtteil Neresheim), Schwäbisch Gmünd (nur Stadtteile Degenfeld und Rechberg)

Regierungsbezirk Karlsruhe

Stadtkreis Baden-Baden: Baden-Baden

Lkr. Karlsruhe: Bad Schönborn, Karlsbad (nur Ortsteil Langensteinbach), Kraichtal (nur Stadtteil Gochsheim), Marxzell (nur Ortsteil Marxzell), Waldbronn

Lkr. Rastatt: Bühl (nur Stadtteile Eisental und Neusatz), Bühlertal, Durmersheim (nur Ortsteil Bickesheim an Wallfahrtstagen), Forbach, Gaggenau (nur Stadtteile Gaggenau und Bad Rotenfels), Gernsbach, Loffenau, Ottersweier (nur an Wallfahrtstagen), Weisenbach

Stadtkreis Heidelberg: Heidelberg

Lkr. Neckar-Odenwald-Kreis: Adelsheim, Buchen (Odenwald), Mosbach (nur Stadtteile Mosbach und Neckarelz), Neckarzimmern, Neunkirchen, Schwarzach, Waldbrunn, Walldürn (nur Stadtteile Walldürn und Rippberg)

Lkr. Rhein-Neckar-Kreis: Eberbach (nur Stadtteile Eberbach und Friedrichsdorf), Gaiberg, Heiligkreuzsteinach, Neckargemünd, Schönau, Schönbrunn (nur Ortsteil Allemühl), Schwetzingen, Wilhelmsfeld

Lkr. Calw: Altensteig (nur Stadtteile Altensteig, Berneck und Hornberg), Bad Herrenalb, Bad Liebenzell, Bad Teinach-Zavelstein, Calw (nur Stadtteil Hirsau), Dobel, Enzklösterle, Haiterbach (nur Stadtteile Haiterbach und Oberschwandorf), Höfen an der Enz, Nagold, Neubulach, Schömberg, Simmersfeld, Wildbad im Schwarzwald (nur Stadtteile Wildbad und Calmbach), Wildberg

Lkr. Enzkreis: Maulbronn (nur Stadtteil Maulbronn), Neuenbürg (nur Stadtteile Dennach und Waldrennach), Neuhausen (nur Ortsteile Steinegg und Schellbronn sowie Monbachtal), Straubenhardt (nur Ortsteil Schwann), Tiefenbronn (nur Ortsteil Tiefenbronn)

Lkr. Freudenstadt: Alpirsbach, Bad Rippoldsau-Schapbach, Baiersbronn, Dornstetten, Freudenstadt, Loßburg (nur Ortsteile Loßburg, Lombach, Schömberg und Wittendorf), Pfalzgrafenweiler, Seewald, Waldachtal (nur Ortsteil Lützenhardt)

Regierungsbezirk Freiburg

Stadtkreis Freiburg im Breisgau: Freiburg im Breisgau (nur Innenstadtbereich, begrenzt durch Schloßbergring, Leopoldring, Friedrichring, Rotteckring, Werthmannsplatz, Humboldtstraße, Gerberau und Schwabentorplatz)

Lkr. Breisgau-Hochschwarzwald: Auggen, Bad Krozingen (nur Ortsteil Bad Krozingen), Badenweiler (nur Ortsteil Badenweiler), Breisach am Rhein (nur Stadtteil Breisach), Breitnau, Ehrenkirchen (nur Ortsteil Kirchhofen an Wallfahrtstagen), Eichstetten, Eisenbach (Hochschwarzwald) (nur Ortsteil Eisenbach), Feldberg (Schwarzwald), Friedenweiler, Glottertal (nur Ortsteile Ober- und Unterglottertal), Hinterzarten, Kirchzarten (nur Ortsteil Kirchzarten), Löffingen (nur Stadtteile Löffingen, Göschweiler und Dittishausen), Lenzkirch (nur Ortsteile Lenzkirch, Saig und Kappel), Müllheim (nur Stadtteile Britzingen und Niederweiler), Münstertal/Schwarzwald, Neuenburg am Rhein (nur Stadtteile Neuenburg und Steinenstadt), Oberried (nur Ortsteile Oberried und Schauinsland), St. Märgen, St. Peter, Schallstadt, Schluchsee, Staufen im Breisgau (nur Stadtteil Staufen), Sulzburg (nur Stadtteil Sulzburg), Titisee-Neustadt (nur Stadtteile Titisee, Neustadt und Waldau), Vogtsburg im Kaiserstuhl (nur Stadtteil Oberrottweil)

Lkr. Emmendingen: Elzach, Endingen (nur Stadtteil Endingen), Gutach im Breisgau (nur Ortsteil Bleibach), Herbolzheim (nur Stadtteil Herbolzheim an Wallfahrtstagen), Simonswald, Waldkirch, Winden im Elztal (nur Ortsteil Oberwinden)

Lkr. Ortenaukreis: Appenweier (nur Ortsteil Nesselried an Wallfahrtstagen), Bad Peterstal-Griesbach, Berghaupten, Durbach (nur Ortsteil Durbach), Ettenheim (nur Stadtteil Ettenheimmünster an Wallfahrtstagen), Fischerbach, Gengenbach (nur Stadtteil Gengenbach), Gutach (Schwarzwaldbahn), Haslach im Kinzigtal (nur Stadtteil Haslach), Hausach (nur Stadtteil Hausach), Hornberg (nur Stadtteil Hornberg), Kappelrodeck, Lauf, Lautenbach, Mühlenbach, Nordrach, Oberharmersbach, Oberkirch (nur Stadtteil Oberkirch), Oberwolfach, Ohlsbach, Oppenau (nur Stadtteil Oppenau), Ottenhöfen im Schwarzwald (nur Ortsteil Ottenhöfen im Schwarzwald), Sasbach (nur Ortsteil Obersasbach), Sasbachwalden, Schuttertal, Seebach, Seelbach (nur Ortsteil Seelbach), Steinach, Wolfach (nur Stadtteil Wolfach), Zell am Harmersbach (nur Stadtteile Zell am Harmersbach und Unterharmersbach)

Lkr. Rottweil: Aichhalden, Dornhan (nur Stadtteil Dornhan), Hardt, Lauterbach, Schenkenzell (nur Ortsteil Schenkenzell), Schiltach (nur Stadtteil Schiltach), Schramberg (nur Stadtteil Schramberg), Sulz am Neckar (nur Stadtteile Sulz am Neckar und Glatt), Tennenbronn

Lkr. Schwarzwald-Baar-Kreis: Bad Dürrheim (nur Stadtteil Bad Dürrheim), Blumberg (nur Stadtteil Blumberg), Donaueschingen (nur Stadtteil Donaueschingen), Furtwangen (nur Stadtteile Furtwangen und Neukirch), Gütenbach, Hüfingen (nur Stadtteil Hüfingen am

Fronleichnamstag), Königsfeld im Schwarzwald, St. Georgen im Schwarzwald (nur Stadtteile St. Georgen, Brigach, Langenschiltach und Peterzell), Schönwald im Schwarzwald, Schonau im Schwarzwald, Triberg im Schwarzwald, Unterkirnach, Vöhrenbach (nur Stadtteile Vöhrenbach, Hammereisenbach-Bregenbach und Urach)

Lkr. Tuttlingen: Immendingen

Lkr. Konstanz: Allensbach, Bodman-Ludwigshafen, Gaienhofen, Gailingen, Konstanz, Moos, Öhningen, Radolfzell am Bodensee (nur Stadtteile Radolfzell und Markelfingen), Reichenau, Stockach

Lkr. Lörrach: Bad Bellingen, Bürchau, Kandern (nur Stadtteil Kandern), Malsburg-Marzell, Neuenweg, Schönau im Schwarzwald, Todtnau (nur Stadtteile Todtnau, Todtnauberg und Muggenbrunn), Wieden, Zell im Wiesental (nur Stadtteile Zell im Wiesental, Gresgen und Atzenbach)

Lkr. Waldshut: Bad Säckingen (nur Stadtteil Bad Säckingen), Bernau, Bonndorf im Schwarzwald, Dachsberg (Südschwarzwald), Görwihl (nur Ortsteile Görwihl und Strittmatt), Grafenhausen (nur Ortsteil Grafenhausen), Häusern, Herrischried (nur Ortsteile Herrischried und Hogschür), Höchenschwand (nur Ortsteil Höchenschwand), Ibach, Küssaberg (nur Ortsteile Bechtersbohl, Kadelburg und Rheinheim), Rickenbach, St. Blasien, Stühlingen, Todtmoos, Ühlingen-Birkendorf (nur Ortsteile Ühlingen und Birkendorf)

Regierungsbezirk Tübingen

Lkr. Reutlingen: Gomadingen (nur Ortsteile Gomadingen und Dapfen), Hayingen (nur Stadtteil Hayingen), Sonnenbühl (nur Ortsteil Erpfingen), Urach (nur Stadtteil Urach), Zwiefalten (nur Ortsteil Zwiefalten)

Lkr. Tübingen: Mössingen (nur Ortsteil Bad Sebastiansweiler), Rottenburg am Neckar (nur Stadtteil Bad Niedernau), Tübingen (nur Stadtteil Bebenhausen)

Lkr. Zollernalbkreis: Albstadt (nur Stadtteile Burgfelden – auf dem Böllat – und Onstmettingen – auf dem Raichberg –), Bisingen (nur Ortsteil Zimmern – Burg Hohenzollern –), Haigerloch (nur Stadtteile Haigerloch und Bad Imnau), Meßstetten (nur Ortsteile Meßstetten und Tieringen – Bereich Feriendörfer –), Schömberg (nur Bereich des Stausees)

Lkr. Alb-Donau-Kreis: Blaubeuren, Obermarchtal (nur Ortsteil Obermarchtal), Westerheim

Lkr. Biberach: Bad Buchau (nur Stadtteil Buchau), Bad Schussenried (nur Stadtteile Schussenried und Steinhausen), Gutenzell-Hürbel (nur Ortsteil Gutenzell), Laupheim (nur Stadtteil Bihlafingen an Wallfahrtstagen), Schwendi (nur Ortsteile Schwendi und Schönebürg), Uttenweiler (nur Ortsteil Offingen – auf dem Bussen –)

Lkr. Bodenseekreis: Eriskirch, Friedrichshafen (nur Stadtteile Friedrichshafen und Ailingen), Hagnau am Bodensee, Heiligenberg (nur Ortsteil Heiligenberg), Immenstaad am Bodensee (nur Ortsteil Immenstaad), Kressbronn am Bodensee, Langenargen, Markdorf (nur Stadtteil Markdorf), Meckenbeuren (nur Ortsteil Meckenbeuren), Meersburg (nur Stadtteil Meersburg), Salem (nur Ortsteil Salem), Sipplingen, Tettnang, Überlingen (nur Stadtteile Überlingen und Nußdorf), Uhldingen-Mühlhofen (nur Ortsteil Uhldingen)

Lkr. Ravensburg: Argenbühl (nur Ortsteile Eglofs und Eisenharz), Aulendorf (nur Stadtteil Aulendorf), Bad Waldsee (nur Stadtteil Bad Waldsee), Bad Wurzach (nur Stadtteil Bad Wurzach), Isny im Allgäu, Kißlegg (nur Ortsteil Kißlegg), Leutkirch im Allgäu (nur Stadtteile Herlazhofen und Winterstetten), Waldburg, Weingarten, Wilhelmsdorf (nur Ortsteil Pfrungen), Wolfegg

Lkr. Sigmaringen: Beuron, Gammertingen (nur Stadtteil Gammertingen), Illmensee (nur Ortsteil Illmensee), Inzigkofen (nur Ortsteil Engelwies an Wallfahrtstagen), Leibertingen (nur Ortsteil Leibertingen), Ostrach (nur Ortsteil Magenbuch, Bereich Lausheim), Pfullendorf (nur Stadtteil Pfullendorf), Sigmaringen (nur Stadtteile Sigmaringen und Gutenstein)

Anlage 2 zu § 2: Grenzorte

Regierungsbezirk Karlsruhe

Lkr. Rastatt: Iffezheim, Rastatt (nur Stadtteile Plittersdorf und Wintersdorf), Rheinmünster (nur Ortsteil Greffen)

Regierungsbezirk Freiburg

Lkr. Ortenaukreis: Kappel-Grafenhausen (nur Ortsteil Kappel), Kehl

Lkr. Emmendingen: Sasbach (nur Ortsteil Sasbach)

Lkr. Breisgau-Hochschwarzwald: Breisach am Rhein (nur Stadtteil Breisach), Neuenburg am Rhein (nur Stadtteil Neuenburg)

Lkr. Lörrach: Binzen, Efringen-Kirchen, Eimeldingen, Fischingen, Grenzach-Wyhlen, Hasel, Hausen im Wiesental, Inzlingen, Kandern (nur Stadtteile Holzern und Wollbach), Lörrach, Maulburg, Rheinfelden (Baden), Rümmingen, Schallbach, Schopfheim (nur Stadtteile Eichen, Enkenstein, Fahrnau, Langenau, Raitbach, Schopfheim und Wiechs), Schwörstadt, Steinen (nur Ortsteile Hägelberg, Höllstein, Hüsingen, Schlächtenhaus, Steinen und Weitenau), Weil am Rhein, Wittlingen, Zell im Wiesental

Lkr. Waldshut: Albbruck (nur Ortsteile Albbruck, Birkingen, Birndorf, Buch und Schachen), Bad Säckingen, Dachsberg (Südschwarzwald) (nur Ortsteil Wilfingen), Dettighofen, Dogern, Eggingen, Görwihl (nur Ortsteile Niederwihl, Oberwihl, Rotzingen und Rüßwihl), Herrischried (nur Ortsteil Hogschür), Hohentengen am Hochrhein, Jestetten, Klettgau, Küssaberg, Laufenburg (Baden), Lauchringen, Lottstetten, Murg, Rickenbach, Stühlingen (nur Stadtteile Stühlingen, Blumegg, Eberfingen, Grimmelshofen, Mauchen, Schwaningen und Weizen), Ühlingen-Birkendorf (nur Ortsteil Untermettingen), Waldshut-Tiengen (nur Stadtteile Eschbach, Gurtweil, Indlekofen, Tiengen, Waldkirch und Waldshut), Wehr, Weilheim (nur Ortsteil Weilheim), Wutach (nur Ortsteil Ewattingen), Wutöschingen

Lkr. Konstanz: Büsingen am Hochrhein

2.2 Zuständigkeitsregelungen[1]

2.2.1 Kammergesetz vom 31. 5. 1976 (GBl. S. 473), zuletzt geändert durch VO vom 19. 3. 1985 (GBl. S. 71)

§ 5 Besondere Aufgaben der Landesapothekerkammer. (1) Die Landesapothekerkammer ist. ... zuständige Verwaltungsbehörde nach § 4 Abs. 2 Satz 1 des Gesetzes über den Ladenschluß.

2.2.2 Verordnung über Zuständigkeiten nach der Gewerbeordnung vom 16. 12. 1985 (GBl. S. 582); geändert durch VO vom 13. 4. 1987 (GBl. S. 138)

§ 4 [Großmärkte]. Die Regierungspräsidien sind zuständige Behörden im Sinne von. ... § 69 Abs. 1 Satz 1 und Abs. 3, § 69a Abs. 2 und §§ 69b und 70a GewO hinsichtlich der Messen (§ 64 GewO), Ausstellungen (§ 65 GewO) und Großmärkte (§ 66 GewO).

§ 7 [Wochenmärkte]. Die Gemeinden, die keiner Verwaltungsgemeinschaft angehören, und die Verwaltungsgemeinschaften sind zuständige Behörden im Sinne von. ... § 69 Abs. 1 Satz 1 und Abs. 3, § 69a Abs. 2 und §§ 69b und 70a GewO hinsichtlich der Wochenmärkte (§ 67 GewO), soweit sie nicht selbst untere Verwaltungsbehörden sind.[2]

3. Bayern

3.1 Verordnung über den Ladenschluß in Kur-, Erholungs-, Ausflugs-, Wallfahrtsorten und auf den Flughäfen München-Riem und Nürnberg (Ladenschlußverordnung – LSchlV) vom 12. 7. 1962 (GVBl. S. 104), zuletzt geändert durch VO v. 7. 3. 1989 (GVBl. S. 68)

Auf Grund von § 9 Abs. 3 und § 10 Abs. 1 und 2 des Gesetzes über den Ladenschluß erläßt die Bayerische Staatsregierung folgende Verordnung:

---

[1] Vgl. zur Zuständigkeitsregelung in BW ferner §§ 7 und 8 der VO vom 12. 6. 1987 in 2.1.

[2] Vgl. ferner § 8 Abs. 2 in VO 2.1.

§ 1 [Kur- und Erholungsorte]. In den in der Anlage aufgeführten Gemeinden oder Gemeindeteilen dürfen frische Früchte, alkoholfreie Getränke, Milch und Milcherzeugnisse im Sinn des § 4 Abs. 2 des Milch- und Fettgesetzes in der Fassung vom 10. Dezember 1952 (BGBl. I S. 811), Süßwaren, Tabakwaren, Blumen und Zeitungen, ferner, soweit sie für diese Orte kennzeichnend sind, Devotionalien, Badegegenstände und andere Waren, abweichend von den Vorschriften des § 3 Abs. 1 Nrn. 1 und 3 des Gesetzes über den Ladenschluß

1. an jährlich höchstens 40 Sonn- und Feiertagen bis zur Dauer von acht Stunden,
2. samstags bis spätestens 20.00 Uhr feilgehalten werden.

§ 2 [Öffnungszeiten]. (1) Die Öffnungszeiten werden von der Kreisverwaltungsbehörde durch Rechtsverordnung festgesetzt; dabei ist auf die Zeit des Hauptgottesdienstes Rücksicht zu nehmen. Die Kreisverwaltungsbehörden bestimmen auch, an welchen Sonn- und Feiertagen und an welchen Samstagen im Rahmen von § 1 offengehalten werden darf.

(2) Verkaufsstellen, die am Samstagnachmittag offenhalten dürfen, müssen am Mittwoch, in Altötting am Montag derselben Woche von 14.00 Uhr an geschlossen sein; dies gilt nicht für die Wochen, in denen der Ladenschluß am Samstag allgemein auf 18.00 Uhr festgesetzt ist.

§ 3 [Verkaufsstellen]. Die Offenhaltung ist auf diejenigen Verkaufsstellen beschränkt, in denen eine oder mehrere der genannten Waren im Verhältnis zum Gesamtumsatz in erheblichem Umfang geführt werden.

§ 4 [Flughäfen]. (1) Auf den Flughäfen München-Riem und Nürnberg dürfen in den Verkaufsstellen Waren des täglichen Ge- und Verbrauchs sowie Geschenkartikel während der allgemeinen Ladenschlußzeiten (§ 3 des Gesetzes über den Ladenschluß) auch an andere Personen als an Reisende abgegeben werden.

(2) Die Verkaufsfläche darf auf dem Flughafen München-Riem insgesamt 1500 m^2, auf dem Flughafen Nürnberg 600 m^2 nicht übersteigen. Die Verkaufsfläche einer einzelnen Verkaufsstelle darf nicht mehr als 100 m^2 betragen, sofern nicht bauliche oder bedarfsbedingte Besonderheiten Abweichungen erfordern. Die Errichtung von Großverkaufsstellen ist nicht zulässig.

§ 5 [Inkrafttreten]. (1) Diese Verordnung tritt am 23. Juli 1962 in Kraft. [1]

(2) (gegenstandslos)

Anlage 1 zu § 1: Kur- und Erholungsorte

Regierungsbezirk Oberbayern

Lkr. Altötting: Stadt Altötting, Stadt Burghausen (nur Altstadt, bestehend aus den Nummern 1 bis 285, der Burg und der Curastraße)

Lkr. Bad Tölz-Wolfratshausen: Gemeinde Bad Heilbrunn, Stadt Bad Tölz, Gemeinde Benediktbeuern, Gemeinde Bichl, Gemeinde Dietramszell (nur Gemeindeteile Dietramszell und Schönegg), Gemeinde Gaißach, Gemeinde Jachenau, Gemeinde Kochel a. See (nur Gemeindeteile Altjoch, Kochel a. See, Ried, Urfeld und Walchensee), Gemeinde Königsdorf, Gemeinde Lenggries, Gemeinde Münsing, Gemeinde Sachsenkam, Gemeinde Schlehdorf, Gemeinde Wackersberg, Stadt Wolfratshausen

Lkr. Berchtesgardener Land: Gemeinde Ainring, Gemeinde Anger, Große Kreisstadt Bad Reichenhall, Gemeinde Bayerisch Gmain, Markt Berchtesgaden, Gemeinde Bischofswiesen, Stadt Laufen, Markt Marktschellenberg, Gemeinde Piding, Gemeinde Ramsau bei Berchtesgaden, Gemeinde Saaldorf, Gemeinde Schneizlreuth, Gemeinde Schönau a. Königssee, Markt Teisendorf

Lkr. Ebersberg: Stadt Ebersberg, Markt Glonn

Lkr. Eichstätt: Markt Altmannstein, Stadt Beilngries, Markt Dollnstein, Große Kreisstadt Eichstätt, Markt Kinding, Markt Kipfenberg, Markt Kösching (nur Gemeindeteil Bettbrunn), Markt Mörnsheim, Markt Wellheim

Lkr. Erding: Gemeinde Fraunberg (nur Gemeindeteil Thalheim), Markt Wartenberg

Lkr. Fürstenfeldbruck: Gemeinde Grafrath (nur Gemeindeteil Höfen und Wildenroth)

---

[1] Betrifft die ursprüngliche Fassung vom 12. Juli 1962 (GVBl. S. 104).

Lkr. Garmisch-Partenkirchen: Gemeinde Bad Kohlgrub, Gemeinde Bayersoien, Gemeinde Eschenlohe, Gemeinde Ettal, Gemeinde Farchant, Markt Garmisch-Partenkirchen, Gemeinde Grainau, Gemeinde Großweil, Gemeinde Krün, Markt Mittenwald, Markt Murnau a. Staffelsee, Gemeinde Oberammergau, Gemeinde Oberau, Gemeinde Ohlstadt, Gemeinde Riegsee, Gemeinde Seehausen a. Staffelsee, Gemeinde Uffing am Staffelsee, Gemeinde Unterammergau, Gemeinde Wallgau

Lkr. Landsberg a. Lech: Markt Dießen a. Ammersee (ausgenommen Dettenhofen, Dettenschwang und Obermühlhausen), Gemeinde Eresing (nur Gemeindeteil Sankt Ottilien), Gemeinde Schondorf a. Ammersee, Gemeinde Utting a. Ammersee

Lkr. Miesbach: Gemeinde Bad Wiessee, Gemeinde Bayrischzell, Gemeinde Fischbachau, Gemeinde Gmund a. Tegernsee, Gemeinde Kreuth, Gemeinde Rottach-Egern, Markt Schliersee, Stadt Tegernsee, Gemeinde Waakirchen, Gemeinde Weyarn (nur Gemeindeteil Großseeham, Holzolling und Weyarn)

Landeshauptstadt München: Stadt München (nur Olympiapark)

Lkr. München: Gemeinde Grünwald, Gemeinde Planegg (nur Gemeindeteil Maria Eich), Gemeinde Schäftlarn (nur Gemeindeteile Ebenhausen und Kloster Schäftlarn)

Lkr. Pfaffenhofen a. d. Ilm: Gemeinde Scheyern

Lkr. Rosenheim: Gemeinde Amerang, Gemeinde Aschau i. Chiemgau, Stadt Bad Aibling (nur Stadtteil Bad Aibling), Gemeinde Bad Feilnbach, Gemeinde Bernau a. Chiemsee, Gemeinde Brannenburg, Gemeinde Breitbrunn a. Chiemsee, Gemeinde Chiemsee, Gemeinde Eggstätt, Markt Endorf i. OB, Gemeinde Flintsbach a. Inn, Gemeinde Frasdorf, Gemeinde Gstadt a. Chiemsee, Gemeinde Kiefersfelden, Markt Neubeuern, Gemeinde Nußdorf a. Inn, Gemeinde Oberaudorf, Markt Prien a. Chiemsee, Gemeinde Riedering (nur Gemeindeteile Neukirchen a. Simssee, Pietzing und Riedering), Gemeinde Rimsting, Gemeinde Samerberg, Gemeinde Stephanskirchen (nur Gemeindeteil Baierbach), Gemeinde Tuntenhausen (nur Gemeindeteil Tuntenhausen), Stadt Wasserburg a. Inn (nur Stadtteil Wasserburg a. Inn)

Lkr. Starnberg: Gemeinde Andechs (nur Gemeindeteil Erling), Gemeinde Berg, Gemeinde Feldafing, Gemeinde Herrsching a. Ammersee, Gemeinde Inning a. Ammersee, Gemeinde Seefeld, Gemeinde

Pöcking, Stadt Starnberg, Gemeinde Tutzing, Gemeinde Weßling, Gemeinde Wörthsee

Lkr. Traunstein: Gemeinde Bergen, Gemeinde Chieming, Gemeinde Grabenstätt, Markt Grassau, Gemeinde Inzell, Gemeinde Marquartstein, Gemeinde Reit im Winkl, Gemeinde Ruhpolding, Gemeinde Schleching, Gemeinde Seeon-Seebruck, Gemeinde Siegsdorf, Gemeinde Staudach-Egerndach, Stadt Tittmoning, Gemeinde Übersee, Gemeinde Unterwössen, Markt Waging a. See

Lkr. Weilheim-Schongau: Gemeinde Bernried, Gemeinde Hohenpeißenberg, Gemeinde Iffeldorf, Gemeinde Rottenbuch, Gemeinde Seeshaupt, Gemeinde Steingaden

Regierungsbezirk Niederbayern

Lkr. Deggendorf: Gemeinde Bernried, Große Kreisstadt Deggendorf (nur Stadtteile Greising und Halbmeile), Gemeinde Grattersdorf (nur Gemeindeteil Kerschbaum), Gemeinde Iggensbach (nur Gemeindeteil Handlab), Gemeinde Lalling, Gemeinde Niederalteich, Gemeinde Stephansposching (nur Gemeindeteil Loh)

Lkr. Freyung-Grafenau: Stadt Freyung, Stadt Grafenau, Gemeinde Mauth, Gemeinde Phillippsreut (nur Gemeindeteile Mitterfirmiansreut und Philippsreut), Gemeinde St. Oswald-Riedlhütte (nur Gemeindeteile St. Oswald-Riedlhütte und Reichenberg), Markt Schönberg, Gemeinde Spiegelau, Gemeinde Thurmansbang (nur Gemeindeteil Thurmansbang)

Lkr. Kelheim: Markt Bad Abbach (nur Gemeindeteil Bad Abbach), Markt Essing, Stadt Kelheim (nur Stadtteile Gronsdorf, Hohenpfahl, Kelheim, Klösterl, Michelsberg – Befreiungshalle – Stausacker, Weltenburg), Stadt Neustadt a.d. Donau (nur Stadtteil Bad Gögging), Stadt Riedenburg (nur Stadtteile Prunn und Riedenburg)

Lkr. Landshut: Markt Velden (nur Gemeindeteil Ruprechtsberg), Stadt Vilsbiburg (nur Platz vor der Wallfahrtskirche Maria Hilf)

Stadt Passau: Stadt Passau (nur Bereich der Altstadt vom Paulusbaum bis Ortsspitze, vom Ilzstadtbereich nur Oberhausseite und Oberhaus sowie der östlich des Inns gelegene Teil des Bereichs Innstadt)

Lkr. Passau: Markt Aidenbach (nur Gemeindeteil Aidenbach), Gemeinde Bad Füssing (nur Gemeindeteile Aigen a. Inn, Bad Füssing,

Eggelfing a. Inn, Riedenburg, Safferstetten, Würding), Gemeinde Büchlberg (nur Gemeindeteil Büchlberg), Stadt Griesbach i. Rottal (nur Stadtteile Griesbach i. Rottal und Karpfham), Markt Obernzell (nur Gemeindeteil Obernzell), Markt Ortenburg (nur Gemeindeteil Ortenburg), Markt Untergriesbach (nur Gemeindeteile Gottsdorf und Untergriesbach), Markt Wegscheid (nur Gemeindeteil Wegscheid)

Lkr. Regen: Gemeinde Achslach, Gemeinde Arnbruck, Gemeinde Bayrisch Eisenstein, Gemeinde Bischofsmais (nur Gemeindeteil Bischofsmais, Habischried und Wastlsäg), Markt Bodenmais, Gemeinde Böbrach, Gemeinde Drachselsried, Gemeinde Frauenau, Gemeinde Kirchberg, Gemeinde Kollnburg (nur Gemeindeteil Kollnburg), Gemeinde Langdorf, Gemeinde Lindberg (nur Gemeindeteil Ludwigsthal), Stadt Regen, Gemeinde Rinchnach, Markt Ruhmannsfelden, Markt Teisnach, Stadt Viechtach, Stadt Zwiesel

Lkr. Rottal-Inn: Gemeinde Birnbach (nur Gemeindeteil Birnbach), Stadt Pfarrkirchen (nur Stadtteil Gartlberg), Gemeinde Schönau (nur Gemeindeteil Heiligenberg)

Lkr. Straubing-Bogen: Stadt Bogen, Gemeinde Falkenfels, Gemeinde Haibach, Gemeinde Haselbach, Gemeinde Kirchroth (nur Gemeindeteil Niederachdorf), Gemeinde Konzell, Markt Mitterfels, Gemeinde Neukirchen, Gemeinde Perasdorf, Gemeinde Rattenberg, Gemeinde Rattiszell (nur Gemeindeteile Haunkenzell und Pilgramsberg), Gemeinde Sankt Englmar, Markt Schwarzach, Gemeinde Wiesenfelden, Gemeinde Windberg

Regierungsbezirk Oberpfalz

Lkr. Amberg-Sulzbach: Stadt Auerbach i.d. OPf. (nur Stadtteil Auerbach i.d. OPf.), Markt Hahnbach (nur Platz um die Wallfahrtskirche auf dem Frohnberg), Stadt Hirschau (nur Gebiet am „Monte Kaolino"), Gemeinde Hirschbach (nur Gemeindeteil Hirschbach), Markt Kastl (nur Gemeindeteil Kastl), Markt Königstein (nur Gemeindeteil Königstein), Gemeinde Neidstein (nur Gemeindeteil Etzelwang), Markt Schmidmühlen (nur Gemeindeteil Schmidmühlen)

Lkr. Cham: Gemeinde Blaibach (nur Gemeindeteil Blaibach), Stadt Cham (nur Stadtteile Cham und Windischbergerdorf), Markt Falkenstein (nur Gemeindeteil Falkenstein), Stadt Furth i. Wald (nur Stadtteil Furth i. Wald), Gemeinde Gleißenberg, Gemeinde Grafenwiesen (nur

Gemeindeteil Grafenwiesen), Gemeinde Hohenwarth (nur Gemeindeteil Hohenwarth), Stadt Kötzting (nur Stadtteile Kötzting und Wettzell), Markt Lam (nur Gemeindeteil Lam), Gemeinde Lohberg, Markt Neukirchen b. Hl. Blut (nur Gemeindeteil Neukirchen b. Hl. Blut), Gemeinde Reichenbach, Gemeinde Rimbach (nur Gemeindeteil Rimbach), Stadt Roding (nur Stadtteil Roding), Stadt Rötz (nur Stadtteil Rötz), Markt Stamsried (nur Gemeindeteil Stamsried), Gemeinde Tiefenbach (nur Gemeindeteil Tiefenbach), Gemeinde Treffelstein, Gemeinde Walderbach (nur Gemeindeteil Walderbach), Stadt Waldmünchen (nur Stadtteil Waldmünchen)

Lkr. Neumarkt i. d. OPf.: Markt Breitenbrunn (nur Gemeindeteil Breitenbrunn), Stadt Dietfurt a. d. Altmühl (nur Stadtteil Dietfurt a. d. Altmühl), Große Kreisstadt Neumarkt i. d. OPf. (nur Platz vor der Wallfahrtskirche auf dem Maria-Hilf-Berg), Stadt Velburg (nur Stadtteile Velburg und Habsberg)

Lkr. Neustadt a. d. Waldnaab: Stadt Eschenbach i. d. OPf. (nur Stadtteil Eschenbach i. d. OPf.), Markt Eslarn (nur Gemeindeteil Eslarn), Gemeinde Flossenbürg (nur nordöstlicher Teil mit Burgruine und Geißweiher), Markt Kirchenthumbach (nur Gemeindeteil Kirchenthumbach), Markt Leuchtenberg (nur Gemeindeteil Leuchtenberg), Markt Moosbach (nur Gemeindeteil Moosbach), Stadt Neustadt a. Kulm (nur Stadtteil Neustadt a. Kulm), Stadt Pleystein (nur Stadtteil Pleystein), Markt Tännesberg (nur Gemeindeteil Tännesberg), Stadt Vohenstrauß (nur Stadtteil Vohenstrauß), Markt Waidhaus (nur Gemeindeteil Waidhaus), Markt Waldthurn (nur Gemeindeteil Waldthurn)

Lkr. Regensburg: Gemeinde Aufhausen (nur Gemeindeteil Aufhausen), Markt Donaustauf (nur Gemeindeteil Donaustauf), Markt Kallmünz (nur Gemeindeteil Kallmünz)

Lkr. Schwandorf: Gemeinde Bodenwöhr (nur Gemeindeteil Bodenwöhr), Stadt Nittenau (nur Stadtteil Nittenau), Stadt Oberviechtach (nur Stadtteil Oberviechtach), Stadt Schönsee (nur Stadtteile Gaisthal und Schönsee), Große Kreisstadt Schwandorf (nur Plateau des Kreuzbergs), Gemeinde Stadlern (nur Gemeindeteil Stadlern)

Lkr. Tirschenreuth: Markt Falkenberg (nur Gemeindeteil Falkenberg), Gemeinde Friedenfels (nur Gemeindeteil Friedenfels), Markt Fuchsmühl (nur Gemeindeteil Fuchsmühl), Markt Plößberg (nur Gemeindeteil Plößberg), Stadt Waldsassen (nur Stadtteil Waldsassen)

Regierungsbezirk Oberfranken

Stadt Bamberg: Stadt Bamberg (nur Domplatz, Karolinenstraße vom Domplatz bis zum Alten Rathaus, Untere Brückenstraße links des linken Regnitzarms, Dominikanerstraße)

Lkr. Bamberg: Markt Ebrach, Markt Heiligenstadt i. OFr., Gemeinde Pommersfelden, Stadt Schlüsselfeld (nur Stadtteil Aschbach)

Lkr. Bayreuth: Gemeinde Aufseß, Stadt Bad Berneck i. Fichtelgebirge, Stadt Betzenstein, Gemeinde Bischofsgrün, Gemeinde Fichtelberg, Stadt Goldkronach, Stadt Hollfeld, Gemeinde Mehlmeisel, Stadt Pegnitz, Markt Plech, Stadt Pottenstein, Stadt Waischenfeld, Gemeinde Warmensteinach, Markt Weidenberg

Stadt Coburg: Stadt Coburg (nur Marktplatz, Schloßplatz und Veste)

Lkr. Forchheim: Stadt Ebermannstadt, Markt Egloffstein, Markt Gößweinstein, Gemeinde Obertrubach, Gemeinde Unterleinleiter, Markt Wiesenttal (nur Gemeindeteile Muggendorf und Streitberg)

Lkr. Hof: Markt Bad Steben, Stadt Lichtenberg, Stadt Naila (nur Stadtteil Hölle), Markt Zell

Lkr. Kronach: Stadt Kronach (nur Stadtteil Glosberg), Markt Küps (nur Gemeindeteil Oberlangenstadt), Stadt Ludwigsstadt (nur Stadtteil Lauenstein), Markt Marktrodach, Markt Mitwitz, Markt Nordhalben, Gemeinde Steinbach a. Wald, Markt Steinwiesen, Markt Tettau, Stadt Wallenfels

Lkr. Kulmbach: Markt Kasendorf, Markt Marktleugast (nur Gemeindeteil Marienweiher), Markt Marktschorgast, Markt Thurnau, Markt Wirsberg, Markt Wonsees

Lkr. Lichtenfels: Stadt Staffelstein (nur Stadtteile Banz [Schloß Banz] und Vierzehnheiligen), Stadt Weismain

Lkr. Wunsiedel i. Fichtelgebirge: Gemeinde Bad Alexandersbad, Stadt Hohenberg a. d. Eger, Stadt Weißenstadt, Stadt Wunsiedel

Regierungsbezirk Mittelfranken

Lkr. Ansbach: Markt Dietenhofen (nur Gemeindeteile Dietenhofen und Kleinhaslach), Stadt Dinkelsbühl (nur Stadtteil Dinkelsbühl), Stadt Feuchtwangen (nur Stadtteil Feuchtwangen), Große Kreisstadt

Rothenburg ob der Tauber (nur Stadtteil Rothenburg ob der Tauber innerhalb des Stadtmauerrings sowie Stadtteil Detwang), Stadt Schillingsfürst (nur Stadtteil Schillingsfürst), Stadt Wolframs-Eschenbach (nur Stadtteil Wolframs-Eschenbach)

Stadt Erlangen: Stadt Erlangen (nur Stadtteil Dechsendorf)

Lkr. Erlangen-Höchstadt: Gemeinde Adelsdorf, Markt Eckental (nur Gebiet des früheren Marktes Eschenau), Markt Heroldsberg, Gemeinde Kalchreuth

Lkr. Fürth: Markt Cadolzburg (nur Gemeindeteil Cadolzburg)

Lkr. Neustadt a.d. Aisch-Bad Windsheim: Stadt Bad Windsheim (nur Stadtteil Bad Windsheim), Stadt Burgbernheim (nur Stadtteile Burgbernheim und Wildbad), Gemeinde Münchsteinach (nur Gemeindeteil Münchsteinach)

Stadt Nürnberg: Stadt Nürnberg (nur Burg und Umgebung, begrenzt durch folgende Straßenzüge: Burg – Obere Söldnergasse – Panierplatz – Schildgasse – Burgstraße – Obere Krämergasse – Untere Schmiedgasse – Albrecht-Dürer-Platz – Bergstraße – Tiergärtnertor – Burg)

Lkr. Nürnberger Land: Gemeinde Alfeld (nur Gemeindeteil Regelsmühle), Stadt Altdorf b. Nürnberg (nur Stadtteil Altdorf b. Nürnberg), Gemeinde Happurg, Gemeinde Hartenstein, Gemeinde Kirchensittenbach (nur Gemeindeteil Algersdorf), Markt Neuhaus a.d. Pegnitz (nur Gemeindeteil Neuhaus a.d. Pegnitz), Gemeinde Pommelsbrunn, Gemeinde Schwarzenbruck (nur Gemeindeteil Gsteinach), Stadt Velden, Gemeinde Vorra

Lkr. Weißenburg-Gunzenhausen: Stadt Gunzenhausen, Gemeinde Haundorf, Stadt Pappenheim (nur Stadtteil Pappenheim), Markt Pleinfeld, Gemeinde Solnhofen

Regierungsbezirk Unterfranken

Lkr. Aschaffenburg: Stadt Alzenau i. UFr. (nur Gebiet der früheren Gemeinde Kälberau), Gemeinde Dammbach, Gemeinde Heigenbrücken, Gemeinde Heimbuchenthal, Gemeinde Johannesberg (ohne Gemeindeteil Steinbach), Gemeinde Mespelbrunn, Gemeinde Waldaschaff, Gemeinde Weibersbrunn

Lkr. Bad Kissingen: Markt Bad Bocklet (ohne Gemeindeteil Steinach a.d. Saale), Stadt Bad Brückenau, Große Kreisstadt Bad Kissingen,

Markt Geroda, Gemeinde Motten (nur Gemeindeteil Kothen), Markt Zeitlofs (nur Gemeindeteil Eckarts, Roßbach und Rupboden)

Lkr. Haßberge: Stadt Eltmann (nur Gebiet der früheren Gemeinde Limbach), Stadt Hofheim i. UFr. (ohne die Stadtteile Eichelsdorf, Goßmannsdorf, Lendershausen, Ostheim, Reckertshausen, Rügheim, Sulzbach), Stadt Königsberg i. Bay. (ohne die Stadtteile Dörflis b. Königsberg i. Bay., Hellingen, Holzhausen, Junkersdorf), Stadt Zeil a. Main (nur Platz um die Wallfahrtskirche „Käppele“)

Lkr. Kitzingen: Stadt Dettelbach (ohne die Stadtteile Euerfeld, Mainsondheim, Neuses a. Berg, Neusetz, Schernau, Schnepfenbach), Markt Geiselwind, Stadt Iphofen, Stadt Prichsenstadt, Markt Schwarzach a. Main (nur Gemeindeteil Münsterschwarzach), Stadt Volkach (ohne die Stadtteile Dimbach, Fahr, Gaibach, Krautheim, Obervolkach, Rimbach)

Lkr. Main-Spessart: Gemeinde Fellen (nur Gemeindeteil Rengersbrunn), Stadt Gemünden a. Main (ohne die Stadtteile Langenprozelten und Wernfeld), Gemeinde Gräfendorf (ohne die Gemeindeteile Michelau a. d. Saale, Schonderfeld, Weickersgrüben – jedoch nicht Gebietsteil Roßmühle –, Wolfsmünster), Stadt Lohr a. Main (ohne Stadtteil Pflochsbach), Stadt Marktheidenfeld (ohne Stadtteile Altfeld, Marienbrunn, Zimmern), Stadt Rieneck, Stadt Rothenfels, Markt Zellingen (nur Gebiet des früheren Marktes Retzbach)

Lkr. Miltenberg: Stadt Amorbach (ohne Stadtteil Reichartshausen), Markt Großheubach, Stadt Klingenberg a. Main, Stadt Miltenberg (ohne die Stadtteile Mainbullau, Schippach, Wenschdorf), Markt Mönchberg, Stadt Stadtprozelten

Lkr. Rhön-Grabfeld: Stadt Bad Königshofen i. Grabfeld (ohne die Stadtteile Aub und Merkershausen), Stadt Bad Neustadt a. d. Saale (ohne Stadtteil Brendlorenzen), Stadt Bischofsheim a. d. Rhön (nur Stadtteil Klosterkreuzberg), Stadt Fladungen, Gemeinde Sulzdorf a. d. Lederhecke (nur die Gemeindeteile Sternberg i. Grabfeld und Zimmerau), Gemeinde Sulzfeld (ohne Gemeindeteil Kleinbardorf)

Lkr. Schweinfurt: Markt Stadtlauringen

Stadt Würzburg: Stadt Würzburg (nur Stadtteile Festung Marienberg und „Käppele“, Platz um die Kirche)

Lkr. Würzburg: Gemeinde Hausen b. Würzburg (nur Gemeindeteil Fährbrück), Gemeinde Veitshöchheim (ohne Gemeindeteil Gadheim)

Regierungsbezirk Schwaben

Lkr. Donau-Ries: Stadt Harburg (Schwaben), Große Kreisstadt Nördlingen, Stadt Wemding

Lkr. Günzburg: Markt Ziemetshausen (nur Gemeindeteil Maria Vesperbild)

Lkr. Lindau (Bodensee): Gemeinde Bodolz, Gemeinde Gestratz, Gemeinde Grünenbach, Große Kreisstadt Lindau (Bodensee), Stadt Lindenberg i. Allgäu, Gemeinde Maierhöfen, Gemeinde Nonnenhorn, Gemeinde Oberreute, Gemeinde Opfenbach (nur Gemeindeteil Wigratzbad), Gemeinde Röthenbach (Allgäu), Markt Scheidegg, Gemeinde Wasserburg (Bodensee), Markt Weiler-Simmerberg

Lkr. Oberallgäu: Gemeinde Balderschwang, Gemeinde Blaichach (nur Gemeindeteil Gunzesried), Gemeinde Bolsterlang, Markt Buchenberg, Gemeinde Fischen i. Allgäu, Markt Hindelang, Stadt Immenstadt i. Allgäu, Gemeinde Missen-Wilhams, Gemeinde Oy-Mittelberg (nur Gemeindeteil Mittelberg), Markt Oberstaufen, Markt Oberstdorf, Gemeinde Ofterschwang, Gemeinde Rettenberg, Stadt Sonthofen, Gemeinde Waltenhofen, Markt Weitnau, Markt Wertach

Lkr. Ostallgäu: Gemeinde Eisenberg, Stadt Füssen, Gemeinde Halblech, Gemeinde Hopferau, Gemeinde Lechbruck, Markt Nesselwang, Gemeinde Pfronten, Gemeinde Roßhaupten, Gemeinde Rückholz, Gemeinde Schwangau, Gemeinde Seeg

Lkr. Unterallgäu: Stadt Bad Wörishofen, Markt Grönenbach, Markt Legau (nur Gemeindeteil Maria Steinbach), Markt Ottobeuren

3.2 Verordnung über den Ladenschluß am Samstag und am Mittwoch in Freilassing (Grenzort-Ladenschlußverordnung) vom 16. 1. 1979 (GVBl. S. 4), zuletzt geändert durch VO v. 13. 12. 1988 (GVBl. S. 463)

Auf Grund des § 10 Abs. 3 des Gesetzes über den Ladenschluß vom 28. November 1956 (BGBl. I S. 875), zuletzt geändert durch Gesetz vom 5. Juli 1976 (BGBl. I S. 1773), erläßt die Bayerische Staatsregierung folgende Verordnung:

§ 1 [Öffnung, Schließung]. (1) In der Stadt Freilassing dürfen die Verkaufsstellen an Samstagen abweichend von der Vorschrift des § 3 Abs. 1 Nr. 3 des Gesetzes über den Ladenschluß bis siebzehn Uhr geöffnet sein.

(2) Die Verkaufsstellen müssen, soweit sie von der in Absatz 1 enthaltenen Ermächtigung Gebrauch machen, am Mittwoch derselben Woche ab vierzehn Uhr geschlossen sein. Dies gilt nicht für den Mittwoch derjenigen Wochen, in denen der Ladenschluß am Samstag allgemein auf achtzehn Uhr festgesetzt ist.

§ 2 (aufgehoben)

§ 3 [Inkrafttreten]. Diese Verordnung tritt am 1. Februar 1979 in Kraft. Sie tritt am 31. Dezember 1991 außer Kraft.

3.3 Zuständigkeitsregelungen

3.3.1 Verordnung über Zuständigkeiten vom 15. 12. 1987 (GVBl. S. 467)

Es erlassen auf Grund ... von § 10 Abs. 1 Satz 2, § 11 Abs. 1, § 12 Abs. 2 Satz 3, § 14 Abs. 1 Satz 3, § 15 Satz 2, § 16 Abs. 1 Satz 2, § 22 Abs. 1 Halbsatz 2 und § 28 des Gesetzes über den Ladenschluß, ... folgende Verordnung:

§ 1 [Behörden]. (1) Die Zuständigkeit für den Vollzug von Vorschriften des Arbeitsschutzrechts ... ergibt sich aus der Anlage, die Bestandteil dieser Verordnung ist ...

§ 2 [Ermächtigung]. Folgende Ermächtigungen zum Erlaß von Rechtsverordnungen nach dem Gesetz über den Ladenschluß werden auf die nachgenannten Behörden übertragen:

1. die Ermächtigung zur Freigabe verkaufsoffener Sonn- und Feiertage und zur Festsetzung verlängerter Öffnungszeiten nach § 10 Abs. 1 Satz 1 auf die Regierungen,
2. die Ermächtigung zur Zulassung eines erweiterten Geschäftsverkehrs in ländlichen Gebieten nach § 11 Abs. 1 auf die Kreisverwaltungsbehörden,

3. die Ermächtigung zur Festsetzung der Lage der zugelassenen Öffnungszeiten nach § 12 Abs. 2 Satz 3, soweit es sich um die Abgabe von Zeitungen handelt, auf die Regierungen, im übrigen auf die Kreisverwaltungsbehörden,
4. die Ermächtigung zur Freigabe verkaufsoffener Sonn- und Feiertage nach § 14 Abs. 1 Satz 3 auf die Gemeinden,
5. die Ermächtigung zur Festsetzung der Öffnungszeiten nach § 15 Satz 2 auf die Kreisverwaltungsbehörden,
6. die Ermächtigung zur Freigabe von Tagen mit verlängerten Öffnungszeiten nach § 16 Abs. 1 Satz 2 auf die Gemeinden.

Anlage
Erläuterungen zum nachfolgenden Verzeichnis

1. Im Verzeichnis werden folgende Abkürzungen verwendet:

GAA	Gewerbeaufsichtsamt
Gde	Gemeinde
KVB	Kreisverwaltungsbehörde
StMAS	Staatsministerium für Arbeit und Sozialordnung

4.7 **Gesetz über den Ladenschluß**

4.7.1 § 19 Abs. 1 Zulassung besonderer Verkaufszeiten auf Wochenmärkten: **Gde**

4.7.2 § 20 Abs. 2a Zulassung des Feilhaltens bestimmter Waren außerhalb der Verkaufsstellen während der Ladenschlußzeiten: **Gde**

4.7.3 § 22 Abs. 1 Aufsicht über die Ausführung des Gesetzes und der auf Grund des Gesetzes erlassenen Vorschriften: **GAA**

Daneben üben die **Gemeinden** die Aufsicht über die Durchführung der §§ 3 bis 7, des § 8 Abs. 1 Nr. 2 und Abs. 2, der §§ 9 bis 12, 14 bis 16, 18, 20 Abs. 1 und 2 und des § 21 Abs. 1 Nr. 1 des Ladenschlußgesetzes sowie der auf Grund dieser Bestimmungen erlassenen Vorschriften aus.

4.7.4 § 23 Abs. 1 Erteilung von Ausnahmen: **StMAS**

4.8	§ 2 der NE-Ladenschlußzeiten-V[1]	Zulassung von Verkaufszeiten zwischen 22.00 und 5.00 Uhr: **KVB**

3.3.2 Verordnung über Zuständigkeiten vom 27. 9. 1986 (GVBl. S. 322), zuletzt geändert durch VO vom 7. 9. 1988 (GVBl. S. 311)

§ 3 [Betrieb von Apotheken]. (1) ...

(2) Zuständig für den Vollzug des § 4 Abs. 2 des Gesetzes über den Ladenschluß ... ist die Bayerische Landesapothekerkammer.

4. Berlin

4.1 Verordnung über den Ladenschluß in Ausflugs- und Erholungsgebieten vom 14. 6. 1983 (GVBl. S. 983)

Auf Grund des § 10 Abs. 1 und 2 des Gesetzes über den Ladenschluß vom 28. November 1956 (BGBl. I S. 875/GVBl. S. 1219), zuletzt geändert durch Gesetz vom 5. Juli 1976 (BGBl. I S. 1773/GVBl. S. 1588), wird verordnet:

§ 1 [Öffnung, Orte, Waren]. (1) In den in der Anlage aufgeführten Ausflugs- und Erholungsgebieten dürfen alljährlich erstmals am ersten Sonntag im März und letztmals am dritten Sonntag im Oktober an Sonn- und Feiertagen von 11.00 Uhr bis 19.00 Uhr und an den jeweils vorhergehenden Sonnabenden durchgehend bis 19.00 Uhr Andenken, Badegegenstände, frische Früchte, alkoholfreie Getränke, Süßwaren, Tabakwaren, Blumen, Zeitungen, Milch und Milcherzeugnisse im Sinne des § 4 Abs. 2 des Milch- und Fettgesetzes in der Fassung vom 10. Dezember 1952 (BGBl. I S. 811/GVBl. 1953 S. 132), zuletzt geändert durch Gesetz vom 14. Dezember 1976 (BGBl. I S. 3341/GVBl. S. 2836), sowie Bedarfsartikel zum alsbaldigen Gebrauch oder Verzehr verkauft werden.

---

[1] Vgl. 1.2.

(2) Die Verordnung über den Verkauf bestimmter Waren an Sonn- und Feiertagen vom 21. Dezember 1957 (BGBl. I S. 1881/GVBl. 1958 S. 16) und die Verordnung über die Öffnungszeiten bestimmter Verkaufsstellen an Sonn- und Feiertagen vom 7. Januar 1958 (GVBl. S. 11), zuletzt geändert durch Verordnung vom 15. November 1971 (GVBl. S. 1977), bleiben unberührt.[1]

(3) § 17 des Gesetzes über den Ladenschluß mit den Vorschriften über den Arbeitszeitschutz der Arbeitnehmer bleibt unberührt.

§ 2 [Schließung]. Die Verkaufsstellen, die gemäß § 1 Abs. 1 an Sonnabenden bis 19.00 Uhr geöffnet sein dürfen, müssen an dem vorhergehenden Montag oder, sofern dies ein gesetzlicher Feiertag ist, an dem darauffolgenden Werktag ab 14.00 Uhr geschlossen sein. Dies gilt nicht für den Montag derjenigen Wochen, in denen der Ladenschluß am Sonnabend allgemein auf 18.00 Uhr festgesetzt wird.

§ 3 [Ordnungswidrgkeit]. Ordnungswidrig im Sinne des § 24 Abs. 1 Nr. 2 Buchstabe b des Gesetzes über den Ladenschluß handelt, wer als Inhaber einer Verkaufsstelle vorsätzlich oder fahrlässig während der nach § 1 Abs. 1 zugelassenen besonderen Öffnungszeiten eine Verkaufsstelle für den geschäftlichen Verkehr mit anderen als in § 1 Abs. 1 genannten Waren geöffnet hält.

§ 4 [Inkrafttreten]. Diese Verordnung tritt am Tage ihrer Verkündigung im Gesetz- und Verordnungsblatt für Berlin in Kraft. ...

Anlage zu § 1

Ausflugs- und Erholungsgebiete im Sinne des § 1 der Verordnung sind

1. Tegeler Forst,
2. Spandauer Forst, dazu die Ortsteile Tiefwerder und Pichelsdorf,
3. das Gebiet mit den Ortsteilen Gatow, Groß-Glienicke, Kladow und Wannsee,
4. Grunewald

Diese Gebiete werden wie folgt begrenzt:

[1] Vgl. in 4.3.

Zu 1: Stadtgrenze von Berlin zwischen Graneweg und Bürgerablage - Havellauf nach Süden - Hohenzollernkanal bis Tegeler Brücke - Bernauer Straße - Neheimer Straße - Borsigdamm - Eisenhammerweg - Alt-Tegel - Berliner Straße - Karolinenstraße - Hermsdorfer Damm - Frohnauer Straße - Forstweg - Graneweg bis zur Stadtgrenze

Zu 2: Stadtgrenze von Berlin zwischen Bürgerablage und Radelandstraße - Niederheideweg - Hubertusstraße - Schönwalder Allee - Hakenfelder Straße - Niederneuendorfer Allee - nördliche Grundstücksgrenze Kraftwerk Oberhavel - Havellauf nach Norden bis Bürgerablage.

Tiefwerder Schulenburgstraße - Ruhlebener Straße - Teltower Straße - Havelchaussee - Heerstraße - Pichelsdorfer Straße - Tharsanderweg - Götelstraße

Pichelsdorf Straße „Scharfe Lanke" ab Weinmeisterhornweg - Jaczostraße - Heerstraße - Stößenseebrücke - Stößensee nach Süden - Havel - Scharfe Lanke bis Weinmeisterhornweg.

Zu 3: Stadtgrenze von Berlin zwischen Heerstraße und Karolinenhöhe - Potsdamer Chaussee - Stadtgrenze entlang über Groß-Glienicker See, Glienicker Brücke, Kohlhasenbrück, Albechts-Teerofen, Königsweg bis zur Avus - Westseite der Avus - Spanische Allee - Kronprinzessinnenweg - Wannseebrücke - Großer Wannsee - Havellauf nach Norden über Scharfe Lanke bis Weinmeisterhornweg - Weinmeisterhornweg bis Heerstraße.

Zu 4: Heerstraße von Soldauer Platz bis Stößensee - Havellauf nach Süden über den Großen Wannsee bis Wannseebrücke - Kronprinzessinnenweg - Spanische Allee - Am Schlachtensee - Elvirasteig - Fischerhüttenstraße - Quermatenweg - Sprungschanzenweg - Holzungsweg - Argentinische Allee - Clayallee - Bernadottestraße - Wildpfad - Hagenstraße - Fontanestraße - Am Bahnhof Grunewald - Bahnunterführung - Schildhornweg - Verbindungschaussee - Teufelsseechaussee bis Soldauer Platz.

4.2 Verordnung über den Ladenschluß auf dem Fernbahnhof Berlin-Zoologischer Garten und dem Flughafen Berlin-Tegel vom 24. 7. 1987 (GVBl. S. 2029), zuletzt geändert durch VO vom 13. 12. 1988 (GVBl. S. 2327)

Auf Grund des § 8 Abs. 2a und des § 9 Abs. 2a des Gesetzes über den Ladenschluß vom 28. November 1956 (BGBl. I S. 875/GVBl. S. 1219), zuletzt geändert durch das Gesetz vom 25. Juli 1986 (BGBl. I S. 1169/GVBl. S. 1230), wird verordnet:

§ 1 [Fernbahnhof]. Verkaufsstellen auf dem Fernbahnhof Berlin-Zoologischer Garten dürfen zur Versorgung der Berufspendler und der anderen Reisenden mit Waren des täglichen Ge- und Verbrauchs sowie mit Geschenkartikeln während der allgemeinen Ladenschlußzeiten an Werktagen ab 6.00 Uhr und bis 22.00 Uhr geöffnet sein. Die hierzu nutzbare Verkaufsfläche darf je Verkaufsstelle 100 m^2, auf dem Fernbahnhof Zoologischer Garten insgesamt 450 m^2 nicht übersteigen.

§ 2 [Flughafen]. Verkaufsstellen in den Personenabfertigungsanlagen des Flughafens Berlin-Tegel dürfen zur Abgabe von Waren des täglichen Ge- und Verbrauchs sowie von Geschenkartikeln auch an andere Personen als an Reisende während der allgemeinen Ladenschlußzeiten an Werktagen sowie an Sonn- und Feiertagen ab 5.00 Uhr und bis 23.00 Uhr geöffnet sein. Sofern nicht bedarfsbedingte Besonderheiten geringfügige Abweichungen erfordern, soll die hierzu nutzbare Verkaufsfläche je Verkaufsstelle 100 m^2 nicht übersteigen; sie darf auf dem Flughafen Berlin-Tegel insgesamt höchstens 2500 m^2 betragen.

§ 3 [Inkrafttreten]. Diese Verordnung tritt am Tage nach der Verkündigung im Gesetz- und Verordnungsblatt für Berlin in Kraft.

4.3 Verordnung über die Öffnungszeiten bestimmter Verkaufsstellen an Sonn- und Feiertagen vom 7. 1. 1958 (GVBl. S. 11), zuletzt geändert durch VO vom 5. 11. 1971 (GVBl. S. 1977)

Auf Grund des § 12 Abs. 2 des Gesetzes über den Ladenschluß vom 28. November 1956 (BGBl. I S. 875/GVBl. S. 1219) in der Fassung des

Gesetzes zur Änderung des Gesetzes über den Ladenschluß vom 17. Juli 1957 (BGBl. I S. 722/GVBl. S. 1126) wird verordnet:

§ 1 [Verkaufsstellen, Öffnungszeiten]. Die in § 1 der Verordnung über den Verkauf bestimmter Waren an Sonn- und Feiertagen vom 21. Dezember 1957 (BGBl. I S. 1881/GVBl. 1958 S. 16) bezeichneten Verkaufsstellen[1] dürfen an den in dieser Verordnung genannten Sonn- und Feiertagen geöffnet sein für die Abgabe

1. von frischer Milch: in der Zeit von 8.00 bis 10.00 Uhr,
2. von Konditorwaren: in der Zeit von 14.00 bis 16.00 Uhr,
3. von Blumen: in der Zeit von 10.00 bis 12.00 Uhr, jedoch am 1. November (Allerheiligen), am Volkstrauertag, am Buß- und Bettag, am Totensonntag und am 1. Adventssonntag in der Zeit von 10.00 bis 16.00 Uhr,
4. von Zeitungen: in der Zeit von 6.00 bis 11.00 Uhr.

§ 2 [Ordnungswidrigkeit]. Zuwiderhandlungen gegen die Vorschriften dieser Verordnung sind Ordnungswidrigkeiten im Sinne des § 25 des Gesetzes über den Ladenschluß.

§ 3 [Inkrafttreten]. Diese Verordnung tritt mit Wirkung vom 1. Januar 1958 in Kraft.

4.4 Verordnung über den Sonntagsverkauf am 24. Dezember vom 2. 12. 1967 (GVBl. S. 1679), zuletzt geändert durch VO vom 7. 12. 1972 (GVBl. S. 2249)

Auf Grund des § 15 Satz 2 des Gesetzes über den Ladenschluß vom 28. November 1956 (BGBl. I S. 875/GVBl. S. 1219), zuletzt geändert durch Gesetz vom 14. November 1960 (BGBl. I S. 845/GVBl. S. 1105), wird verordnet:

§ 1 [Verkaufsstellen]. (1) Abweichend von der Vorschrift des § 3 Abs. 1 Nr. 1 des Gesetzes über den Ladenschluß dürfen am 24. Dezember, wenn dieser Tag auf einen Sonntag fällt, geöffnet sein:

---

[1] Vgl. in 1.1.

1. Verkaufsstellen für die Abgabe von Milch in der Zeit von 8.00 bis 11.00 Uhr,
2. Verkaufsstellen für die Abgabe von Konditorwaren in der Zeit von 10.00 bis 13.00 Uhr,
3. Verkaufsstellen, die überwiegend Lebens- und Genußmittel feilhalten, in der Zeit von 10.00 bis 13.00 Uhr,
4. Verkaufsstellen für die Abgabe von Zeitungen in der Zeit von 8.00 bis 11.00 Uhr,
5. Verkaufsstellen für die Abgabe von Blumen in der Zeit von 10.00 bis 13.00 Uhr,
6. Verkaufsstellen für die Abgabe von Weihnachtsbäumen in der Zeit von 10.00 bis 13.00 Uhr.

(2) § 5 des Gesetzes über den Ladenschluß bleibt unberührt.

§ 2 [Sonderregelung]. Vorstehende Regelung tritt für den 24. Dezember, wenn dieser Tag auf einen Sonntag fällt, an die Stelle der in § 1 Nr. 1 bis 4 der Verordnung über die Öffnungszeiten bestimmter Verkaufsstellen an Sonn- und Feiertagen vom 7. Januar 1958 (GVBl. S. 11), geändert durch Verordnung vom 9. Juni 1964 (GVBl. S. 663), bestimmten Regelung.[1]

§ 3 [Ordnungswidrigkeit]. Zuwiderhandlungen gegen die Vorschriften dieser Verordnung sind Ordnungswidrigkeiten im Sinne des § 25 des Gesetzes über den Ladenschluß.

§ 4 [Inkrafttreten]. Diese Verordnung tritt am Tage ihrer Verkündigung im Gesetz- und Verordnungsblatt für Berlin in Kraft.

4.5 Verordnung über Zuständigkeiten vom 5. 11. 1957 (GVBl. S. 1743)

Auf Grund der §§ 22 Abs. 1 und 28 des Gesetzes über den Ladenschluß vom 28. November 1956 (BGBl. I S. 875/GVBl. S. 1219) in der Fassung des Gesetzes zur Änderung des Gesetzes über den Laden-

[1] Vgl. in 4.3.

schluß vom 17. Juli 1957 (BGBl. I S. 722/GVBl. S. 1126) und des § 73 Abs. 1 des Gesetzes über Ordnungswidrigkeiten vom 25. März 1952 (BGBl. I S. 177/GVBl. S. 655) wird verordnet:

§ 1 [Behörden]. Zuständige Verwaltungsbehörden sind:

1. der Senator für Gesundheitswesen in den Fällen des § 4 Abs. 2,
2. der Polizeipräsident in Berlin in den Fällen des § 19 Abs. 1,
3. das Gewerbeaufsichtsamt Berlin in den Fällen des § 22 Abs. 1

des Gesetzes über den Ladenschluß.

§ 2 [Aufsicht]. Neben dem Gewerbeaufsichtsamt Berlin übt der Polizeipräsident in Berlin die Aufsicht über die Ausführung der Vorschriften der §§ 3 bis 7, 12 bis 16, 18, 19, 20 Abs. 1 und 2 und 21 Abs. 1 des Gesetzes über den Ladenschluß sowie der zur Ausführung dieser Vorschriften erlassenen Rechtsverordnungen aus, soweit unaufschiebbare Maßnahmen in Betracht kommen.

5. Bremen

5.1 Verordnung über den Ladenschluß im Schnoorviertel vom 17. 3. 1987 (Brem. GBl. S. 145)

Aufgrund von § 10 Abs. 1 und 2 des Gesetzes über den Ladenschluß vom 28. November 1956 (BGBl. I S. 875), zuletzt geändert durch Artikel 9 des Gesetzes zur Änderung wirtschafts-, verbraucher-, arbeits- und sozialrechtlicher Vorschriften vom 25. Juli 1986 (BGBl. I S. 1169), verordnet der Senat:

§ 1 [Öffnung, Bereich, Waren]. (1) In dem durch das Gesetz, betreffend die bauliche Gestaltung des Schnoorviertels und der Umgebung der St.-Johannis-Kirche vom 3. Februar 1959 (SaBremR 2131-d-1) als Schnoorviertel und Umgebung der St.-Johannis-Kirche bezeichneten Gebiet dürfen Verkaufsstellen für den Verkauf von frischen Früchten, alkoholfreien Getränken, Milch und Milcherzeugnissen im Sinne des § 4 Abs. 2 des Milch- und Fettgesetzes, Süßwaren, Tabakwaren sowie touristischen Bedarfsartikeln in der Zeit vom 10. April bis 20. Dezember an allen Sonnabenden bis 20.00 Uhr sowie an allen Sonn- und Feiertagen, ausgenommen am Karfreitag, Ostermontag, Pfingstmontag und Buß- und Bettag, von 10.00 bis 18.00 Uhr geöffnet sein.

(2) Übersteigt die Zahl der in den Zeitraum nach Absatz 1 fallenden Sonntage die Zahl 37, so entfällt die Öffnung an dem ersten in den Zeitraum fallenden Sonntag.

§ 2 [Schließung]. Verkaufsstellen, die aufgrund von § 1 an Sonnabenden geöffnet haben, müssen jeweils am Montag der gleichen Woche ab 14.00 Uhr geschlossen sein.

§ 3 [Arbeitnehmer]. Arbeitnehmer dürfen während der nach § 1 zulässigen Öffnungszeiten nicht beschäftigt werden.

§ 4 [Ordnungswidrigkeit]. Ordnungswidrig im Sinne von § 24 Abs. 1 Nr. 2 Buchstabe b des Gesetzes über den Ladenschluß handelt, wer vorsätzlich oder fahrlässig

1. entgegen § 2 eine Verkaufsstelle nicht ab 14.00 Uhr geschlossen hält,
2. entgegen § 3 einen Arbeitnehmer beschäftigt.

§ 5 [Inkrafttreten]. Diese Verordnung tritt am Tage nach ihrer Verkündung in Kraft.

5.2 Verordnung über die Öffnungszeiten der Verkaufsstellen für den Verkauf bestimmter Waren an Sonn- und Feiertagen vom 27. 12. 1957 (Brem. GBl. S. 174)

Auf Grund des § 12 Abs. 2 Satz 3 des Gesetzes über den Ladenschluß vom 28. November 1956 (BGBl. I S. 875) in der Fassung des Gesetzes vom 17. Juli 1957 (BGBl. I S. 722) verordnet der Senat:

§ 1 [Verkaufsstellen, Öffnungszeiten]. (1) Abweichend von der Vorschrift des § 3 Abs. 1 Nr. 1 des Gesetzes über den Ladenschluß dürfen im Rahmen der Verordnung über den Verkauf bestimmter Waren an Sonn- und Feiertagen vom 21. Dezember 1957 (BGBl. I S. 1881) an Sonn- und Feiertagen für die Abgabe

1. von frischer Milch Verkaufsstellen, deren Inhaber eine Erlaubnis nach § 14 des Milchgesetzes vom 31. Juli 1930 (RGBl. I S. 421) besitzen, in der Zeit von 8.00–10.00 Uhr,
2. von Konditorwaren Verkaufsstellen von Betrieben, die Konditorwaren herstellen, in der Zeit von 11.00–13.00 Uhr,
3. von Blumen Verkaufsstellen, in denen in erheblichem Umfang Blumen feilgehalten werden, in der Zeit von 11.00–13.00 Uhr, jedoch am 1. November (Allerheiligen), am Volkstrauertag, am Buß- und Bettag, am Totensonntag und am 1. Adventssonntag in der Zeit von 9.00–10.00 Uhr und von 11.00–16.00 Uhr,
4. von Zeitungen Verkaufsstellen für Zeitungen in der Zeit von 7.30–9.30 Uhr und von 11.00–14.00 Uhr

geöffnet sein.

(2) Abs. 1 Nr. 1 bis 3 gelten nicht für die Abgabe am 2. Weihnachts-, Oster- und Pfingstfeiertag. Abs. 1 Nr. 4 gilt nicht für die Abgabe am 1. Weihnachts-, Oster- und Pfingstfeiertag.

§ 2 [Aushang]. Inhaber von Verkaufsstellen, die von den in dieser Verordnung vorgesehenen Öffnungszeiten Gebrauch machen, haben Abdruck oder Abschrift dieser Verordnung in der Verkaufsstelle an sichtbarer Stelle auszuhängen.

§ 3 [Inkrafttreten]. (1) Diese Verordnung tritt am 1. Januar 1958 in Kraft.

(2) (Aufhebungsvorschrift)

5.3 Verordnung über den Sonntagsverkauf am 24. Dezember vom 13. 12. 1961 (Brem. GBl. S. 239)

Auf Grund des § 15 des Gesetzes über den Ladenschluß vom 28. November 1956 (BGBl. I S. 875) in der Fassung des Änderungsgesetzes vom 17. Juli 1957 (BGBl. I S. 722) und vom 14. November 1960 (BGBl. I S. 845) verordnet der Senat:

§ 1 [Verkaufsstellen, Öffnungszeiten]. Am 24. Dezember dürfen, wenn dieser Tag auf einen Sonntag fällt,

1. Verkaufsstellen für die Abgabe von Milch und Milcherzeugnissen im Sinne des § 4 Abs. 2 des Milch- und Fettgesetzes in der Fassung vom 10. Dezember 1952 (BGBl. I S. 807),
2. Verkaufsstellen von Betrieben, die Konditorwaren herstellen,
3. Verkaufsstellen, in denen in erheblichem Umfang Blumen feilgehalten werden,
4. Verkaufsstellen für Zeitungen,
5. Verkaufsstellen, die überwiegend Lebens- und Genußmittel feilhalten, und
6. Verkaufsstellen für die Abgabe von Weihnachtsbäumen

von 10.00 bis 12.00 Uhr geöffnet sein.

§ 2 [Aushang]. Inhaber von Verkaufsstellen, die von den in dieser Verordnung vorgesehenen Öffnungszeiten Gebrauch machen, haben Abdruck oder Abschrift dieser Verordnung in der Verkaufsstelle an sichtbarer Stelle auszuhängen.

§ 3 [Inkrafttreten]. Diese Verordnung tritt am Tage der Verkündung in Kraft.

5.4 Verordnung über die Zuständigkeit vom 5. 3. 1957 (Brem. GBl. S. 12), zuletzt geändert durch VO vom 4. 6. 1984 (Brem. GBl. S. 173)

Auf Grund des § 28 des Gesetzes über den Ladenschluß (Ladenschlußgesetz) vom 28. November 1956 (BGBl. I S. 875) verordnet der Senat:

§ 1 [Behörde]. (1) Zuständige Verwaltungsbehörde für die Anordnung der Schließung von einzelnen Apotheken gemäß § 4 Absatz 2 Ladenschlußgesetz ist der Senator für Arbeit, der die Anordnungen im Einvernehmen mit dem Senator für Gesundheit und Sport trifft.

(2) Zuständige Verwaltungsbehörde nach den §§ 19 Abs. 1 und 20 Abs. 2a des Ladenschlußgesetzes ist die Ortspolizeibehörde, in der Stadt Bremen das Stadt- und Polizeiamt. Vor der Zulassung von Ausnahmen nach § 20 Abs. 2a des Ladenschlußgesetzes hat die Ortspolizeibehörde die Zustimmung des Gewerbeaufsichtsamtes einzuholen, sofern Arbeitnehmer beim Antragsteller beschäftigt werden.

§ 2 [Aufsicht]. Zuständig für die Aufsicht über die Ausführung der Vorschriften gemäß § 22 Absatz 1 Ladenschlußgesetz sind die Gewerbeaufsichtsämter.

§ 3 (aufgehoben)

§ 4 [Oberste Behörde]. Oberste Landesbehörde im Sinne des § 23 Absatz 1 Ladenschlußgesetz ist der Senator für Arbeit, der gleichzeitig die Fachaufsicht ausübt.

6. Hamburg

6.1 Verordnung zur Durchführung des Gesetzes über den Ladenschluß vom 8. 12. 1970 (GVBl. S. 314), zuletzt geändert durch VO vom 30. 8. 1988 (GVBl. S. 147)

Auf Grund der §§ 10 Absatz 1, 12 Absatz 2, 15 Satz 2 des Gesetzes über den Ladenschluß vom 28. November 1956, zuletzt geändert am 23. Juli 1969 (BGBl. I 1956 S. 875, 1969 S. 945), in Verbindung mit § 1 der Verordnung über den Verkauf bestimmter Waren an Sonn- und Feiertagen vom 21. Dezember 1957 (BGBl. I S. 1881) wird verordnet:

§ 1 [Ausflugs- und Fremdenverkehrsgebiete]. (1) Abweichend von den Vorschriften des § 3 Nummern 1 und 3 des Gesetzes über den Ladenschluß dürfen an Sonnabenden bis 20.00 Uhr, an Sonn- und Feiertagen vom 15. März bis 31. Oktober von 12.00 bis 20.00 Uhr, Badegegenstände, frische Früchte, alkoholfreie Getränke, Milch und Milcherzeugnisse, Süßwaren, Tabakwaren, Blumen und Zeitungen sowie solche Waren verkauft werden, die für die Freie und Hansestadt Hamburg oder die in Absatz 2 genannten Gebietsteile kennzeichnend sind.

(2) Absatz 1 gilt nur für die Verkaufsstellen in den nachstehenden Gebietsteilen: a) auf dem Rathausmarkt; b) im Ausstellungspark Planten un Blomen; c) auf den St.-Pauli-Landungsbrücken und auf dem Platz „Bei den St.-Pauli-Landungsbrücken“; in der Straße Hafentor; auf der Uferschutzpromenade zwischen Hafentor und U-Bahnhof-Baumwall; d) in Neuwerk; e) am Elbwanderweg (Neumühlen ab Kühlhaus, Övelgönne, Elbuferweg einschließlich fünf Meter des Mühlenberges,

Strandweg, Falkensteiner Ufer, Rissener Ufer) einschließlich des Strandes; an der Autobushaltestelle Falkenstein; f) in den Hallen der U-Bahnhöfe Meiendorfer Weg, Volksdorf, Buchenkamp, Buckhorn und Ohlstedt; g) am Bahnhof Mittlerer Landweg; im Erholungsgebiet Overwerder/Overhaken; h) Radickestraße von der Ecke Jägerstraße zwanzig Meter in südwestlicher Richtung; Friedhofstraße von der Ecke Große Straße zwanzig Meter in südlicher Richtung; an der Südseite der Stader Straße von der Autobushaltestelle Bostelbek bis Kuhtrift einschließlich fünf Meter der Kuhtrift; an der Kuhtrift Ecke Schießbahn; Ehestorfer Weg von der Ecke Hainholzweg fünf Meter in nordöstlicher Richtung; Vahrendorfer Stadtweg von der Ecke Bremer Straße fünfzig Meter in südwestlicher Richtung; Neugrabener Bahnhofstraße vom Bahnhof Neugraben bis zur Cuxhavener Straße; i) im Krayenkamp 10.

(3) Verkaufsstellen, die am Sonnabendnachmittag offengehalten werden dürfen, müssen am Montag ab 14.00 Uhr geschlossen sein.

(4) Die nach Absatz 1 zugelassenen Abweichungen von den allgemeinen Ladenschlußzeiten gelten nur für offene Verkaufsstellen, in denen die genannten Waren ausschließlich oder überwiegend ständig feilgehalten werden.

(5) Die Vorschrift des § 5 des Gesetzes über den Ladenschluß bleibt unberührt.

§ 2 [Bestimmte Waren an Sonntagen]. (1) An Sonn- und Feiertagen dürfen geöffnet sein für die Abgabe von

1. Milch und Milcherzeugnissen: Verkaufsstellen, deren Inhaber eine Erlaubnis nach § 14 des Milchgesetzes vom 31. Juli 1930 (RGBl. I Seite 421) besitzen, von 8.00 bis 10.00 Uhr.
2. Konditorwaren: Verkaufsstellen von Betrieben, die Konditorwaren herstellen, von 12.30 bis 14.30 Uhr,
3. Blumen: Verkaufsstellen, in denen in erheblichem Umfange Blumen feilgehalten werden, a) allgemein von 10.00 bis 12.00 Uhr; b) am 1. November (Allerheiligen), am Volkstrauertag, am Buß- und Bettag, am Totensonntag und am ersten Adventssonntag von 10.00 bis 16.00 Uhr.
4. Zeitungen: Verkaufsstellen für Zeitungen von 8.00 bis 13.00 Uhr.

(2) Absatz 1 Nummern 1 bis 3 gelten nicht für den zweiten Weihnachts-, Oster- und Pfingstfeiertag. Absatz 1 Nummer 4 gilt nicht für den ersten Weihnachts-, Oster- und Pfingstfeiertag.

(3) Die Vorschriften des § 5 des Gesetzes über den Ladenschluß und der §§ 1 und 4 dieser Verordnung bleiben unberührt.

§ 3 [Außerhalb von Verkaufsstellen]. Die Vorschriften der §§ 1 und 2 gelten gemäß § 20 Absatz 2 des Gesetzes über den Ladenschluß auch für das gewerbliche Feilhalten der Waren zum Verkauf an jedermann außerhalb von Verkaufsstellen.

§ 4 [24. Dezember]. Wenn der 24. Dezember auf einen Sonntag fällt, dürfen

1. Verkaufsstellen, die gemäß § 12 des Gesetzes über den Ladenschluß oder den hierauf gestützten Vorschriften an Sonn- und Feiertagen geöffnet sein dürfen,
2. Verkaufsstellen, die überwiegend Lebens- und Genußmittel feilhalten,
3. alle Verkaufsstellen für die Abgabe von Weihnachtsbäumen

von 9.00 bis 12.00 Uhr geöffnet sein.

§ 5 [Ordnungswidrigkeiten]. Verstöße gegen die §§ 1, 2 und 4 dieser Verordnung können nach § 25 des Gesetzes über den Ladenschluß mit einer Geldbuße geahndet werden.

§ 6 [Inkrafttreten]. Diese Verordnung tritt am 1. Januar 1971 in Kraft.

6.2 Zweite Verordnung über die Erweiterung der Verkaufszeiten aus Anlaß von Märkten, Messen und ähnlichen Veranstaltungen vom 20. 12. 1988 (GVBl. S. 308)

Auf Grund von § 16 Absatz 1 des Gesetzes über den Ladenschluß vom 28. November 1956 (BGBl. I S. 875) wird verordnet:

[Einziger Paragraph]. Mit Ausnahme von Apotheken dürfen Verkaufsstellen abweichend von den allgemeinen Ladenschlußzeiten am 16. Februar, 20. April, 31. August und 16. November 1989 jeweils bis 21.00 Uhr geöffnet sein.

6.3 Anordnung zur Durchführung des Gesetzes über den Ladenschluß vom 28. 9. 1976 (Amtl. Anz. S. 999), zuletzt geändert durch die Anordnung vom 19. 2. 1980 (Amtl. Anz. S. 328)

Auf Grund von § 23 Absatz 1 Satz 3 und § 28 des Gesetzes über den Ladenschluß vom 28. November 1956 (BGBl. I S. 875), zuletzt geändert am 10. März 1975 (BGBl. I S. 685), wird zur Durchführung des Gesetzes und der darauf gestützten Rechtsverordnungen in der jeweils geltenden Fassung bestimmt:

I. **Zuständig** für die Erteilung befristeter Ausnahmen nach **§ 23 Absatz 1** des Gesetzes sind: a) in den Fällen des **§ 4** die Gesundheitsbehörde, b) in den Fällen des **§ 21** die Behörde für Arbeit, Jugend und Soziales, c) in den **übrigen Fällen** die Bezirksämter.

II. **Zuständige Verwaltungsbehörde** sind: a) in den Fällen des **§ 4 Absatz 2** des Gesetzes die Gesundheitsbehörde, b) in den **übrigen Fällen** die Bezirksämter.

III. Gewerbeaufsichtsamt nach **§ 17 Absatz 8** des Gesetzes sind die Bezirksämter.

IV. **Fachbehörde** nach § 5 des Bezirksverwaltungsgesetzes vom 16. September 1969 (Hamburgisches Gesetz- und Verordnungsblatt Seite 179) sind: a) in den Fällen des **§ 4** des Gesetzes die Gesundheitsbehörde, b) in den Fällen der **§§ 17 und 21** des Gesetzes die Behörde für Arbeit, Jugend und Soziales, c) im **übrigen** die Behörde für Wirtschaft, Verkehr und Landwirtschaft.

7. Hessen

7.1 Verordnung über den Verkauf in Kurorten, Ausflugs-, Erholungs- und Wallfahrtsorten vom 11. 9. 1961 (GVBl. S. 123), zuletzt geändert durch VO vom 20. 1. 1989 (GVBl. S. 15)

Auf Grund des § 10 Abs. 1 und 2 des Gesetzes über den Ladenschluß vom 28. November 1956 (BGBl. I S. 875) in der Fassung des Zweiten Gesetzes zur Änderung des Gesetzes über den Ladenschluß vom 14. Januar 1960 (BGBl. I S. 845) wird verordnet:

§ 1 [Öffnung, Orte, Waren]. (1) Abweichend von den Vorschriften des § 3 Abs. 1 Nr. 1 und 3 des Gesetzes über den Ladenschluß dürfen, soweit nichts anderes bestimmt ist, Badegegenstände, Devotionalien, frische Früchte, alkoholfreie Getränke, Milch und Milcherzeugnisse im Sinne des § 4 Abs. 2 des Milch- und Fettgesetzes in der Fassung vom 10. Dezember 1952 (BGBl. I S. 811), Süßwaren, Tabakwaren, Blumen und Zeitungen, sowie Waren, die für diese Orte kennzeichnend sind, an jährlich höchstens vierzig Sonn- und Feiertagen bis zur Dauer von acht Stunden und an Sonnabenden bis spätestens zwanzig Uhr verkauft werden:

1. in den durch Bekanntmachung im Staats-Anzeiger für das Land Hessen als **Kurorte** bezeichneten Orten,
2. in folgenden **Ausflugs-, Erholungs- und Wallfahrtsorten** mit besonders starkem Fremdenverkehr:

Regierungsbezirk Darmstadt

Büdingen: ehemalige Stadt Büdingen; *Dieburg:* ehemalige Stadt Dieburg; *Erbach:* ehemalige Stadt Erbach; *Frankfurt am Main:* Gebiet „Römerberg", beschränkt auf Andenkenverkauf; *Gelnhausen:* ehemalige Stadt Gelnhausen; *Geisenheim:* Gebiet Marienthal; *Hirschhorn (Neckar):* ehemalige Stadt Hirschhorn; *Hirzenhain:* ehemalige Gemeinde Hirzenhain; *Kronberg im Taunus:* ehemalige Stadt Kronberg (Ts.); *Lautertal (Odenwald):* Ortsteil Reichenbach; *Lindenfels:* ehemalige Stadt Lindenfels; *Michelstadt:* ehemalige Stadt Michelstadt, Stadtteil Vielbrunn; *Modautal:* Ortsteil Neunkirchen; *Neckarsteinach:* ehemalige Stadt Neckar-Steinach; *Reichelsheim (Odenwald):* Ortsteil Unter-Ostern; *Rüdesheim am Rhein:* ehemalige Stadt Rüdesheim am Rhein, Stadtteil Assmannshausen; *Schmitten:* Ortsteil Niederreifenberg, Ortsteil Oberreifenberg; *Seeheim-Jugenheim:* ehemalige Gemeinde Jugenheim, ehemalige Gemeinde Seeheim; *Seligenstadt:* ehemalige Stadt Seligenstadt; *Steinau an der Straße:* ehemalige Stadt Steinau; *Weilrod:* Ortsteil Neuweilnau; *Zwingenberg:* ehemalige Stadt Zwingenberg

Regierungsbezirk Gießen

Alsfeld: ehemalige Stadt Alsfeld; *Amöneburg:* ehemalige Stadt Amöneburg; *Braunfels:* ehemalige Stadt Braunfels; *Dillenburg:* ehemalige Stadt Dillenburg; *Gladenbach:* ehemalige Stadt Gladenbach; *Greifenstein:* ehemalige Gemeinde Greifenstein; *Herborn:* ehemalige Stadt Herborn; *Herbstein:* ehemalige Stadt Herbstein; *Laubach:* ehemalige Stadt Laubach; *Lauterbach (Hessen):* ehemalige Stadt Lauterbach; *Limburg a.d. Lahn:* ehemalige Stadt Limburg a.d. Lahn; *Marburg:* ehemalige Stadt Marburg a.d.L.; *Mengerskirchen:* Ortsteil Waldernbach; *Schlitz:* ehemalige Stadt Schlitz; *Ulrichstein:* ehemalige Stadt Ulrichstein; *Weilburg:* ehemalige Stadt Weilburg

Regierungsbezirk Kassel

Arolsen: ehemalige Stadt Arolsen, Stadtteil Wetterburg; *Diemelsee:* Ortsteil Heringhausen; *Edertal:* Ortsteil Hemfurth-Edersee; *Frankenau:* ehemalige Stadt Frankenau; *Frielendorf:* Ortsteil Lenderscheid, Gebiet „Silbersee"; *Fritzlar:* Stadtteil Züschen; *Fulda:* ehemalige Stadt Fulda; *Gersfeld (Rhön):* ehemalige Stadt Gersfeld (Rhön), Stadtteil Obernhausen einschließlich Gebiet „Wasserkuppe"; *Hofgeismar:* Gebiet „Sababurg"; *Hohenroda:* ehemalige Gemeinde Oberbreitzbach; *Homberg (Efze):* Stadtteil Allmuthshausen; *Immenhausen:* ehemalige Stadt Immenhausen; *Jesberg:* Ortsteil Densberg; *Kirchheim:* Gebiet „Seepark"; *Knüllwald:* Ortsteil Rengshausen; *Morschen:* Ortsteil Wichte; *Oberaula:* Ortsteil Olberode; *Oberweser:* Ortsteil Gieselwerder, Ortsteil Oedelsheim; *Ronshausen:* Ortsteil Machtlos; *Vöhl:* ehemalige Gemeinde Vöhl, Ortsteil Asel, Ortsteil Herzhausen; *Waldeck:* Stadtteil Waldeck, Stadtteil Nieder-Werbe einschließlich Gebiet „Halbinsel Scheid"; *Willingen (Upland):* ehemalige Gemeinde Willingen, Ortsteil Usseln.

(2) Die Offenhaltung wird auf die Bereiche beschränkt, in denen der Kurbetrieb oder der Fremdenverkehr stattfindet. Die Grenzen dieser Bereiche werden in den kreisfreien Städten vom Magistrat, im übrigen vom Landrat als Behörde der Landesverwaltung bestimmt und öffentlich bekanntgegeben.

§ 2 [Bekanntgabe der Öffnungszeiten]. (1) Die Sonn- und Feiertage, an denen nach § 1 ein Verkauf zulässig ist, werden in den kreisfreien Städten vom Magistrat, im übrigen vom Landrat als Behörde der Landesverwaltung festgesetzt und öffentlich bekanntgegeben.

(2) Die nach Abs. 1 zuständigen Stellen setzen auch die zugelassenen Öffnungszeiten für die Verkaufsstellen fest und geben sie öffentlich bekannt. Bei der Festsetzung der Öffnungszeiten ist auf die Zeit des Hauptgottesdienstes Rücksicht zu nehmen.

§ 3 [Schließung]. Die Verkaufsstellen, die nach § 1 Abs. 1 am Sonnabendnachmittag offengehalten werden dürfen, müssen am Dienstag derselben Woche oder, falls dieser ein gesetzlicher Feiertag ist, am folgenden Werktag ab vierzehn Uhr geschlossen sein.

§ 4 [Ordnungswidrigkeiten]. Ordnungswidrig im Sinne des § 24 Abs. 1 Nr. 2 Buchst. a des Gesetzes über den Ladenschluß handelt, wer vorsätzlich oder fahrlässig

1. den Vorschriften des § 1 Abs. 1 über Ladenschlußzeiten in Kur-, Ausflugs-, Erholungs- und Wallfahrtsorten zuwiderhandelt oder
2. Verkaufsstellen, die nach § 1 Abs. 1 Sonnabendnachmittag offengehalten werden, während der in § 3 bestimmten Ladenschlußzeiten offenhält.

§ 5 [Aufhebungsvorschrift].

§ 6 [Inkrafttreten]. Diese Verordnung tritt am Tage nach ihrer Verkündung in Kraft.

7.2 Verordnung über den Ladenschluß auf dem Flughafen Frankfurt Main vom 3. 2. 1988 (GVBl. I S. 66)

Auf Grund des § 9 Abs. 3 des Gesetzes über den Ladenschluß vom 28. November 1956 (BGBl. I S. 875), zuletzt geändert durch das Gesetz vom 18. Dezember 1987 (BGBl. I S. 2793), wird verordnet:

§ 1 [Waren, Käufer, Verkaufsfläche]. (1) In den Personenabfertigungsanlagen des Flughafens Frankfurt Main dürfen in den Verkaufsstellen Waren des täglichen Ge- und Verbrauchs sowie Geschenkartikel an Werktagen während der allgemeinen Ladenschlußzeiten (§ 3 des Gesetzes über den Ladenschluß) und an Sonn- und Feiertagen ab sechs Uhr bis spätestens zweiundzwanzig Uhr auch an andere Personen als an Reisende abgegeben werden.

(2) Die Verkaufsfläche darf insgesamt 10000 qm nicht übersteigen. Sofern nicht bedarfsbedingte Besonderheiten Abweichungen erfordern, soll die Verkaufsfläche einer einzelnen Verkaufsstelle in der Regel nicht mehr als 100 qm betragen. Die Neuerrichtung von Großverkaufsstellen ist nicht zulässig.

§ 2 [Aufhebungsvorschrift].

§ 3 [Inkrafttreten]. Diese Verordnung tritt am Tage nach der Verkündung in Kraft.

7.3 VOen über Zuständigkeiten

7.3.1 Verordnung über die Zuständigkeit vom 4. 9. 1957 (GVBl. I S. 127)

Auf Grund des § 11 Abs. 1 des Gesetzes über den Ladenschluß vom 28. November 1956 (BGBl. I S. 875) in der Fassung vom 17. Juli 1957 (BGBl. I S. 722) wird verordnet:

§ 1 [Regierungspräsident für § 11]. Die Befugnis zum Erlaß der Rechtsverordnungen über die Öffnung von Verkaufsstellen in ländlichen Gebieten während der Zeit der Feldbestellung und der Ernte an Sonn- und Feiertagen sowie an Werktagen nach allgemeinem Ladenschluß (§ 11 Abs. 1) wird den Regierungspräsidenten übertragen.

7.3.2 Verordnung über die Zuständigkeit vom 9. 3. 1957 (GVBl. I S. 17), geändert durch VO vom 11. 9. 1961 (GVBl. I S. 123)

Auf Grund des § 10 Abs. 1, des § 12 Abs. 2, des § 14 Abs. 1, des § 15 und des § 16 Abs. 1 des Gesetzes über den Ladenschluß vom 28. November 1956 (BGBl. I S. 875) wird verordnet:

§ 1 [Regierungspräsident für §§ 12 bis 16]. Die Befugnis zum Erlaß von Rechtsverordnungen

1. zur Festsetzung der Lage der zur Abgabe bestimmter Waren aus Verkaufsstellen an Sonn- und Feiertagen zugelassenen Öffnungszeiten (§ 12 Abs. 2),
2. zur Freigabe von Sonn- und Feiertagen für das Öffnen von Verkaufsstellen aus Anlaß von Märkten, Messen oder ähnlichen Veranstaltungen (§ 14 Abs. 1),
3. zur Festsetzung der Öffnungszeiten von Verkaufsstellen für einen Sonntagsverkauf am 24. Dezember (§ 15) und
4. zur Freigabe von Werktagen für das längere Öffnen von Verkaufsstellen aus Anlaß von Märkten, Messen oder ähnlichen Veranstaltungen (§ 16 Abs. 1)

wird den Regierungspräsidenten übertragen.

7.3.3 Verordnung über die Zuständigkeit vom 27. 8. 1986 (GVBl. I S. 267)

Auf Grund des § 28 des Gesetzes über den Ladenschluß vom 28. November 1956 (BGBl. I S. 875), zuletzt geändert durch Gesetz vom 25. Juli 1986 (BGBl. I S. 1169), wird verordnet:

§ 1 [Apothekerkammer für § 4, Landrat für § 19]. Zuständig,

1. nach § 4 Abs. 2 Satz 1 des Gesetzes über den Ladenschluß für eine Gemeinde oder für benachbarte Gemeinden mit mehreren Apotheken anzuordnen, daß während der allgemeinen Ladenschlußzeiten und darüber hinaus montags bis sonnabends von sieben bis acht Uhr abwechselnd ein Teil der Apotheken geschlossen sein muß, ist die Landesapothekenkammer Hessen,

2. nach § 19 Abs. 1 des Gesetzes über den Ladenschluß einen geschäftlichen Verkehr auf Groß- und Wochenmärkten zuzulassen, ist in Gemeinden mit 7500 und mehr Einwohnern der Gemeindevorstand, im übrigen der Landrat als Behörde der Landesverwaltung.

7.3.4 Verordnung über die Zuständigkeit vom 2. 6. 1961 (GVBl. S. 77)

Auf Grund des § 28 des Gesetzes über den Ladenschluß vom 28. November 1956 (BGBl. I S. 875) in der Fassung des Zweiten Gesetzes zur Änderung des Gesetzes über den Ladenschluß vom 14. November 1960 (BGBl. I S. 845) wird verordnet:

§ 1 [Gemeinden für § 20 Abs. 2a]. Die Zulassung von Ausnahmen nach § 20 Abs. 2a des Gesetzes über den Ladenschluß für das Feilhalten von leichtverderblichen Waren und Waren zum sofortigen Verzehr, Gebrauch oder Verbrauch wird den Gemeinden zur Erfüllung nach Weisung übertragen.

7.3.5 Verordnung über die Zuständigkeit vom 13. 9. 1977 (GVBl. I S. 364)

Auf Grund des § 23 Abs. 1 Satz 3 des Gesetzes über den Ladenschluß vom 28. November 1956 (BGBl. I S. 875), zuletzt geändert durch Gesetz vom 5. Juli 1976 (BGBl. I S. 1773), verordnet die Landesregierung:

§ 1 [Regierungspräsident für § 23]. Zuständige Behörde für die Bewilligung von Ausnahmen nach § 23 Abs. 1 Satz 1 des Gesetzes über den Ladenschluß ist für Fälle im Bereich nur eines Regierungsbezirks der Regierungspräsident, im übrigen der Sozialminister.

7.3.6 Verordnung über zuständige Behörden vom 16. 12. 1974 (GVBl. I S. 672, 681)

Auf Grund des § 28 des Gesetzes über den Ladenschluß vom 28. November 1956 (BGBl. I S. 875) und des § 36 Abs. 2 Satz 1 des Gesetzes über Ordnungswidrigkeiten vom 24. Mai 1968 (BGBl. I S. 481), beide zuletzt geändert durch Gesetz vom 2. März 1974 (BGBl. I S. 469), verordnet die Landesregierung:

§ 1 [Aufsicht]. Die Aufsicht im Sinne des § 22 Abs. 1 des Gesetzes über den Ladenschluß üben aus:

1. hinsichtlich des Arbeitsschutzes (§ 17, § 20 Abs. 3 und 4 und § 21 des Gesetzes über den Ladenschluß) das Staatliche Gewerbeaufsichtsamt ausschließlich,
2. im übrigen daneben in Gemeinden mit 7500 und mehr Einwohnern der Gemeindevorstand, ansonsten der Landrat als Behörde der Landesverwaltung.

§ 2 [Verfolgung von Ordnungswidrigkeiten]. Zuständige Verwaltungsbehörde für die Verfolgung und Ahndung von Ordnungswidrigkeiten nach § 24 des Gesetzes über den Ladenschluß ist

1. das Staatliche Gewerbeaufsichtsamt bei
   a) Zuwiderhandlungen gegen die Vorschriften des § 17 Abs. 1 bis 3, Abs. 5, § 21 oder einer auf Grund des § 17 Abs. 7 oder des § 20 Abs. 4 des Gesetzes über den Ladenschluß erlassenen Rechtsverordnung,
   b) anderen Ordnungswidrigkeiten im Sinne des § 24 des Gesetzes über den Ladenschluß, soweit diese in Verbindung mit den in Buchst. a aufgeführten Zuwiderhandlungen begangen worden sind,
2. im übrigen in Gemeinden mit 7500 und mehr Einwohnern der Gemeindevorstand, ansonsten der Landrat als Behörde der Landesverwaltung.

8. Niedersachsen

8.1 Verordnung über den Warenverkauf in Kur-, Ausflugs-, Erholungs- und Wallfahrtsorten an Sonn- und Feiertagen und an Sonnabendnachmittagen vom 14. 1. 1983 (GVBl. S. 3)

Auf Grund des § 10 Abs. 1 und 2 des Gesetzes über den Ladenschluß vom 28. November 1956 (BGBl. I S. 875), zuletzt geändert durch Artikel 5 Abs. 3 des Gesetzes zur Änderung des Titels IV und anderer Vorschriften der Gewerbeordnung vom 5. Juli 1976 (BGBl. I S. 1773), wird verordnet:

§ 1 [Zugelassene Orte]. In Kurorten sowie Orten und Ortsteilen, die in den Anlagen 1 und 2 aufgeführt sind, dürfen:

1. an jährlich höchstens vierzig Sonn- und Feiertagen bis zur Dauer von acht Stunden,
2. an bestimmten Sonnabenden bis spätestens zwanzig Uhr,

die in § 10 Abs. 1 Satz 1 des Gesetzes über den Ladenschluß genannten Waren in Verkaufsstellen verkauft werden.

§ 2 [Öffnungszeiten]. (1) die Landkreise und kreisfreien Städte bestimmen durch Verordnung

1. die Sonn- und Feiertage, an denen ein Verkauf nach § 1 Nr. 1 zulässig ist sowie die Öffnungszeiten,
2. die Sonnabende, an denen ein Verkauf nach § 1 Nr. 2 zulässig ist; zugleich ist zu bestimmen, an welchem anderen Nachmittag derselben Woche die Verkaufsstellen ab vierzehn Uhr geschlossen sein müssen.

(2) Die den Landkreisen und kreisfreien Städten entstehenden Kosten werden im Rahmen des Finanzausgleichs abgegolten.

§ 3 [Aushang]. Die Inhaber von Verkaufsstellen, in denen auf Grund dieser Verordnung ein erweiterter Geschäftsverkehr stattfindet, sind verpflichtet, die Verkaufszeiten und die während dieser Zeiten zum Verkauf zugelassenen Waren in der Verkaufsstelle deutlich sichtbar bekanntzugeben.

§ 4 [Inkrafttreten]. (1) Diese Verordnung tritt vierzehn Tage nach ihrer Verkündung in Kraft.

(2) Es treten ... außer Kraft: ...

Anlage 1 zu § 1: Ausflugs- und Erholungsorte mit besonders starkem Fremdenverkehr

Regierungsbezirk Braunschweig

Bad Harzburg: Ortsteil Bündheim; *Bodenfelde:* Ortsteile Bodenfelde und Wahmbeck; *Goslar:* Ortsteil Goslar, Ortsteil Oker ab Bahnhof in das Okertal; *Herzberg am Harz:* Ortsteil Lonau, Ortsteil Pöhlde - Ruhmequelle; *Königslutter am Elm:* Ortsteil Lutterspring; *Langelsheim:* Ortsteil Wolfshagen im Harz; *Moringen:* Ortsteil Fredelsloh; *Münden:* Ortsteil Münden (Tanzwerder und historische Altstadt innerhalb der mittelalterlichen Stadtbefestigung); *Osterode am Harz:* Ortsteile Lerbach, Riefensbeek-Kamschlacken und Sösetalsperre; *Schulenberg im Oberharz:* Okertalsperre; *Sankt Andreasberg:* Ortsteil Oderteich mit Oderbrück.

Regierungsbezirk Hannover

Alfeld: Ortsteil Brunkensen; *Bodenwerder:* Ortsteil Rühle; *Bückeburg:* Sablé Platz, Platz vor dem Rathaus und vor dem Schloß; *Delligsen:* Ortsteil Grünenplan; *Fürstenberg; Hagenburg; Hameln:* Dampferanlegestellen, Bürgergarten und Platz der Rattenfängerspiele an der Marktkirche; *Heemsen:* Ortsteil Anderten-Hämelsee; *Hüde; Isernhagen:* Ortsteil Kirchhorst - Gelände des Freizeitparks „Kirchhorst"; *Lamspringe:* Ortsteil Lamspringe; *Lembruch; Neustadt am Rübenberge:* Ortsteil Mardorf; *Polle:* Ortsteil Polle; *Rehburg-Loccum:* Ortsteile Bad Rehburg und Loccum; *Rinteln:* vom Ortsteil Rinteln: Kirchplatz, Marktplatz, alle Straßen mit Aufgang zur Weserbrücke, Weseranger-Bad und Campingplatz Doktorsee; Ortsteile Deckbergen, Steinbergen und Todenmann; *Rodenberg; Uetze:* Gelände des Romantikparks Uetze; *Wagenfeld:* Ortsteil Ströhen - Tierpark Ismer; *Wunstorf:* Ortsteile Großenheidorn und Steinhude.

Regierungsbezirk Lüneburg

Ahlden: Ortsteil Hodenhagen - Serengeti Großwild Reservat; *Bederkesa; Bendestorf; Bergen:* Ortsteil Bergen; *Bergen (Dumme):* Ortsteil Bergen; *Bispingen:* Ortsteil Behringen; *Bomlitz:* Ortsteil Vogelpark Walsrode; *Buchholz:* Ortsteil Holm-Seppensen; *Celle:* im Osten begrenzt durch den Kleinen Plan, das Heilige Kreuz, im Süden begrenzt durch die Bergstraße, Großer Plan, Westcellertorstraße bis Schloßplatz, im Westen begrenzt durch Schloßplatz bis Kanzleistraße, im Norden begrenzt durch Kanzleistraße, Schuhstraße bis Heiliges Kreuz; *Cuxhaven:* vom Ortsteil Sahlenburg: Am Sahlenburger Strand, Hans-Clausen-Straße, Ladenstraße und Nordheimstraße; *Dorum; Egestorf:* Ortsteil Döhle und Egestorf; *Fallingbostel:* Ortsteil Dorfmark; *Faßberg:* Ortsteil Müden (Örtze); *Hanstedt (Landkreis Harburg):* Ortsteil Hanstedt; *Hermannsburg:* Ortsteil Hermannsburg; *Hitzacker:* Ortsteil Tießau; *Hornburg; Jesteburg:* Ortsteil Jesteburg; *Neu Darchau:* Ortsteile Glienitz und Neu Darchau; *Rosengarten:* Ortsteile Alversen, Ehestorf, Leversen, Sieversen, Sottorf und Vahrendorf; *Sandstedt; Schneverdingen:* Ortsteile Ehrhorn und Heber; *Soltau:* Ortsteil Dittmer - Freizeitanlage „Heide-Park“, Ortsteil Soltau; *Undeloh:* Ortsteil Undeloh; *Stadt Visselhövede:* Ortsteil Visselhövede; *Walsrode:* Ortsteil Walsrode; *Wienhausen:* Ortsteil Wienhausen; *Wietze:* Ortsteil Wietze; *Wietzendorf:* Ortsteil Wietzendorf; *Worpswede; Wremen.*

Regierungsbezirk Weser-Ems

Barßel: vom Ortsteil Elisabethfehn-Nord - Campingplatz; *Bad Bentheim:* Ortsteil Gildehaus; *Berne:* Strandgelände und Campingplatz auf der Juliusplate; *Butjadingen:* Ortsteile Eckwarden und Tossens einschließlich der Strände in Eckwarderhörne, Tossens sowie das Strandgelände in Burhave; *Cloppenburg:* Museumsdorf einschließlich Parkplatz an der Höltinghauser Straße; *Damme:* Olgahafen; *Dornumersiel:* Ortsteil Dornumer-Accumersiel; *Elsfleth:* vom Ortsteil Oberhammelwarden-Strandbad und Campingplatz; *Friesoythe:* vom Ortsteil Thüle - die Erholungseinrichtungen an der Thülsfelder Talsperre und Tierpark Worberg; *Garrel:* vom Ortsteil Petersfeld – die Erholungseinrichtungen an der Thülsfelder Talsperre; *Haselünne:* Gelände „Am See“; *Hatten:* Freizeit- und Erholungszentrum Hatten und Ortsteil Sandkrug; *Hude:* Ortsteil Hude; *Jade:* vom Ortsteil Jaderberg - Tiergarten; *Krummhörn:* Ortsteil Greetsiel; *Osnabrück:* Erholungsgebiet Attersee; *Rastede:* Ortsteil Rastede und Nethener Seenplatte; *Varel:* Ortsteil Dangast einschließlich Strand; *Wangerland:* Ortsteil Hooksiel einschließlich Strand; *Wilhelmshaven:* Südstrand und Geniusbank; *Wittmund:* Ortsteil Carolinensiel-Harlesiel; *Bad Zwischenahn:* Ortsteile Aschhauserfeld, Dreibergen und Rostrup am Zwischenahner Meer und Campingplatz in Halfstede.

Anlage 2 zu § 1: Wallfahrtsorte

Cloppenburg: Ortsteil Bethen; *Rollshausen (Landkreis Göttingen):* Ortsteil Germershausen; *Schellerten (Landkreis Hildesheim):* Ortsteil Ottbergen; *Wallenhorst (Landkreis Osnabrück):* Ortsteil Rulle; *Wietmarschen (Landkreis Grafschaft Bentheim); Wollbrandshausen (Landkreis Göttingen):* Ortsteil Höherberg.

8.2 Verordnung über die Zuständigkeiten vom 29. 5. 1985 (GVBl. S. 119), zuletzt geändert durch VO vom 20. 12. 1985 (GVBl. S. 620)

Auf Grund des § 1 des Gesetzes über die Regelung von Zuständigkeiten im Gewerbe- und Arbeitsschutzrecht sowie in anderen Rechtsgebieten vom 26. April 1965 (Nieders. GVBl. S. 91), geändert durch Gesetz vom 3. Dezember 1974 (Nieders. GVBl. S. 533). ... wird verordnet:

§ 1 (1) Für die in den **Anlagen 1** und **2** zu dieser Verordnung bezeichneten Maßnahmen sind die dort genannten Stellen zuständig.

Anlage 2

4.9 **Gesetz über den Ladenschluß**

4.9.1 § 4 Abs. 2 Satz 1 Anordnung der Ladenschlußzeiten für Apotheken: Apothekerkammer Niedersachsen

4.9.2 § 10 Abs. 1 Satz 2 Festsetzung der Öffnungszeiten an Sonn- und Feiertagen in besonderen Orten: Lkr

4.9.3 § 11 Abs. 1 Zulassung erweiterter Verkaufszeiten in ländlichen Gebieten: Lkr

4.9.4 § 12 Abs. 2 Satz 3 Bestimmung über zugelassene Verkaufszeiten an Sonn- und Feiertagen: Lkr

4.9.5 § 14 Abs. 1 Satz 3 Freigabe weiterer Verkaufssonntage: Gem

4.9.6 § 15 Satz 2 Festsetzung der Öffnungszeiten für den Sonntagsverkauf am 24. Dezember: Gem

4.9.7 § 16 Abs. 1 Satz 2 Freigabe der Werktage mit verlängerten Verkaufszeiten: Gem

4.9.8 § 19 Abs. 1 Zulassung besonderer Verkaufszeiten auf Groß- und Wochenmärkten: Gem

4.9.9 § 20 Abs. 2a Zulassung des Feilhaltens bestimmter Waren außerhalb von Verkaufsstellen während der Ladenschlußzeiten: Gem

4.9.10 § 22 Abs. 1 Halbsatz 1 Aufsicht über die Ausführung des Gesetzes und der auf ihm beruhenden Vorschriften: GAA

4.9.11 § 22 Abs. 1 Halbsatz 2 Aufsicht über die Ausführung der §§ 3 bis 7, 10 bis 12, 14 bis 16, 18, 18a, 20 Abs. 1, 2 und 2a sowie § 21 Abs. 1 Nr. 1 neben den Staatlichen Gewerbeaufsichtsämtern: Gem

4.9.12 § 23 Abs. 1 Ausnahmen im öffentlichen Interesse: Lkr

4.9.13 § 24 Abs. 1 Verfolgung und Ahndung von Ordnungswidrigkeiten bei Zuwiderhandlungen gegen Vorschriften des Gesetzes oder einer darauf gestützten Rechtsverordnung: GAA
bei Zuwiderhandlungen gegen die §§ 3 bis 7, 10 bis 12, 14 bis 16, 18, 18a, 20 Abs. 1, 2 und 2a sowie § 21 Abs. 1 Nr. 1 neben den Staatlichen Gewerbeaufsichtsämtern: Gem

9. Nordrhein-Westfalen

9.1 Verordnung zur Ausführung des § 10 des Gesetzes über den Ladenschluß vom 18. 11. 1975 (GV. NW. S. 664), zuletzt geändert durch VO vom 21. 10 1986 (GV. NW. S. 671)

Auf Grund des § 10 Abs. 1 und 2 des Gesetzes über den Ladenschluß vom 28. November 1956 (BGBl. I S. 875), zuletzt geändert durch das Gesetz vom 10. März 1975 (BGBl. I S. 685), wird verordnet:

§ 1 [Kur-, Ausflugs- und Erholungsorte]. (1) In den Kur-, Ausflugs- und Erholungsorten, die in der Anlage zu dieser Verordnung unter A bis D aufgeführt sind, dürfen Badegegenstände, frische Früchte, alkoholfreie Getränke, Milch und Milcherzeugnisse im Sinne des § 4 Abs. 2 des Milch- und Fettgesetzes in der Fassung der Bekanntmachung vom 10. Dezember 1952 (BGBl. I S. 811), zuletzt geändert durch Gesetz vom 14. Dezember 1976 (BGBl. I S. 3341), Süßwaren, Tabakwaren, Blumen, Zeitungen und Waren, die für diese Orte kennzeichnend sind, an den dort genannten Sonn- und Feiertagen bis zur Dauer von acht Stunden verkauft werden.

(2) In den Kur-, Ausflugs- und Erholungsorten, die in der Anlage zu dieser Verordnung unter E aufgeführt sind, dürfen die in Absatz 1 bezeichneten Waren an Samstagen vor den Sonntagen, für die nach Absatz 1 ein Geschäftsverkehr zugelassen ist, bis 20.00 Uhr verkauft

werden. Verkaufsstellen, die hiernach an Samstagen länger als bis 14.00 Uhr offenhalten, müssen am Montag derselben Woche ab 14.00 Uhr geschlossen sein.

§ 2 [Wallfahrtsorte]. (1) In den Wallfahrtsorten, die in der Anlage zu dieser Verordnung unter F aufgeführt sind, dürfen Devotionalien, frische Früchte, alkoholfreie Getränke, Milch und Milcherzeugnisse im Sinne des § 4 Abs. 2 des Milch- und Fettgesetzes, Süßwaren, Blumen und Waren, die für diese Orte kennzeichnend sind, an den dort genannten Sonn- und Feiertagen bis zur Dauer von acht Stunden verkauft werden.

(2) In den Wallfahrtsorten, die in der Anlage zu dieser Verordnung unter G aufgeführt sind, dürfen die in Absatz 1 genannten Waren an Samstagen vor den Sonntagen, für die nach Absatz 1 ein Geschäftsverkehr zugelassen ist, bis 20.00 Uhr verkauft werden. § 1 Abs. 2 Satz 2 gilt entsprechend.

§ 3 [Sonstige Ausflugs-, Erholungs- und Wallfahrtsorte]. (1) In den sonstigen Ausflugs-, Erholungs- und Wallfahrtsorten, die in der Anlage zu dieser Verordnung unter H aufgeführt sind, dürfen frische Früchte, alkoholfreie Getränke, Milch und Milcherzeugnisse im Sinne des § 4 Abs. 2 des Milch- und Fettgesetzes, Süßwaren, Tabakwaren, Devotionalien und Waren, die für diese Orte kennzeichnend sind, an den dort genannten Sonn- und Feiertagen bis zur Dauer von acht Stunden verkauft werden.

(2) In den sonstigen Ausflugs-, Erholungs- und Wallfahrtsorten, die in der Anlage zu dieser Verordnung unter I aufgeführt sind, dürfen die in Absatz 1 bezeichneten Waren an Samstagen vor den Sonntagen, für die nach Absatz 1 ein Geschäftsverkehr zugelassen ist, bis 20.00 Uhr verkauft werden. § 1 Abs. 2 Satz 2 gilt entsprechend.

§ 4 [Arbeitnehmerschutz]. Arbeitnehmer, die auf Grund dieser Verordnung oder der in § 4 Abs. 1 Nr. 2 der Verordnung zur Regelung von Zuständigkeiten auf dem Gebiet des Arbeits-, Immissions- und technischen Gefahrenschutzes (ZustVO AItG) vom 6. Februar 1973 (GV. NW. S. 66) in der jeweils geltenden Fassung genannten Regelungen an Sonn- und Feiertagen beschäftigt werden, ist auf Wunsch die Freizeit, die zum Besuch des Vormittagsgottesdienstes erforderlich ist, zu gewähren.

§ 5 [Aushänge]. Die Inhaber von Verkaufsstellen, in denen auf Grund dieser Verordnung oder der in § 4 Abs. 1 Nr. 2 ZustVO AltG genannten Regelungen ein erweiterter Geschäftsverkehr stattfindet, müssen die Verkaufszeiten und die zum Verkauf zugelassenen Waren an oder in den Verkaufsstellen, von außen deutlich sichtbar, bekanntgeben. Soweit nach § 1 Abs. 2 Satz 2 und § 2 Abs. 2 Satz 2 ein früher Ladenschluß am Montag vorgeschrieben ist, ist das zu vermerken.

§ 6 [Ordnungswidrigkeiten]. Ordnungswidrig im Sinne des § 24 Abs. 1 Nr. 2 des Gesetzes über den Ladenschluß handelt, wer

1. zu den Geschäftszeiten, die nach §§ 1, 2 und 3 ausnahmsweise zugelassen sind, andere als die zugelassenen Waren verkauft,
2. gegen die Vorschrift des § 4 über die Gewährung von Freizeit zum Besuch des Gottesdienstes verstößt,
3. gegen die Vorschrift des § 5 über Aushänge verstößt.

§ 7 [Inkrafttreten]. (1) Diese Verordnung tritt am Tage nach der Verkündung in Kraft.

(2) (Aufhebungsvorschrift)

Anlage zur Verordnung zur Ausführung des § 10 des Gesetzes über den Ladenschluß vom 18. 11. 1975

A Kur-, Ausflugs- und Erholungsorte, in denen, **beginnend** mit dem ersten Sonntag im **März, an 40** aufeinanderfolgenden **Sonn- und Feiertagen**, mit Ausnahme der stillen Feiertage (§ 6 Feiertagsgesetz NW in der Fassung der Bekanntmachung vom 22. Februar 1977 – GV. NW. S. 98 - geändert durch Gesetz vom 6. November 1984 - GV. NW. S. 663 –) und des Fronleichnamstags, ein Geschäftsverkehr zugelassen ist (§ 1 Abs. 1 der Verordnung):

Regierungsbezirk Arnsberg

in der Stadt **Attendorn** die Stadtteile Attendorn-Stadt, Eichen, Ewig, Kraghammer, Neulisternohl und Wörmge; Stadt **Bad Berleburg**; in der Gemeinde Bad Sassendorf der Ortsteil Bad Sassendorf; in der Gemeinde Bestwig der Ortsteil Wasserfall einschließlich des Freizeitzentrums „Fort-Fun"; in der Stadt Bochum das nördliche Ufergelände des Kemnader Sees, vom Kemnader Wehr bis zum Ende des Bootshafens Heveney, begrenzt durch die Hevener Straße; in der Stadt **Dortmund** das Gelände des Westfalenparks, des Revierparks Wischlingen und der Stadtteil Syburg; in der Stadt Drolshagen die Stadtteile Herpel und Kalberschnacke; in der Stadt **Erwitte** der Stadtteil Bad Westernkotten; in der Gemeinde Eslohe der Ortsteil Eslohe; in der Stadt **Freudenberg** die Stadtteile Freudenberg, Büschergrund, Hohenhain, Mausbach und Plittershagen, einschließlich Kurgebietszone; in der Stadt **Hagen** die Stadtteile Bathey und Hengstey und das Gelände des Freilichtmuseums Mäckingerbachtal; in der Stadt Hattingen der Stadtteil Blankenstein; in der Stadt Hilchenbach die Stadtteile Stadtkern Hilchenbach und Müsen; in der Stadt **Iserlohn** der Stadtteil Letmathe-Untergrüne; in der Stadt **Laasphe** die Stadtteile Stadtkern Laasphe, Feudingen und Hesselbach; in der Stadt Lennestadt die Stadtteile Bilstein und Saalhausen; in der Stadt Lippstadt der Stadtteil Bad Waldliesborn; in der Stadt **Marsberg** der Stadtteil Helminghausen; in der Stadt Meinerzhagen die Stadtteile Berlinghausen, Hunswinkel und Windebruch; in der Stadt Meschede das Gebiet der Sperrmauer der Hennetalsperre bis zu einem Abstand von 500 m von der Sperrmauer, sowie die Stadtteile Berghausen, Enkhausen und Mielinghausen; in der Gemeinde Möhnesee die Ortsteile Delecke, Günne, Körbecke, Stockum, Völlinghausen und Wamel; in der Stadt **Olpe** die Stadtteile Stadtkern Olpe, Ronnewinkel, Rosenthal, Eichhagen, Hitzendumicke, Kessenhammer, Rhode, Sondern und Stade; in der Stadt Olsberg die Ortsteile Bigge und Olsberg; in der Stadt **Schmallenberg** die Ortsteile Schmallenberg, Fredeburg, Bödefeld, Grafschaft, Oberkirchen, Westfeld, Nordenau und Fleckenberg; in der Gemeinde Selm der Ortsteil Cappenberg; in der Stadt Sundern die Stadtteile Amecke und Langscheid; in der Stadt **Warstein** das Fremdenverkehrsgebiet Wildpark und Tropfsteinhöhle sowie der Haus Dassel Park im Stadtteil Allagen; in der Stadt Witten der durch die nachstehenden Grenzen beschriebene Teil des Stadtgebietes, wobei die Straßen beidseitig zu diesem Gebiet gehören: Wittener Straße, Meesmannstraße, Vormholzer Straße, Wittener Straße, Brückenkamp, Am Spliethof, Dorfstraße, Universitätsstraße, Querenburger Straße, Stadtgrenze zwischen Querenburger Straße und Wittener Straße

Regierungsbezirk Detmold

in der Stadt **Bad Driburg** die Stadtteile Bad Driburg, Alhausen, Bad Hermannsborn und Neuenheerse; Stadt Bad Lippspringe; Stadt Bad Oeynhausen; in der Stadt Bad Salzuflen die Stadtteile Salzuflen und Schötmar; in der Stadt **Detmold** die Stadtteile Berlebeck, Heiligenkirchen und Hiddesen (mit Grotenburg); in der Stadt Horn-Bad Meinberg der Stadtteil Bad Meinberg; in der Stadt **Höxter** das Gebiet im Umkreis von 200 m um das Schloß Corvey; in der Gemeinde **Kalletal** das Weserfreizeitzentrum; Stadt **Porta Westfalica**; in der Stadt **Schieder-Schwalenberg** die Stadtteile Schieder und Schwalenberg; in der Gemeinde Schloß Holte-Stukenbrock der Ortsteil Stukenbrock; Stadt **Vlotho**; Stadt **Willebadessen**

Regierungsbezirk Düsseldorf

in der Gemeinde **Brüggen** das Gelände der Burg Brüggen, die Straßen Burgwall, Klosterstraße ab Mündung Westring bis zur Kreuzung Roermonder/Borner Straße, Borner Straße bis einschließlich „Wilhelm-Kerren-Museum" und das Gelände des Natur- und Tierparks „Schwalmtal"; in der Stadt **Dormagen** der Stadtteil Zons; in der Stadt **Emmerich** der Stadtteil Elten; in der Gemeinde Erkrath und der Stadt Mettmann das Gebiet im Umkreis von 350 m um die Brücke im Neandertal bei km 14.7 der Landstraße 1. Ordnung 403 von Erkrath nach Mettmann; in der Stadt Essen das Ufergelände von Baldeneysee und Ruhr zwischen der Fähre Haus Scheppen-Heisingen und der Werdener Ruhrbrücke, begrenzt durch die Freiherr-vom-Stein-Straße und das Hardenbergufer (einschließlich dieser Straßen), sowie im Stadtteil Kettwig die Hauptstraße, die Bahnhofstraße und die von diesem Straßenzug ruhrwärts gelegenen Straßen und der Stadtteil Kettwig vor der Brücke; in der Gemeinde **Jüchen** das Gelände des Schlosses Dyck; in der Stadt **Solingen** der Stadtteil Burg a.d. Wupper und die Straße Müngstener Brückenweg; in der Stadt **Xanten** das Stadtgebiet Xanten in den Grenzen bis zum 31. 12. 1974

Regierungsbezirk Köln

Stadt **Bad Honnef**; Stadt Bad Münstereifel; in der Stadt Bergisch Gladbach der Ortsteil Herrenstrunden; in der Gemeinde Blankenheim der Ortsteil Blankenheim (Ahr); in der Stadt Bonn im Stadtteil Mehlem die Austraße einschließlich der linksrheinischen Anlegestelle der

Mehlemer Fähre; in der Stadt Brühl das Gebiet des Schlosses Augustusburg und des Schloßparkgeländes, des Märchenwaldes „Phantasialand“ und des Erholungsparks Ville; in der Gemeinde **Dahlem** der Ortsteil Kronenburg; in der Stadt **Gummersbach** die Stadtteile Bredenbruch, Deitenbach und Lantenbach; in der Stadt **Heimbach** die Stadtteile Heimbach und Hasenfeld; in der Stadt Hückeswagen die Ortsteile Wefelsen, Käferberger Halbinsel und Großbergerhausener Bucht; in der Gemeinde **Kall** im Ortsteil Steinfeld der Klosterbereich; Stadt Königswinter; in der Gemeinde Kreuzau die Ortschaft Obermaubach; Gemeinde Kürten; in der Stadt **Leichlingen** die Ortsteile Diepental und Witzhelden; in der Gemeinde **Marienheide** die Ortsteile Eberg, Lambach, Linge, Stühlinghausen, Wernscheid, Marienheide und Gimborn; in der Stadt Monschau der Stadtteil Monschau; in der Gemeinde **Nettersheim** die Ortsteile Nettersheim und Marmagen; in der Stadt Nideggen die Stadtteile Nideggen und Schmidt; in der Gemeinde Nümbrecht der Ortsteil Nümbrecht; Gemeinde **Overath**; in der Gemeinde **Rösrath** die Ortsteile Rösrath und Kleineichen; in der Stadt **Schleiden** die Stadtteile Schleiden und Gemünd; in der Gemeinde Simmerath die Ortsteile Dedenborn, Rurberg, Woffelsbach, Hammer, Einruhr und Erkensruhr; in der Stadt **Wermelskirchen** die Ortsteile Dabringhausen und Dhünn

Regierungsbezirk Münster

in der Stadt **Gelsenkirchen**, Stadtteil Gelsenkirchen-Buer, am „Löwenpark Graf Westerholt“ vom Ausgang des Parks 100 m entlang der Privatstraße in einer Tiefe von 50 m; Stadt **Haltern** (mit der Maßgabe, daß die Regelung mit dem ersten Sonntag im März, nur an 25 aufeinanderfolgenden Sonn- und Feiertagen gilt); in der Gemeinde **Nordkirchen** der Ortsteil Nordkirchen; in der Stadt **Waltrop** die Straße zum Neuen Hebewerk; Stadt **Tecklenburg** mit Ausnahme der Stadtteile Ledde und Leeden

B Kur-, Ausflugs- und Erholungsorte, in denen, **beginnend** mit dem ersten Sonntag **nach dem 15. Mai, an 23** und, **beginnend** mit dem **25. Dezember, an 17** aufeinanderfolgenden **Sonn- und Feiertagen**, mit Ausnahme der stillen Feiertage (§ 6 Feiertagsgesetz NW) und des Fronleichnamstags, ein Geschäftsverkehr zugelassen ist (§ 1 Abs. 1 der Verordnung):

Regierungsbezirk Arnsberg

in der Stadt **Hallenberg** die Ortsteile Hallenberg und Liesen; in der Gemeinde **Netphen** die Ortsteile Brauersdorf, Deuz, Hainchen und Netphen; in der Stadt **Sundern** der Stadtteil Wildewiese; in der Stadt **Winterberg** die Stadtteile Altastenberg, Neuastenberg, Winterberg und Züschen

C Kur-, Ausflugs- und Erholungsorte, in denen, **beginnend** mit dem **25. Dezember, an 17** aufeinanderfolgenden **Sonn- und Feiertagen,** mit Ausnahme der stillen Feiertage (§ 6 Feiertagsgesetz NW) ein Geschäftsverkehr zugelassen ist (§ 1 Abs. 1 der Verordnung):

Regierungsbezirk Arnsberg

in der Stadt **Bad Berleburg** die Ortschaften Bad Berleburg, Girkhausen und Wunderthausen; in der Stadt **Meinerzhagen** die Stadtteile Stadtkern Meinerzhagen und Valbert; in der Stadt **Schmallenberg** die Ortsteile Schmallenberg, Fredeburg, Bödefeld, Grafschaft, Oberkirchen, Westfeld, Nordenau und Fleckenberg; in der Stadt **Winterberg** die Stadtteile Hoheleye, Langewiese und Mollseifen

Regierungsbezirk Köln

in der Gemeinde **Hellenthal** die Ortsteile Hollerath und Udenbreth; in der Stadt **Monschau** der Stadtteil Rohren

D Kur-, Ausflugs- und Erholungsorte, in denen **an** folgenden **40 Sonn- und Feiertagen**, mit Ausnahme der stillen Feiertage (§ 6 Feiertagsgesetz NW), des Christi Himmelfahrtstags und des Fronleichnamstags, ein Geschäftsverkehr zugelassen ist (§ 1 Abs. 1 der Verordnung):

Regierungsbezirk Köln

in der Gemeinde Odenthal der Ortsteil Altenberg
am 3. und 4. Sonntag im Februar; an allen Sonntagen, ausgenommen jeweils der 1. Sonntag, in den Monaten März bis Oktober; an den verbleibenden Sonntagen im November; an allen Sonntagen im Dezember; am 1. Mai, Ostermontag und Pfingstmontag

E Kur-, Ausflugs- und Erholungsorte, in denen **samstags** ein erweiterter Geschäftsverkehr zugelassen ist (§ 1 Abs. 2 der Verordnung):

Regierungsbezirke Arnsberg, Düsseldorf und Köln

die unter A Nr. 1., 3. und 4., unter B bis D genannten Orte

Regierungsbezirk Detmold

in der Stadt Bad Driburg die Stadtteile Bad Driburg, Alhausen, Bad Hermannsborn und Neuenheerse; in der Stadt Höxter das Gebiet im Umkreis von 200 m um das Schloß Corvey; in der Stadt Schieder-Schwalenberg der Stadtteil Schieder; Stadt Willebadessen

Regierungsbezirk Münster

in der Stadt Gelsenkirchen, Stadtteil Gelsenkirchen-Buer, am „Löwenpark Graf Westerholt" vom Ausgang des Parks 100 m entlang der Privatstraße in einer Tiefe von 50 m; in der Gemeinde Nordkirchen der Ortsteil Nordkirchen; Stadt Tecklenburg mit Ausnahme der Stadtteile Ledde und Leeden

F Wallfahrtsorte, in denen **an** den nachstehend genannten **Sonn- und Feiertagen** ein Geschäftsverkehr zugelassen ist (§ 2 Abs. 1 der Verordnung):

Regierungsbezirk Arnsberg

Stadt Werl, an je einem Sonn- und Feiertag aus Anlaß der Ermländer-Wallfahrt, der Wallfahrt der Glatzer und Sudetendeutschen, der Wallfahrt der Schlesier und der Wallfahrt des Kolpingwerkes, ferner an den ersten 2 Sonntagen im Mai, am ersten Sonntag im Juni, an den ersten 4 Sonntagen im Juli, an den letzten 2 Sonntagen im August, an den ersten 3 Sonntagen im September, an den ersten 4 Sonntagen im Oktober

Regierungsbezirk Detmold

in der Stadt Salzkotten der Stadtteil Verne, an den Sonntagen im Mai, am Sonntag nach dem 2. Juli (Mariae Heimsuchung)

Regierungsbezirk Düseldorf

in der Stadt Kevelaer der Stadtteil Kevelaer in den Grenzen bis zum 30. 6. 1969; in der Stadt Velbert der Stadtteil Neviges in den Grenzen bis zum 31. 12. 1974 beginnend mit dem ersten Sonntag im März, an 40 aufeinanderfolgenden Sonn- und Feiertagen, mit Ausnahme der stillen Feiertage (§ 6 Feiertagsgesetz NW)

Regierungsbezirk Köln

in der Gemeinde Aldenhoven der Ortsteil Aldenhoven aus Anlaß des 2. Juli (Mariae Heimsuchung), 15. August (Mariae Himmelfahrt) und 8. September (Mariae Geburt)
an den Tagen selbst und am folgenden Sonntag, wenn das Kirchenfest auf einen Sonntag fällt, an dem Sonntag, der dem Fest vorangeht und der ihm folgt, wenn das Fest auf einen Montag oder Dienstag fällt, an den beiden Sonntagen, die dem Fest folgen, wenn das Fest auf einen Mittwoch, Donnerstag, Freitag oder Samstag fällt; in der Stadt Heimbach der Stadtteil Heimbach, beginnend mit dem 1. Sonntag im März, an 40 aufeinanderfolgenden Sonn- und Feiertagen, mit Ausnahme der stillen Feiertage (§ 6 Feiertagsgesetz NW); in der Gemeinde Odenthal der Ortsteil Altenberg aus Anlaß der Anzündung des Altenberger Lichtes am 1. Mai jeden Jahres

Regierungsbezirk Münster

in der Stadt Billerbeck das Gebiet im Umkreis von 150 m um die Benediktiner-Abtei Gerleve, in der Stadt Haltern der Wohnplatz Annaberg, in der Stadt Oelde der Stadtteil Stromberg, Stadt Telgte ohne den Stadtteil Westbevern, beginnend mit dem ersten Sonntag im März, an 40 aufeinanderfolgenden Sonn- und Feiertagen, mit Ausnahme der stillen Feiertage (§ 6 Feiertagsgesetz NW)

G Wallfahrtsorte, in denen **samstags** ein erweiterter Geschäftsverkehr zugelassen ist (§ 2 Abs. 2 der Verordnung):

Regierungsbezirke Arnsberg und Düsseldorf

die unter **F** Nr. 1. und 3. genannten Orte

Regierungsbezirk Köln

in der Stadt Heimbach der Stadtteil Heimbach

Regierungsbezirk Münster

in der Stadt Billerbeck das Gebiet im Umkreis von 150 m um die Benediktiner-Abtei Gerleve, Stadt Telgte ohne den Stadtteil Westbevern

H Sonstige Ausflugs-, Erholungs- und Wallfahrtsorte, in denen beginnend mit dem ersten Sonntag im März, an 40 aufeinanderfolgenden **Sonn- und Feiertagen**, mit Ausnahme der stillen Feiertage (§ 6 Feiertagsgesetz NW) und des Fronleichnamstags, ein Geschäftsverkehr zugelassen ist (§ 3 Abs. 1 der Verordnung):

Regierungsbezirk Düsseldorf

in der Stadt Wesel im Ortsteil Flüren die Grav-Insel

Regierungsbezirk Köln

in der Stadt Bonn die Dahlmannstraße zwischen Stresemannufer und Görresstraße, die Görresstraße zwischen Dahlmannstraße und Heuss-Allee, die Kurt-Schumacher-Straße auf der Seite des Sportparks Gronau, die Charles-de-Gaulle-Straße, die Anlegestelle der Rheinschiffahrt Ecke Stresemannufer und Heimkehrerweg; in der Stadt Köln das Gebiet zwischen Bahnhofsvorplatz, Trankgasse, Wallraf-Richartz-Museum/Museum Ludwig (Nordseite), linkes Rheinufer zwischen Hohenzollernbrücke und Deutzer Brücke (Frankenwerft), Markmannsgasse, Heumarkt (Südseite), Pipinstraße, Hohe Straße zwischen Pipinstraße und Wallrafplatz, Wallrafplatz, Unter Fettenhennen, Komödienstraße bis Haus Nr. 19, Andreaskloster, An den Dominikanern, Marzellenstraße bis Haus Nr. 11 sowie Bahnhofstraße (einschließlich dieser Straßen und Plätze)

I Sonstige Ausflugs-, Erholungs- und Wallfahrtsorte, in denen **samstags** ein erweiterter Geschäftsverkehr zugelassen ist (§ 3 Abs. 2 der Verordnung):

Regierungsbezirk Köln

in der Stadt Köln im Gebiet zwischen Bahnhofsvorplatz, Trankgasse, Wallraf-Richartz-Museum/Museum Ludwig (Nordseite), linkes Rheinufer zwischen Hohenzollernbrücke und Deutzer Brücke (Frankenwerft), Markmannsgasse, Heumarkt (Südseite), Pipinstraße, Hohe Straße zwischen Pipinstraße und Wallrafplatz, Wallrafplatz, Unter Fettenhennen, Komödienstraße bis Haus Nr. 19, Andreaskloster, An den Dominikanern, Marzellenstraße bis Haus Nr. 11 sowie Bahnhofstraße (einschließlich dieser Straßen und Plätze)

9.2 Verordnung über die Verkaufszeiten am 24. Dezember vom 4. 12. 1961 (GV. NW. S. 365)

Auf Grund des § 15 Satz 2 des Gesetzes über den Ladenschluß vom 28. November 1956 (BGBl. I S. 875), zuletzt geändert durch das Zweite Gesetz zur Änderung des Gesetzes über den Ladenschluß vom 14. November 1960 (BGBl. I S. 845), in Verbindung mit § 1 Nr. 1 der Ersten Verordnung zur Ausführung des Gesetzes über den Ladenschluß vom 28. Mai 1957 (GV. NW. S. 161) wird verordnet:

§ 1. Als Öffnungszeit für den nach § 15 Satz 1 des Gesetzes über den Ladenschluß zugelassenen Verkauf am 24. Dezember wird der Zeitraum von 9.00 bis 12.00 Uhr festgesetzt.

§ 2. Diese Verordnung tritt am Tage nach der Verkündung in Kraft.

9.3 Verordnung über Zuständigkeiten vom 6. 2. 1973 (GV. NW. S. 66), zuletzt geändert durch VO vom 29. 3. 1989 (GV. NW. S. 97)

§ 4 [Erlaß von Rechtsverordnungen]. (1) Folgende Ermächtigungen zum Erlaß von Rechtsverordnungen nach dem Gesetz über den Ladenschluß vom 28. November 1956 (BGBl. I S. 875), zuletzt geändert durch Gesetz vom 2. März 1974 (BGBl. I S. 469), werden auf die nachgenannten Stellen übertragen:

1. Die Ermächtigung zur Festsetzung der zugelassenen Öffnungszeiten nach **§ 10 Abs. 1 Satz 1** wird auf die Regierungspräsidenten übertragen.
2. Die Ermächtigung zur Zulassung eines erweiterten Geschäftsverkehrs in ländlichen Gebieten nach **§ 11 Abs. 1** wird auf die Kreisordnungsbehörden übertragen.
3. Die Ermächtigung zur Festsetzung der Lage der zugelassenen Öffnungszeiten nach **§ 12 Abs. 2 Satz 3** wird auf die Kreise und kreisfreien Städte als Kreisordnungsbehörden übertragen.
4. Die Ermächtigung zur Freigabe verkaufsoffener Sonn- und Feiertage nach **§ 14 Abs. 1 Satz 3** wird auf die Gemeinden als örtliche Ordnungsbehörden übertragen.

5. Die Ermächtigung zur Festsetzung der Öffnungszeiten nach **§ 15 Satz 2** wird auf den Minister für Arbeit, Gesundheit und Soziales übertragen.
6. Die Ermächtigung zur Freigabe von Tagen mit verlängerten Öffnungszeiten nach **§ 16 Abs. 1 Satz 2** wird auf die Gemeinden als örtliche Ordnungsbehörden übertragen.

Anlage zu § 4 der VO

4.8 **Gesetz über den Ladenschluß**

4.8.1 § 4 Abs. 2 Satz 1 Anordnung der Ladenschlußzeiten für Apotheken: Große kreisangehörige Städte, im übrigen KrOrdB.

4.8.2 § 19 Abs. 1 Zulassung besonderer Verkaufszeiten auf Wochenmärkten: OrdB [Ordnungsbehörde]

4.8.3 § 20 Abs. 2a Zulassung des Feilhaltens bestimmter Waren außerhalb der Verkaufsstellen während der Ladenschlußzeiten: OrdB

4.8.4 § 22 Abs. 1 Aufsicht über die Ausführung des Gesetzes und der auf Grund des Gesetzes erlassenen Vorschriften: GAA [Gewerbeaufsichtsamt]; OrdB, soweit es sich um die Aufsicht über die Durchführung der §§ 3 bis 16, des § 18, des § 18a, des § 19, des § 20 Abs. 1, 2 und 2a, des § 21 des Ladenschlußgesetzes sowie der zur Ausführung dieser Vorschriften erlassenen Rechtsverordnungen handelt.

4.8.5 § 24 Verfolgung und Ahndung von Ordnungswidrigkeiten: GAA; OrdB, soweit es sich um die Aufsicht über die Durchführung der §§ 3 bis 16, des § 18, des § 18a, des § 19, des § 20 Abs. 1, 2 und 2a, des § 21 des Ladenschlußgesetzes sowie der zur Ausführung dieser Vorschriften erlassenen Rechtsverordnungen handelt.

10. Rheinland-Pfalz

10.1 Siebente Landesverordnung zur Durchführung des Gesetzes über den Ladenschluß vom 22. 6. 1981 (GVBl. S. 153), zuletzt geändert durch LVO vom 29. 4. 1987 (GVBl. S. 137)

Auf Grund des § 10 Abs. 1 Satz 1 und Abs. 2 des Gesetzes über den Ladenschluß vom 28. November 1956 (BGBl. I S. 875), zuletzt geändert durch Artikel 5 Abs. 3 des Gesetzes vom 5. Juli 1976 (BGBl. I S. 1773), verordnet die Landesregierung:

§ 1 [Kur- und Erholungsorte]. In den Kur-, Ausflugs-, Erholungs- und Wallfahrtsorten, die in der Liste der Anlage aufgeführt sind, dürfen Badegegenstände, Devotionalien, frische Früchte, alkoholfreie Getränke, Milch und Milcherzeugnisse im Sinne des § 4 Abs. 2 des Milch- und Fettgesetzes, Süßwaren, Tabakwaren, Blumen und Zeitungen sowie Waren, die für diese Orte kennzeichnend sind,

1. an jährlich höchstens vierzig Sonn- und Feiertagen bis zur Dauer von acht Stunden,
2. sonnabends bis spätestens 20.00 Uhr

innerhalb der von den ermächtigten Behörden durch Rechtsverordnung festgesetzten Öffnungszeiten verkauft werden, sofern die Verkaufsstellen die genannten Waren in erheblichem Umfange führen. In erheblichem Umfange wird eine Ware geführt, wenn sie in mehreren Sorten, in verschiedenen Preislagen und in einer so großen Menge vorhanden ist, daß durch sie der Charakter der Verkaufsstelle mitbestimmt wird.

§ 2 [Aushang]. In den Verkaufsstellen, die von der Sonderregelung Gebrauch machen und in denen außer den in § 1 genannten auch andere Waren feilgehalten werden, ist ein für die Kunden deutlich lesbarer Aushang anzubringen, auf dem das an den freigegebenen Sonn- und Feiertagen und an Sonnabenden in der Zeit von 14.00 bis 20.00 Uhr zum Verkauf zugelassene Warensortiment bezeichnet ist. Der Aushang muß mit einem Sichtvermerk der Stadt- oder Gemeindeverwaltung, bei Ortsgemeinden der Verbandsgemeindeverwaltung versehen sein; die verbandsfreien Gemeinden, die Verbandsgemeinden sowie die kreisfreien und großen kreisangehörigen Städte nehmen die Aufgabe als Auftragsangelegenheit wahr.

§ 3 [Schließung]. Die Verkaufsstellen, die gemäß § 1 an den Sonnabenden bis spätestens 20.00 Uhr geöffnet sein dürfen, müssen am Dienstag derselben Woche ab 14.00 Uhr geschlossen sein. Dies gilt nicht für den Dienstag derjenigen Woche, an dem gemäß § 3 Abs. 1 Nr. 3 des Gesetzes über den Ladenschluß die regulären Ladenschlußzeiten auf 18.00 Uhr festgesetzt sind.

§ 4 [Ordnungswidrigkeiten]. Ordnungswidrig im Sinne des § 24 Abs. 1 Nr. 2 des Gesetzes über den Ladenschluß handelt, wer entgegen § 3 die Verkaufsstelle nicht zu den vorgeschriebenen Zeiten geschlossen hält.

§ 5 [Inkrafttreten]. (1) Diese Verordnung tritt am Tage nach der Verkündung in Kraft.

(2) (Aufhebungsbestimmung)

Anlage zu § 1: Liste der Kur-, Ausflugs-, Erholungs- und Wallfahrtsorte mit besonders starkem Fremdenverkehr

Besteht Namensgleichheit zwischen einer Verbandsgemeinde und einer ihrer Ortsgemeinden, bezieht sich die Namensnennung in dieser Liste nur auf die Ortsgemeinde.

Regierungsbezirk Koblenz

Kreisfreie Städte: Koblenz (Bereich des 1. und 2. Polizeireviers, Zeltplatz am Neuendorfer Eck, die Ufer des Moselstausees und die Stadtteile Arenberg, Ehrenbreitstein, Kapellen-Stolzenfels)

Lkr. Ahrweiler: Stadt Adenau, Altenahr, Stadt Bad Breisig, Stadt Bad Neuenahr-Ahrweiler (ohne die Stadtteile Gimmingen, Kirchdaun, Lohrsdorf, Ramersbach), Barweiler, Dernau, Glees (Gemeindeteil Maria Laach), Mayschoß, Nürburg, Rech, Stadt Remagen (ohne Stadtteile Oedingen, Unkelbach), Schuld, Stadt Sinzig (Stadtteil Bad Bodendorf)

Lkr. Altenkirchen (Westerwald): Bürdenbach, Elkenroth, Flammersfeld, Gebhardshain, Horhausen (Westerwald), Oberlahr, Seelbach bei Hamm (Sieg) (Gemeindeteil Marienthal)

Lkr. Bad Kreuznach: Stadt Bad Kreuznach (Kurviertel), Stadt Bad Münster am Stein-Ebernburg, Hochstetten-Dhaun, Königsau, Simmertal, Stadt Stromberg

Lkr. Birkenfeld: Allenbach, Stadt Birkenfeld, Bruchweiler, Fischbach, Herborn, Herrstein, Hettenrodt, Stadt Idar-Oberstein, Kempfeld, Kirschweiler, Mackenrodt, Mörschied, Niederwörresbach, Oberhambach, Rhaunen, Schauren, Sensweiler, Veitsrodt, Vollmersbach, Wirschweiler

Lkr. Cochem-Zell: Alf (ohne den aus der Gemeinde Bengel eingegliederten Gebietsteil), Bad Bertrich, Beilstein, Briedel, Bullay, Stadt Cochem, Ediger-Eller, Ellenz-Poltersdorf, Klotten, Laubach (Gemeindeteil Maria Martental), Moselkern, Pommern, Pünderich, Treis-Karden, Ulmen, Stadt Zell (Mosel)

Lkr. Mayen-Koblenz: Alken, Stadt Andernach (ohne Stadtteil Namedy), Stadt Bendorf (Stadtteil Sayn), Brodenbach, Burgen, Kobern-Gondorf, Löf, Stadt Mayen, Stadt Mendig (Stadtteil Niedermendig), Monreal, Stadt Rhens, Stadt Vallendar, Winningen

Lkr. Neuwied: Stadt Bad Hönningen, Döttesfeld, Ehlscheid, Hausen (Wied), Stadt Linz am Rhein, Niederbreitbach, Rengsdorf, Rheinbrohl, Roßbach, Stadt Unkel, Waldbreitbach

Rhein-Hunsrück-Kreis: Stadt Boppard, Emmelshausen, Stadt Kastellaun, Lingerhahn, Stadt Oberwesel, Stadt Sankt Goar (ohne die Stadtteile Biebernheim, Werlau)

Rhein-Lahn-Kreis: Stadt Bad Ems, Bornich, Stadt Braubach, Stadt Diez, Kamp-Bornhofen, Stadt Kaub, Kestert, Stadt Lahnstein, Stadt Nassau, Oberndorf, Stadt Sankt Goarshausen

Westerwaldkreis: Stadt Bad Marienberg (Westerwald) (ohne die Stadtteile Eichenstruth, Langenbach, Zinhain), Freilingen, Stadt Hachenburg (ohne den Stadtteil Altstadt), Stadt Montabaur, Streithausen (Gemeindeteil Marienstatt [Kloster]), Stadt Westerburg (ohne die Stadtteile Gershasen, Sainscheid, Wengenroth)

Regierungsbezirk Rheinhessen-Pfalz

Kreisfreie Städte: Mainz (Rheinufer), Neustadt an der Weinstraße (Bereich zwischen Exterstraße, Karl-Helfferich-Straße, Maximilianstraße, Bachgängel, Ludwigstraße, Kohlplatz, Talstraße und Landauer Straße sowie die Landauer Straße, Grainstraße und der Bahnhofsvorplatz; Weinstraße [Stadtteil Diedesfeld]; Meerspinnstraße [Stadtteil Gimmeldingen], Haardter Straße und Mandelring [Stadtteil Haardt], Hambacher Schloß und Weinstraße [Stadtteil Hambach], Deidesheimer Straße zwischen Raiffeisenstraße und Blütenstraße [Stadtteil Königsbach], An der Eselshaut [Stadtteil Mußbach]), Speyer (Dombezirk), Worms (Domplatz, Marktplatz mit angrenzendem Teil der Kämmererstraße und Neumarkt, Obermarkt, Lutherplatz, Rheinufer), Zweibrücken (Rosengartenbezirk, Fußgängerzone, Hallplatz, Schloßplatz)

Lkr. Bad Dürkheim: Stadt Bad Dürkheim (ohne die Stadtteile Hardenburg, Leistadt), Stadt Deidesheim

Lkr. Mainz-Bingen: Stadt Bacharach, Stadt Bingen am Rhein (ohne den Stadtteil Bingerbrück), Niederheimbach, Nierstein, Stadt Oppenheim (Altstadtgebiet westlich der Ortsdurchfahrt der Bundesstraße 9), Trechtingshausen

Lkr. Pirmasens: Stadt Dahn, Eppenbrunn, Hauenstein, Ludwigswinkel

Lkr. Südliche Weinstraße: Stadt Annweiler am Trifels, Stadt Bad Bergzabern, Stadt Edenkoben, Rhodt unter Rietburg, Sankt Martin, Schweigen-Rechtenbach (Gemeindeteil Schweigen)

Regierungsbezirk Trier

Kreisfreie Städte: Trier (Hauptbahnhofsplatz, Bahnhofstraße, Porta-Nigra-Platz, Simeonstift-Platz, Fußgängerzone im Innenstadtbereich, Zurlaubener Ufer und Schiffsanlegestelle Zurlauben, Nell's Ländchen, Abtei St. Matthias, Verbindungsweg Kaiserstraße/Südallee in Höhe Neustraße, Kreuzung Franz-Ludwig-Straße/Bruchhausenstraße/Friedrich-Ebert-Allee, Am Palastgarten, Im Palastgarten, Basilika-Vorplatz, Jakobstraße bis einschließlich Pferdemarkt)

Lkr. Bernkastel-Wittlich: Stadt Bernkastel-Kues, Enkirch, Großlittgen (Gemeindeteil Himmerod [Kloster]), Klausen (ohne die Gemeindeteile Krames, Pohlbach), Kröv, Manderscheid (ohne den Gemeindeteil Niedermanderscheid), Morbach, Neumagen-Dhron (Gemeindeteil Neumagen), Reil, Thalfang, Stadt Traben-Trarbach (ohne die Stadtteile Kautenbach, Wolf), Ürzig, Zeltingen-Rachtig

Lkr. Bitburg-Prüm: Biersdorf, Bollendorf, Echternacherbrück, Irrel, Stadt Kyllburg, Stadt Neuerburg, Stadt Prüm, Schönecken

Lkr. Daun: Stadt Daun (ohne die Stadtteile Boverath, Neunkirchen, Pützborn), Stadt Gerolstein (ohne die Stadtteile Bewingen, Hinterhausen, Lissingen), Kelberg, Stadtkyll

Lkr. Trier-Saarburg: Kell, Leiwen, Mehring, Reinsfeld, Stadt Saarburg (ohne die Stadtteile Kahren, Krutweiler), Schillingen, Stadt Schweich, Zerf

10.2 Sechste Landesverordnung zur Durchführung des Gesetzes über den Ladenschluß vom 7. 12. 1961 (GVBl. S. 264), zuletzt geändert durch LVO vom 6. 12. 1978 (GVBl. S. 722)

Auf Grund des § 15 Satz 2 des Gesetzes über den Ladenschluß vom 28. November 1956 (BGBl. I S. 875), zuletzt geändert durch das Zweite Gesetz zur Änderung des Gesetzes über den Ladenschluß vom 14. November 1960 (BGBl. I S. 845), verordnet die Landesregierung:

§ 1 [24. Dezember]. Wenn der 24. Dezember auf einen Sonntag fällt, dürfen

1. Verkaufsstellen, die gemäß § 12 des Gesetzes über den Ladenschluß oder den hierauf gestützten Vorschriften an Sonn- und Feiertagen geöffnet sein dürfen,
2. Verkaufsstellen, die überwiegend Lebens- und Genußmittel feilhalten,
3. alle Verkaufsstellen für die für die Abgabe von Weihnachtsbäumen

von 9.00 Uhr bis 12.00 Uhr geöffnet sein.

§ 2 (aufgehoben)

§ 3 [Inkrafttreten]. Diese Verordnung tritt am Tage nach ihrer Verkündung in Kraft.

10.3 Verordnung über Zuständigkeiten vom 21. 10. 1981 (GVBl. S. 263), geändert durch VO vom 15. 7. 1983 (GVBl. S. 181)

Auf Grund ... des § 10 Abs. 1 Satz 1 und 2, des § 11 Abs. 1, des § 12 Abs. 2 Satz 3, des § 14 Abs. 1 Satz 3, des § 15 Satz 2, des § 16 Abs. 1

Satz 2 und des § 28 des Gesetzes über den Ladenschluß vom 28. November 1956 (BGBl. I S. 875), zuletzt geändert durch Gesetz vom 5. Juli 1976 (BGBl. I S. 1773), ... wird verordnet:

§ 1 [Verwaltungsaufgaben]. (1) Für die Wahrnehmung der in der **Anlage** zu dieser Verordnung aufgeführten Verwaltungsaufgaben sind die dort bezeichneten Behörden sachlich zuständig.

(2) Verwaltungsaufgaben, die durch Bundes- oder Landesrecht den unteren Behörden der Gewerbeaufsicht ... übertragen sind, werden von den Staatlichen Gewerbeaufsichtsämtern wahrgenommen, soweit in der Anlage zu dieser Verordnung nichts anderes bestimmt ist.

(3) Die für die Erteilung von Erlaubnissen, Genehmigungen, Zulassungen und sonstigen Berechtigungen sowie für die Ausstellung von Befähigungszeugnissen zuständigen Behörden entscheiden, soweit in der Anlage zu dieser Verordnung nichts anderes bestimmt ist, auch über deren Versagung, Rücknahme, Widerruf und Entziehung.

§ 2 [Ordnungswidrigkeiten]. Folgende Zuständigkeiten für die Verfolgung und Ahndung von Ordnungswidrigkeiten nach dem Gesetz über Ordnungswidrigkeiten werden auf die nachgenannten Behörden übertragen:

1. Zuständige Behörde für die Verfolgung und Ahndung von Ordnungswidrigkeiten nach § 111 des Gesetzes über Ordnungswidrigkeiten ist, soweit gegenüber dem Staatlichen Gewerbeaufsichtsamt ... unrichtige Angaben gemacht, oder die Angaben verweigert werden, ... das Staatliche Gewerbeaufsichtsamt.
2. Zuständige Behörde für die Verfolgung und Ahndung von Ordnungswidrigkeiten nach § 130 des Gesetzes über Ordnungswidrigkeiten ist, soweit eine mit Strafe oder Geldbuße bedrohte Verletzung von Pflichten begangen wird, deren Einhaltung das Staatliche Gewerbeaufsichtsamt ... zu überwachen hat ... das Staatliche Gewerbeaufsichtsamt.

§ 3 [Ermächtigungen]. Folgende Ermächtigungen zum Erlaß von Rechtsverordnungen nach dem Gesetz über den Ladenschluß werden auf die nachgenannten Behörden übertragen:

1. die Ermächtigung zur Festsetzung der zugelassenen Öffnungszeiten nach § 10 Abs. 1 Satz 1 wird auf das Landesgewerbeaufsichtsamt für Rheinland-Pfalz übertragen;

2. die Ermächtigung zur Zulassung eines erweiterten Geschäftsverkehrs in ländlichen Gebieten nach § 11 Abs. 1 wird auf die Kreisverwaltung als untere Behörde der allgmeinen Landesverwaltung übertragen;
3. die Ermächtigung zur Festsetzung der Lage der zugelassenen Öffnungszeiten nach § 12 Abs. 2 Satz 3 wird auf das Landesgewerbeaufsichtsamt für Rheinland-Pfalz übertragen;
4. die Ermächtigung zur Freigabe verkaufsoffener Sonn- und Feiertage nach § 14 Abs. 1 Satz 3 wird auf die Ortspolizeibehörde übertragen. Die Rechtsverordnung bedarf der Zustimmung des Landesgewerbeaufsichtsamtes für Rheinland-Pfalz;
5. die Ermächtigung zur Festsetzung der Öffnungszeiten nach § 15 Satz 2 wird auf das Landesgewerbeaufsichtsamt für Rheinland-Pfalz übertragen;
6. die Ermächtigung zur Freigabe von Tagen mit verlängerten Öffnungszeiten nach § 16 Abs. 1 Satz 2 wird auf die Ortspolizeibehörde übertragen. Die Rechtsverordnung bedarf der Zustimmung des Landesgewerbeaufsichtsamtes für Rheinland-Pfalz.

§ 4 [Inkrafttreten]. (1) Diese Verordnung tritt am Tage nach der Verkündung in Kraft.[1]

(2) (Aufhebungsbestimmung)

Anlage zur VO

4.8 Gesetz über den Ladenschluß

4.8.1 § 4 Abs. 2 Satz 1 Anordnung der Ladenschlußzeiten für Apotheken: BezReg (im Benehmen mit GAA = Gewerbeaufsichtsamt)

4.8.2 § 19 Abs. 1 Zulassung besonderer Verkaufszeiten auf Wochenmärkten: OPB [Ortspolizeibehörde]

4.8.3 § 20 Abs. 2a Zulassung des Feilhaltens bestimmter Waren außerhalb von Verkaufsstellen während der Ladenschlußzeiten: OPB (wenn Arbeitnehmer beschäftigt werden: mit Zustimmung des GAA)

---

[1] § 4 Abs. 1: Verkündet am 26. 11. 1981.

4.8.4 § 22 Abs. 1 Aufsicht über die Ausführung der Bestimmungen des Gesetzes über den Ladenschluß und der auf Grund dieses Gesetzes erlassenen Vorschriften: GAA/OPB, soweit es sich um die Aufsicht über die Durchführung der §§ 3 bis 16, 18 bis 19, 20 Abs. 1, 2, 2a, § 21 des Gesetzes über den Ladenschluß sowie der zur Ausführung dieser Bestimmungen erlassenen Rechtsverordnungen handelt

4.8.5 § 23 Abs. 1 Satz 1 Erteilung von befristeten Ausnahmen in Einzelfällen: MSGU [Ministerium]

4.8.6 § 24 Verfolgung und Ahndung von Ordnungswidrigkeiten: GAA/OPB, soweit es sich um die Aufsicht über die Durchführung der §§ 3 bis 16, 18 bis 19, 20 Abs. 1, 2, 2a, § 21 des Gesetzes über den Ladenschluß sowie der zur Durchführung dieser Bestimmungen erlassenen Rechtsverordnungen handelt.

4.9 § 2 NE-Ladenschlußzeiten-V[1]

Zulassung von Verkaufszeiten zwischen 22 Uhr und 5 Uhr: LGAA

11. Saarland

11.1 Verordnung über den Verkauf bestimmter Waren an Sonn- und Feiertagen sowie an Samstagen in Kur-, Ausflugs-, Erholungs- und Wallfahrtsorten (5. LSchlVO) vom 21. 8. 1978 (ABl. S. 778)

Auf Grund des § 10 Abs. 1 und 2 des Gesetzes über den Ladenschluß vom 28. November 1956 (BGBl. I S. 875), zuletzt geändert durch Gesetz vom 5. Juli 1976 (BGBl. I S. 1773), verordnet die Landesregierung:

§ 1 [Öffnung, Orte, Waren]. (1) In den in der Anlage dieser Verordnung unter A. aufgeführten Kur-, Ausflugs-, Erholungs- und Wallfahrtsorten dürfen Badegegenstände, Devotionalien, frische Früchte, alkoholfreie Getränke, Milch und Milcherzeugnisse im Sinne des § 4 Abs. 2 des Milch- und Fettgesetzes in der Fassung der Bekannt-

[1] Vgl. 1.2.

machung vom 10. Dezember 1952 (BGBl. I S. 811), zuletzt geändert durch Gesetz vom 28. Mai 1974 (BGBl. I S. 1185), Süßwaren, Tabakwaren, Blumen, Zeitungen und Waren, die für diesen Ort kennzeichnend sind,

1. an den Sonn- und Feiertagen in der Zeit vom 15. März bis 15. Oktober jeweils von 10.00 bis 18.00 Uhr,
2. an den Samstagen vor den Sonntagen, für die nach Nummer 1 ein Geschäftsverkehr zugelassen ist, bis 20.00 Uhr

verkauft werden.

(2) In den in der Anlage dieser Verordnung unter B. aufgeführten Kur-, Ausflugs-, Erholungs- und Wallfahrtsorten dürfen die in Absatz 1 genannten Waren

1. an den Sonn- und Feiertagen in der Zeit vom 15. März bis 31. August und in der Zeit vom 15. Dezember bis 15. Januar jeweils von 10.00 bis 18.00 Uhr,
2. an den Samstagen vor den Sonntagen, für die nach Nummer 1 ein Geschäftsverkehr zugelassen ist, bis 20.00 Uhr

verkauft werden.

§ 2 [Schließung]. Die Verkaufsstellen, die auf Grund des § 1 Abs. 1 Nr. 2 oder Abs. 2 Nr. 2 an Samstagen länger als bis 14.00 Uhr offenhalten, müssen am Montag derselben Woche oder, sofern dieser ein gesetzlicher Feiertag ist, an dem darauffolgenden Werktag ab 14.00 Uhr geschlossen sein.

§ 3 [Arbeitnehmer]. (1) Arbeitnehmer dürfen an jährlich höchstens zweiundzwanzig Sonn- und Feiertagen bis zu vier Stunden und samstags höchstens bis 18.00 Uhr beschäftigt werden. Ihnen ist die in § 17 Abs. 3 des Gesetzes über den Ladenschluß vorgeschriebene Freizeit zu gewähren.

(2) Jugendliche sowie werdende und stillende Mütter dürfen während der auf Grund dieser Verordnung zugelassenen Verkaufszeiten nicht beschäftigt werden.

§ 4 [Aushang]. Die Inhaber von Verkaufsstellen, in denen auf Grund dieser Verordnung ein erweiterter Geschäftsverkehr stattfindet, müssen die Verkaufszeiten und die zum Verkauf zugelassenen Waren an oder in der Verkaufsstelle von außen deutlich sichtbar bekanntgeben. Soweit nach § 2 ein früher Ladenschluß am Montag vorgeschrieben ist, ist dies zu vermerken. Die entsprechenden Aushänge sind der Ortspolizeibehörde zur Anbringung eines Sichtvermerks vorzulegen.

§ 5 [Ordnungswidrigkeiten]. Ordnungswidrig im Sinne des § 24 Abs. 1 Nr. 2 des Gesetzes über den Ladenschluß handelt, wer

1. zu den Geschäftszeiten, die nach § 1 ausnahmsweise zugelassen sind, andere als die zugelassenen Waren verkauft,
2. entgegen § 2 die Verkaufsstelle nicht ab 14.00 Uhr geschlossen hält,
3. gegen die Vorschriften des § 4 verstößt.

§ 6 [Inkrafttreten]. (1) Diese Verordnung tritt am Tage nach der Verkündung in Kraft.

(2) Gleichzeitig tritt die ... 2. LSchlV außer Kraft.

Anlage zur 5. LSchlVO: Verzeichnis der Kur-, Ausflugs-, Erholungs- und Wallfahrtsorte

A. *Gemeinde- oder Stadtteile:* Perl und Nennig der Gemeinde Perl, Mettlach, Orscholz und Saarhölzbach der Gemeinde Mettlach, Losheim, Britten, Scheiden und Waldhölzbach der Gemeinde Losheim, Rappweiler und Konfeld der Gemeinde Weiskirchen, Wadern und Nunkirchen der Stadt Wadern, Urweiler der Stadt St. Wendel, Nonnweiler, Otzenhausen und Sitzerath der Gemeinde Nonnweiler, Oberkirchen der Gemeinde Freisen, Bexbach der Stadt Bexbach, Blieskastel der Stadt Blieskastel

Gelände des Deutsch-Französischen Gartens in der Landeshauptstadt *Saarbrücken.*

B. *Gemeinde- oder Stadtteile:* Weiskirchen, Weierweiler und Thailen der Gemeinde Weiskirchen, Braunshausen der Gemeinde Nonnweiler, Tholey und Theley der Gemeinde Tholey, Bosen, Eckelhausen, Gonnesweiler, Neunkirchen (Nahe) und Nohfelden der Gemeinde Nohfelden.

11.2 Verordnung über die Festsetzung der Verkaufszeiten für den Verkauf bestimmter Waren an Sonn- und Feiertagen (3. LSchlV) vom 27. 11. 1963 (ABl. S. 715), zuletzt geändert durch VO vom 11. 7. 1988 (ABl. S. 606)

Auf Grund des § 12 Abs. 2 des Gesetzes über den Ladenschluß vom 28. November 1956 (BGBl. I S. 875), zuletzt geändert durch das Zweite Gesetz zur Änderung des Gesetzes über den Ladenschluß vom 14. November 1960 (BGBl. I S. 845), sowie auf Grund des § 1 der Verordnung des Bundesministers für Arbeit und Sozialordnung über den Verkauf bestimmter Waren an Sonn- und Feiertagen vom 21. Dezember 1957 (BGBl. I S. 1881) verordnet die Landesregierung:

§ 1 [Verkaufsstellen, Öffnungszeiten]. (1) An Sonn- und Feiertagen dürfen geöffnet sein für die Abgabe von

1. frischer Milch: Verkaufsstellen, deren Inhaber eine Erlaubnis nach § 14 des Milchgesetzes vom 31. 7. 1930 (RGBl. 1 S. 421) besitzen, im Sommerhalbjahr (1. April bis 30. September) von 8.00 bis 10.00 Uhr und im Winterhalbjahr von 9.00 bis 11.00 Uhr,
2. Konditorwaren: Verkaufsstellen von Betrieben, die Konditorwaren herstellen, von 14.30 bis 16.30 Uhr.
3. Blumen: Verkaufsstellen, in denen in erheblichem Umfange Blumen feilgehalten werden,
   a) im allgemeinen von 10.00 Uhr bis 12.00 Uhr; Verkaufsstellen auf Friedhöfen und in Krankenanstalten, Alten-, Pflege- und Kinderheimen sowie in einem Umkreis von 300 m hiervon dürfen stattdessen von 14.00 bis 16.00 Uhr geöffnet sein, wenn dies vorher der Ortspolizeibehörde schriftlich mitgeteilt worden ist.
   b) am 1. November (Allerheiligen), am Volkstrauertag, am Buß- und Bettag, am Totensonntag und am 1. Adventssonntag von 9.00 bis 12.00 Uhr und von 14.00 bis 17.00 Uhr,
4. Zeitungen: Verkaufsstellen für Zeitungen von 11.00 bis 14.00 Uhr und von 20.00 bis 22.00 Uhr.

(2) Absatz 1 Nr. 1 bis 3 gilt nicht für die Abgabe am 2. Weihnachts-, Oster- und Pfingstfeiertag. Absatz 1 Nr. 4 gilt nicht für die Abgabe am 1. Weihnachts-, Oster- und Pfingstfeiertag.

(3) Die Vorschriften der §§ 5, 10, 11, 14 und 15 des Gesetzes über den Ladenschluß sowie der Verordnung über den Ladenschluß in Kur-, Erholungs-, Ausflugs- und Wallfahrtsorten ... bleiben unberührt.

§ 2 [Arbeitnehmer]. (1) Sofern an Sonn- und Feiertagen Arbeitnehmer beschäftigt werden, ist ihnen die in § 17 Abs. 3 des Gesetzes über den Ladenschluß vorgeschriebene Freizeit zu gewähren.

(2) Das Verbot der Beschäftigung von Jugendlichen und werdenden und stillenden Müttern ... bleibt unberührt.

§ 3 [Aushang]. Die Inhaber von Verkaufsstellen, in denen auf Grund dieser Verordnung ein erweiterter Geschäftsverkehr stattfindet, sind verpflichtet, die Verkaufszeiten und die zugelassenen Waren an oder in den Verkaufsstellen von außen deutlich sichtbar bekanntzugeben.

§ 4 [Ordnungswidrigkeiten]. (Überholt durch §§ 24 und 25 des Gesetzes über den Ladenschluß).

§ 5 [Inkrafttreten]. Diese Verordnung tritt am 27. November 1963 in Kraft.

11.3 Verordnung über die Festsetzung der Öffnungszeiten für den Sonntagsverkauf am 24. Dezember (4. LSchlV) vom 2. 11. 1967 (ABl. S. 922)

Auf Grund des § 15 Satz 2 des Gesetzes über den Ladenschluß vom 28. November 1956 (BGBl. I S. 875), zuletzt geändert durch das Zweite Gesetz zur Änderung des Gesetzes über den Ladenschluß vom 14. November 1960 (BGBl. I S. 845), sowie auf Grund des § 1 Nr. 1 Buchst. a) der Verordnung über Zuständigkeiten nach dem Gesetz über den Ladenschluß (1. LSchlV) vom 27. November 1963 (Amtsbl. S. 713) wird verordnet:

§ 1 [Verkaufsstellen, Öffnungszeiten]. Wenn der 24. Dezember auf einen Sonntag fällt, dürfen, abweichend von der Vorschrift des § 3 Abs. 1 Nr. 1 des Gesetzes über den Ladenschluß,

1. Verkaufsstellen, die gemäß Verordnung über den Verkauf bestimmter Waren an Sonn- und Feiertagen vom 21. Dezember 1957 (BGBl. I S. 1881) an Sonn- und Feiertagen geöffnet sein dürfen,

2. Verkaufsstellen, die überwiegend Lebens- und Genußmittel feilhalten,
3. alle Verkaufsstellen für die Abgabe von Weihnachtsbäumen

von 9.00 bis 12.00 Uhr geöffnet sein.

§ 2 [Arbeitnehmer]. (1) Sofern Arbeitnehmer beschäftigt werden, ist ihnen die in § 17 Abs. 3 des Gesetzes über den Ladenschluß vorgeschriebene Freizeit zu gewähren.

(2) Das Verbot der Beschäftigung von Jugendlichen und werdenden und stillenden Müttern an Sonntagen (§ 17 Abs. 1 und § 18 Abs. 1 des Jugendarbeitsschutzgesetzes und § 8 Abs. 1 des Mutterschutzgesetzes) bleiben unberührt.

§ 3 [Aushang]. Die Inhaber der Verkaufsstellen, in denen auf Grund dieser Verordnung ein Geschäftsverkehr stattfindet, sind verpflichtet, die Verkaufszeit und gegebenenfalls die zugelassenen Waren an oder in den Verkaufsstellen von außen deutlich sichtbar bekanntzugeben.

§ 4 [Ordnungswidrigkeiten]. (Überholt durch §§ 24 und 25 des Gesetzes über den Ladenschluß).

§ 5 [Inkrafttreten]. Diese Verordnung tritt am Tage nach der Verkündung im Amtsblatt in Kraft.

11.4 Zuständigkeitsregelungen

11.4.1 Gesetz Nr. 795 über Zuständigkeiten nach dem Gesetz über den Ladenschluß vom 22. 4. 1964 (ABl. S. 366)

Der Landtag des Saarlandes hat folgendes Gesetz beschlossen, das hiermit verkündet wird.

§ 1 [Ermächtigungen]. Zuständige Behörden im Sinne des Gesetzes über den Ladenschluß vom 28. November 1956 (BGBl. I S. 875), zuletzt geändert durch das Zweite Gesetz zur Änderung des Gesetzes über den Ladenschluß vom 14. November 1960 (BGBl. I S. 845), sind:

1. Der Minister für Arbeit, Gesundheit und Sozialordnung für Anordnung gemäß § 4 Abs. 2 des Gesetzes über den Ladenschluß,
2. die Ortspolizeibehörden
   a) zur Freigabe der in § 14 Abs. 1 Satz 1 und § 16 Abs. 1 Satz 1 des Gesetzes über den Ladenschluß bezeichneten Tage,

b) zur Zulassung des geschäftlichen Verkehrs auf Groß- und Wochenmärkten gemäß § 19 Abs. 1 des Gesetzes über den Ladenschluß und

c) zur Zulassung von Ausnahmen nach § 20 Abs. 2a des Gesetzes über den Ladenschluß.

§ 2 [Aufsicht]. Neben dem Gewerbeaufsichtsamt des Saarlandes üben die Ortspolizeibehörden die Aufsicht über die Durchführung der §§ 3 bis 16, 18, 18a, 19, 20 Abs. 1, 2 und 2a und des § 21 des Gesetzes über den Ladenschluß sowie der zur Ausführung dieser Vorschriften erlassenen Rechtsverordnungen aus.

11.4.2 Verordnung über Zuständigkeiten nach dem Gesetz über den Ladenschluß (1. LSchlV) vom 27. 11. 1963 (ABl. S. 713)

Auf Grund der §§ 15 Satz 2, 22 Abs. 1 Halbsatz 2 und 28 des Gesetzes über den Ladenschluß vom 28. November 1956 (BGBl. I S. 875), zuletzt geändert durch das Zweite Gesetz zur Änderung des Gesetzes über den Ladenschluß vom 14. November 1960 (BGBl. I S. 845), verordnet die Landesregierung:

§ 1 [Ermächtigung, Aufsicht]. Zuständige Behörden im Sinne des Gesetzes über den Ladenschluß sind:

1. Der Minister für Umwelt, Raumordnung und Bauwesen

   a) zur Festsetzung der Öffnungszeiten nach § 15 des Gesetzes über den Ladenschluß,

   b) im Einvernehmen mit dem Minister des Inneren zur Bestimmung, ob und inwieweit andere Dienststellen nach § 22 Abs. 1 Halbsatz 2 an der Aufsicht über die Ausführung der Vorschriften des Gesetzes über den Ladenschluß beteiligt werden, und

   c) zur Bewilligung von befristeten Ausnahmen nach § 23 Abs. 1 des Gesetzes über den Ladenschluß,

2. das Gewerbeaufsichtsamt des Saarlandes

   für die Aufsicht über die Ausführung des Gesetzes und der auf Grund dieses Gesetzes erlassenen Vorschriften, soweit es sich nicht um Wochenmärkte (§ 19) handelt.

12. Schleswig-Holstein

12.1 Landesverordnung über den Verkauf bestimmter Waren an Sonn- und Feiertagen und an Sonnabenden in Kur-, Erholungs- und Ausflugsorten vom 16. 10. 1973 (GVOBl. S. 367), zuletzt geändert durch VO vom 26. 3. 1979 (GVOBl. S. 282)

Aufgrund des § 10 Abs. 1 und 2 des Gesetzes über den Ladenschluß vom 28. November 1956 (BGBl. I S. 875), zuletzt geändert durch Gesetz vom 23. Juli 1969 (BGBl. I S. 945), verordnet die Landesregierung:

§ 1 [Öffnung, Orte, Waren]. Abweichend von § 3 Abs. 1 Nr. 1 und 3 des Gesetzes über den Ladenschluß dürfen in den in der Anlage aufgeführten Kur-, Erholungs- und Ausflugsorten

1. an jährlich höchstens vierzig Sonn- und Feiertagen bis zu acht Stunden und
2. an den diesen Sonn- und Feiertagen vorausgehenden Sonnabenden bis spätestens zwanzig Uhr

folgende Waren verkauft werden: Badegegenstände, Devotionalien, frische Früchte, alkoholfreie Getränke, Milch und Milcherzeugnisse nach § 4 Abs. 2 des Milch- und Fettgesetzes in der Fassung der Bekanntmachung vom 10. Dezember 1952 (BGBl. I S. 811), zuletzt geändert durch Gesetz vom 13. Juni 1972 (BGBl. I S. 893), Süßwaren, Tabakwaren, Blumen und Zeitungen sowie Waren, die für diese Orte kennzeichnend sind.

§ 2 [Festsetzung der Öffnungszeiten]. Die Landräte als Kreisordnungsbehörden und die Bürgermeister der Städte mit mehr als 10000 Einwohnern als örtliche Ordnungsbehörden bestimmen die in § 1 Abs. 1 genannten Sonn- und Feiertage sowie die Öffnungszeiten an diesen Tagen und den vorausgehenden Sonnabenden. Bei der Festsetzung der Öffnungszeiten ist auf den Hauptgottesdienst Rücksicht zu nehmen.

§ 3 [Aushang]. Verkaufsstellen, die nach den Bestimmungen dieser Verordnung öffnen, haben ein für den Käufer sichtbares Schild auszuhängen, auf dem die für den Verkauf zugelassenen Warengattungen zu bezeichnen sind, wenn sie die in § 1 genannten Waren nicht ausschließlich oder überwiegend führen.

§ 4 [Schließung]. (1) Die Verkaufsstellen, die an den in § 1 genannten Sonnabenden öffnen, müssen an einem bestimmten anderen Nachmittag derselben Woche ab vierzehn Uhr schließen. Dies gilt nicht für diejenigen Wochen, in denen der Ladenschluß am Sonnabend allgemein auf achtzehn Uhr festgesetzt ist.

(2) Die nach § 2 zuständigen Behörden bestimmen, an welchem Nachmittag diese Geschäfte geschlossen sein müssen.

§ 5 [Ordnungswidrigkeiten]. Ordnungswidrig im Sinne des § 25 des Gesetzes über den Ladenschluß handelt, wer als Inhaber einer Verkaufsstelle vorsätzlich oder fahrlässig

1. entgegen § 3 ein Schild mit der vorgeschriebenen Bezeichnung der Warengattungen nicht oder nicht sichtbar aushängt oder
2. entgegen einer vollziehbaren Anordnung nach § 4 die Verkaufsstelle nicht schließt.

§ 6 [Inkrafttreten]. Diese Verordnung tritt am Tage nach ihrer Verkündung in Kraft.

Anlage zu § 1 VO: Kur-, Erholungs- und Ausflugsorte

Kreis Dithmarschen: Büsum, Büsumer Deichhausen, Burg (Dithmarschen), Friedrichskoog, Warwerort, Westerdeichstrich

Kreis Flensburg-Land: Glückstadt (Ostsee), die Ortsteile Langballigau und Langballigholz der Gemeinde Langballig, Maasholm, der Ortsteil Westerholz der Gemeinde Westerholz, und zwar vom Strand bis zur Höhe der Mühle

Stadt Kiel: Ortsteil Schilksee

Kreis Herzogtum Lauenburg: Aumühle, Geesthacht, Gudow, Güster, Lauenburg/Elbe, Mölln, Ratzeburg, der Zeltplatz auf der Schwalkenhalbinsel in der Gemeinde Römnitz, Salem, Schmilau, Wentorf bei Hamburg, Wohltorf

Stadt Lübeck: Ortsteil Travemünde

Kreis Nordfriesland: Dagebüll, Friedrichstadt, Hörnum (Sylt), Hallig Hooge, Kampen (Sylt), List, Nebel, Nieblum, Norddorf, Insel Pellworm, St. Peter-Ording, Rantum (Sylt), Sylt-Ost, Tönning, Utersum, Wenningstedt (Sylt), Westerland, Wittdün, Wyk auf Föhr

Kreis Ostholstein: Avendorf, Bad Schwartau, Bannesdorf, Bosau, Burg auf Fehmarn, Dahme, Dänschendorf, Eutin, die Ortsteile Klingberg, Pönitz am See und Gronenberg der Gemeinde Gleschendorf, Grömitz, Großenbrode, Grube, Haffkrug-Scharbeutz, Heiligenhafen, Kellenhusen (Ostsee), Landkirchen, Lensahn, Malente, Meeschendorf (Fehmarn), Neukirchen, Neustadt in Holstein, Oldenburg in Holstein, Petersorf (Fehmarn), Sierksdorf, Ortsteile Bliesdorf und Brodau der Gemeinde Schashagen, Schönwalde am Bungsberg, Süsel, Timmendorferstrand, die Ortsteile Weißenhaus und Döhnsdorf der Gemeinde Wangels

Kreis Pinneberg: Helgoland, das Gebiet um das Schulauer Fährhaus in Wedel (Holstein)

Kreis Plön: der Badestrand am Großen Plöner See in der Gemeinde Ascheberg (Holstein), der Ortsteil Behrensdorf der Gemeinde Behrensdorf (Ostsee), der Ortsteil Sehlendorf der Gemeinde Blekendorf, die Ortsteile Niederkleveez und Sandkaten der Gemeinde Bösdorf, der Badestrand am Großen Plöner See in der Gemeinde Dersau, die Ortsteile Görnitz und Grebin der Gemeinde Grebin, Heikendorf, der Ortsteil Hohwacht der Gemeinde Hohwacht (Ostsee), Laboe, Ortsteil Bellin der Gemeinde Lammershagen, Lütjenburg, Plön, Preetz, Selent, Schönberg (Holstein), Stein, der Ortsteil Heidkoppel der Gemeinde Wisch, Wendtorf

Kreis Rendsburg-Eckernförde: Altenhof, der Campingplatz Aschberg der Gemeinde Ascheffel, Bistensee, der Ortsteil Schönhagen der Gemeinde Brodersby, Damp, Eckernförde, die Ortsteile Krusendorf, Surendorf und Dänisch-Nienhof der Gemeinde Schwedeneck, Strande, der Ortsteil Sieseby der Gemeinde Thumby, Waabs, Ortsteile Westensee und Wrohe der Gemeinde Westensee, Groß Wittensee

Kreis Schleswig-Flensburg: Arnis, die Schloßinsel in der Stadt Schleswig, Ortsteil Neukirchen der Gemeinde Quern und Ortsteile Steinberghoff, Steinbergholz und Norgaardholz der Gemeinde Steinberg

Kreis Segeberg: Bad Bramstedt, Bad Segeberg

Kreis Stormarn: Großensee, die Ortsteile Lütjensee-Dorf und Bollmoor der Gemeinde Lütjensee, Reinfeld (Holstein)

12.2 Verordnung über die Festsetzung der Lage der Verkaufszeiten für den Verkauf bestimmter Waren an Sonntagen vom 9. 1. 1958 (GVOBl. S. 62), zuletzt geändert durch VO vom 9. 11. 1984 (GVOBl. S. 227)

Auf Grund des § 12 Abs. 2 des Gesetzes über den Ladenschluß vom 28. November 1956 (BGBl. I S. 875) und der dazu ergangenen Änderung vom 17. Juli 1957 (BGBl. I S. 722) verordnet die Landesregierung:

§ 1 [Waren, Verkaufszeiten]. Die durch Rechtsverordnung des Bundesministers für Arbeit und Sozialordnung vom 21. Dezember 1957 (BGBl. I S. 1881) freigegebenen Verkaufszeiten an Sonn- und Feiertagen werden für das Land Schleswig-Holstein wie folgt festgesetzt:

1. für frische Milch von 8.00 bis 10.00 Uhr,
2. für Konditorwaren von 11.00 bis 13.00 Uhr,
3. für Blumen
   a) allgemein von 10.00 bis 12.00 Uhr,
   b) am Volkstrauertag, am Buß- und Bettag, am Totensonntag und am 1. Advent von 10.00 bis 16.00 Uhr,
4. für Zeitungen von 7.30 bis 12.30 Uhr.

§ 2 [Ermächtigung]. Die Kreisordnungsbehörden sowie die örtlichen Ordnungsbehörden in den kreisangehörigen Städten mit über 20000 Einwohnern werden ermächtigt, durch Verordnung die im § 1 festgesetzte Lage der Verkaufszeiten anders festzulegen, wenn dieses im Interesse der Versorgung der Bevölkerung mit diesen Waren erforderlich ist. Hierbei sind die Zeiten des Hauptgottesdienstes zu berücksichtigen.

Bei einer anderen Regelung der Verkaufszeit für Zeitungen muß die im § 5 des Ladenschlußgesetzes festgesetzte Verkaufszeit von Zeitungen aus Kiosken von 11.00 bis 13.00 Uhr in die allgemeine Verkaufsregelung für Zeitungen nach dieser Verordnung einbegriffen sein.

§ 3 [Inkrafttreten]. Die Verordnung tritt mit dem Tage der Verkündung in Kraft.

12.3 Zuständigkeitsregelungen

12.3.1 Verordnung über zuständige Behörden vom 17. 11. 1983 (GVBl. S. 455)

Aufgrund des § 11 Abs. 1, § 14 Abs. 1, der §§ 15 und 16 Abs. 1 und des § 28 des Gesetzes über den Ladenschluß vom 28. November 1956 (BGBl. I S. 875), zuletzt geändert durch Gesetz vom 5. Juli 1976 (BGBl. I S. 1773), verordnet die Landesregierung:

§ 1 [Ermächtigte Stellen]. (1) Zuständige Stellen nach § 11 Abs. 1 und § 15 des Gesetzes über den Ladenschluß sind die Landräte und Bürgermeister der kreisfreien Städte als Kreisordnungsbehörden.

(2) Zuständige Stellen nach § 14 Abs. 1 und § 16 Abs. 1 des Gesetzes über den Ladenschluß sind

1. in den kreisangehörigen Gemeinden mit mehr als 10000 Einwohnern die Bürgermeister als örtliche Ordnungsbehörden;
2. im übrigen die Landräte und Bürgermeister der kreisfreien Städte als Kreisordnungsbehörden.

(3) Zuständige Behörden nach § 20 Abs. 2a des Gesetzes über den Ladenschluß sind die Bürgermeister der amtsfreien Gemeinden und die Amtsvorsteher als örtliche Ordnungsbehörden.

§ 2 [Aufsicht]. Zuständige Behörden nach § 22 Abs. 1 des Gesetzes über den Ladenschluß sind die Gewerbeaufsichtsämter. Neben den Gewerbeaufsichtsämtern sind die Bürgermeister der amtsfreien Gemeinden und die Amtsvorsteher als örtliche Ordnungsbehörden zuständig für die Aufsicht über die Durchführung der §§ 3 bis 16, 18, 20 Abs. 1 und 2 und des § 21 des Gesetzes über den Ladenschluß sowie der zur Ausführung dieser Vorschriften erlassenen Verordnungen.

12.3.2 Ordnungswidrigkeiten-Zuständigkeitsverordnung vom 22. 1. 1988 (GVBl. S. 32)

Zuständige Behörden für die Verfolgung und Ahndung von Ordnungswidrigkeiten gegen § 24 des Gesetzes über den Ladenschluß sind nach 1.13.1.5 des Zuständigkeitsverzeichnisses zu § 1 der Ordnungswidrigkeiten-Zuständigkeitsverordnung die Gewerbeaufsichtsämter.

Teil C
Dienstleistungsabend

Gesetz zur Einführung eines Dienstleistungsabends (GzED) vom 10. Juli 1989 (BGBl. I S. 1382)

Artikel 1 Empfehlung für einen Dienstleistungsabend

Dienstleistungsbetrieben sowie den Dienststellen des Bundes mit regem Publikumsverkehr wird empfohlen, an jedem Donnerstag, der kein gesetzlicher Feiertag ist, einen Dienstleistungsabend bis 20.30 Uhr einzurichten. Dies gilt nicht für den Gründonnerstag.

Aus der amtlichen Begründung: Die Bundesregierung schlägt eine Empfehlung in Gesetzesform vor, damit die Empfehlung an alle Dienstleistungsanbieter durch den Gesetzgeber ausgesprochen wird. Eine **Empfehlung in Gesetzesform** ist auch mehr als in jeder anderen Form geeignet, einen umfassenden und nachhaltigen Impuls zur Einführung und Beibehaltung des Dienstleistungsabends allen Adressaten gegenüber zu geben. Gerade von einer Empfehlung in Gesetzesform kann erwartet werden, daß sie von den Adressaten auf Dauer beachtet, angenommen und in die Tat umgesetzt wird. Sie schränkt einerseits die Dispositionsfreiheit des einzelnen Adressaten nicht ein, appelliert aber andererseits an dessen Eigenverantwortung. Die Empfehlung in Gesetzesform kann damit zu einer gesetzlichen Leitlinie für alle Beteiligten werden.

Der Dienstleistungsabend wird für alle Dienstleistungsbetriebe und Dienststellen einheitlich **an einem Abend** in der Woche empfohlen, damit die Bürger Gelegenheit bekommen, an einem Abend mehrere Dienstleistungsbetriebe und Dienststellen aufzusuchen und es auf diese Weise zu einer möglichst intensiven Belebung der Innenstädte an diesem Abend kommt. Hierdurch wird die Offenhaltung für die Betriebe und Dienststellen interessanter und lohnender. Der Nahverkehr bekommt durch einen einheitlichen Dienstleistungsabend die Möglichkeit, sich mit seinem Angebot auf diesen Abend einzustellen ...

Die gesetzliche Empfehlung ist auf Dienststellen des Bundes beschränkt, weil dem **Bund** die Gesetzgebungskompetenz nur im Rahmen seiner Verwaltungsorganisation zusteht. Der Bund erwartet, daß die **Länder** ihren Dienststellen und den Dienststellen der Gemeinden eine entsprechende Empfehlung geben werden.

Aus dem Schriftlichen Bericht: Der Rechtsausschuß ... weist ... darauf hin, daß die Rechtsform in Art. 1, statt eines – im rechtstechnischen Sinne – Gesetzesbefehls eine **Verhaltensempfehlung** zu normieren, zwar ungewöhnlich sei, daß aber hiergegen keine verfassungsrechtlichen Bedenken bestünden ...

Die Mitglieder der Fraktionen der CDU/CSU und FDP waren der Auffassung, daß die in Art. 1 vorgesehene Empfehlung zur Einführung eines Dienstleistungsabends durch den Gesetzgeber ausgesprochen werden müsse, weil sie nur als **gesetzliche** Empfehlung die ihr zukommende Bedeutung als **Leitlinie** für alle Beteiligten erhalte. Sie richte sich naturgemäß in erster Linie direkt an die Inhaber der Betriebe und an die Leiter der Dienststellen, sie werde aber auch gegenüber den anderen Beteiligten nicht ohne Wirkung bleiben. So werde die gesetzliche Leitlinie, auch wenn sie nicht verbindlich sei, in die Ermessensentscheidung der betrieblichen **Einigungsstellen** mit einzubeziehen sein, wenn es in einem Betrieb bei der Festlegung der Lage der Arbeitszeit zu Meinungsverschiedenheiten zwischen Geschäftsleitung und Betriebsrat über die Teilnahme am Dienstleistungsabend komme. Die jeweilige Einigungsstelle habe ihre Beschlüsse unter angemessener Berücksichtigung der Belange des Betriebs und der betroffenen Arbeitnehmer nach billigem Ermessen zu treffen. Entsprechendes gelte für die Einigungsstellen nach dem Personalvertretungsrecht. Zu den Belangen des Betriebes gehöre auch seine Wettbewerbsfähigkeit, die auch durch eine Nichtteilnahme am Dienstleistungsabend beeinträchtigt werden könne.

Erläuterungen zu Art. 1 GzED

1 **Dienstleistungsbetriebe** sind Betriebe, die ihren Kunden Waren oder Dienstleistungen innerhalb oder außerhalb ihrer Geschäftsräume anbieten. Gemeint sind in erster Linie publikumsorientierte Dienstleistungsbetriebe, gleich, ob in privater oder öffentlich-rechtlicher Rechtsform. Entscheidend ist ihre wirtschaftliche Betätigung. In Betracht kommen auch städtische Verkehrsbetriebe in privater Rechtsform, aber auch andere Dienstleistungsbetriebe der Länder und Gemeinden in privater Rechtsform mit erwerbswirtschaftlicher Betätigung.

2 **Beispiele für** publikumsorientierte **Dienstleistungsbetriebe,** die von der Empfehlung des Art. 1 GzED direkt angesprochen werden, sind z. B. Verkaufsstellen, Banken und Sparkassen, Versicherungen, Reiseverkehrsunternehmen, Rechtsanwälte und Notare, Ärzte, Gaststätten, Freizeitbetriebe, Beraterbetriebe.

3 **Dienststellen des Bundes** – nur auf diese bezieht sich das Wort „des Bundes“, nicht etwa auch auf das Wort „Dienstleistungsbetriebe“ –

sind einzelne Behörden, Verwaltungsstellen und Betriebe des Bundes in öffentlich-rechtlicher Rechtsform, der bundesunmittelbaren Körperschaften, Anstalten und Stiftungen des öffentlichen Rechts sowie einzelne Bundesgerichte, z. B. das Bundespatentamt (§§ 1 und 6 Abs. 1 BPersVG). Von diesen Dienststellen werden von der Empfehlung des Art. 1 GzED die Dienststellen mit regem Publikumsverkehr angesprochen. Darunter sind solche Dienststellen zu verstehen, in denen ein unmittelbarer, persönlicher Verkehr zwischen der Behörde und dem außenstehenden Bürger in erheblichem Umfang stattfindet. Solche Dienststellen gibt es auch in den Ländern und Gemeinden. Der Bund, dem insoweit gegenüber den Ländern und Gemeinden die Organisationsgewalt und damit auch die Gesetzgebungskompetenz fehlt, erwartet, daß gegenüber den Dienststellen der **Länder** und **Gemeinden** die hierfür zuständigen Länder entsprechende Empfehlungen aussprechen oder diese Dienststellen sich auch ohne eine unmittelbar an sie gerichtete Empfehlung dem Dienstleistungsabend anschließen werden (BT-Drucks. 11/2973 S. 1, 6).

Beispiele für Dienststellen des Bundes mit regem Publikumsverkehr 4
sind insbesondere Postämter, Arbeitsämter, Reisezentren der Deutschen Bundesbahn, Bundeszentrale für politische Bildung, der Aufsicht des BMA oder des Bundesversicherungsamtes unterstehende Körperschaften und Anstalten des öffentlichen Rechts auf dem Gebiet der Kranken- und Rentenversicherung (BT-Drucks. 11/3395 S. 11; BT-Plenarprotokoll 11/80 S. 5391 f.). Dienststellen der Gemeinden mit erheblichem Publikumsverkehr sind z. B. das Einwohnermeldeamt, das Paßamt, das Sozialamt, die Wohngeldstelle. In Betracht kommen aber auch andere Dienststellen wie die Prüfstellen für Kraftfahrzeuge.

Den Betrieben und Dienststellen wird in Art. 1 GzED empfohlen, 5
einen Dienstleistungsabend **an jedem Donnerstag** einzurichten, der kein gesetzlicher Feiertag ist. Gesetzliche Feiertage sind die in § 2 LSchlG Rn. 2 genannten Tage. Von der Empfehlung für einen Dienstleistungsabend ausgenommen ist wegen seiner religiösen Bedeutung vor dem Osterfest auch der Gründonnerstag (BT-Drucks. 11/2973 S. 8). Durch § 3 Abs. 2 Satz 2 LSchlG ist der Gründonnerstag auch von der Zulassung als Dienstleistungsabend für Verkaufsstellen ausdrücklich ausgeschlossen.

Gesetzliche Vorschriften sind in der Regel Muß- oder Sollvorschriften 6
(vgl. z. B. §§ 3 und 4 MuSchG einerseits und § 5 MuSchG anderer-

seits). Art. 1 GzED enthält zum ersten Mal eine Empfehlung als gesetzliche Vorschrift im formellen Sinne, und zwar als Verhaltensvorschrift, wenn auch nicht als Muß- oder Sollvorschrift, so doch als Vorschrift. Die einzige gesetzliche Vorschrift mit einer Empfehlung enthielt bisher die Vorschrift des § 1 der Autobahn-Richtgeschwindigkeits-Verordnung vom 21. 11. 1978 (BGBl. I S. 1824), in der insbesondere den Führern von Personenkraftwagen empfohlen wird, u. a. auf Autobahnen nicht schneller als 130 km/h zu fahren. Hierbei handelte es sich jedoch lediglich um eine gesetzliche Vorschrift im materiellen Sinne. Bei Art. 1 GzED handelt es sich seinem Inhalt und seiner Form nach um eine formell gesetzliche Verhaltensvorschrift, wenn auch nur mit empfehlendem Rechtscharakter. Die **Rechtsform** in Art. 1 GzED, statt eines – im rechtstechnischen Sinne – Gesetzesbefehls eine Verhaltensempfehlung zu normieren, ist zwar ungewöhnlich, verfassungsrechtlich aber unbedenklich (BT-Drucks. 11/4649 S. 6).

7 Art. 1 GzED empfiehlt allen Beteiligten in der Form eines formellen Gesetzes zur Wahrung der Einheit der Lebensverhältnisse in der Bundesrepublik, an jedem Donnerstag einen Dienstleistungsabend einzurichten, wenn auch dem Rechtscharakter einer Empfehlung entsprechend nicht mit dem Anspruch auf zwingende, verpflichtende Beachtung. Da es sich nicht um eine verpflichtende, sondern um eine empfehlende Vorschrift handelt, erzwingt das GzED nicht die Einrichtung des Dienstleistungsabends mit den sonst üblichen öffentlich-rechtlichen Mitteln. Die Vorschrift schränkt auch nicht die Dispositionsfreiheit der Inhaber der Dienstleistungsbetriebe bzw. der Leiter der Dienststellen ein. Sie **appelliert** jedoch im Interesse der Bürger nachdrücklich **an** die Inhaber der **Dienstleistungsbetriebe** bzw. an die Leiter der Dienststellen, die Voraussetzungen für die Einrichtung eines Dienstleistungsabends für ihren Betrieb bzw. für ihre Dienststelle eigenverantwortlich zu prüfen und legt ihnen bei entsprechendem Bedarf in der Form eines formellen Gesetzes nahe, einen Dienstleistungsabend tatsächlich einzurichten (BT-Drucks. 11/2973 S. 5). Andererseits muß jeder Betrieb bzw. jede Dienststelle die Nachteile einer Nichtbeachtung des Art. 1 GzED selbst tragen, vor allem Konkurrenznachteile.

8 Art. 1 GzED wendet sich, soweit er in das System des Arbeitsrechts und des Arbeitsschutzes einbezogen ist, diesem Rechtssystem entsprechend in erster Linie an den Inhaber des Dienstleistungsbetriebes bzw. an den Leiter der Dienststelle als **Arbeitgeber.** Da jedoch diese Vor-

schrift zugleich dem Recht der Wirtschaft (Art. 74 Nr. 11 GG; vgl. BT-Drucks. 11/2973 S. 5) angehört, wendet sie sich auch an die **Beschäftigten** der Dienstleistungsbetriebe und der Dienststellen und legt ihnen in der Form eines formellen Gesetzes nahe, am Dienstleistungsabend ihres Betriebs bzw. ihrer Dienststelle teilzunehmen. Sie haben jedenfalls schon wegen des Wortlauts des Art. 1 GzED nicht das Recht, die Teilnahme ohne weiteres zu verweigern, vgl. jedoch Art. 5 GzED Rn. 1 ff.

Nach dem Eingangssatz des § 87 Abs. 1 BetrVG bzw. des § 75 Abs. 3 9
BPersVG ist das **Mitbestimmungsrecht des Betriebsrats** bzw. des Personalrats ausgeschlossen, soweit eine Angelegenheit der Nr. 2 bzw. der Nr. 1, hier der Dienstleistungsabend, durch Gesetz geregelt ist. Eine solche Sperrwirkung entfalten jedoch nur zwingende Gesetze (BAG BB 1977 S. 1046). Art. 1 GzED regelt den Dienstleistungsabend, wenn auch als Verhaltensvorschrift, so doch nicht zwingend, sondern nur empfehlend. Diese Vorschrift schließt daher das Mitbestimmungsrecht des Betriebs- bzw. Personalrats bei der Einführung des Dienstleistungsabends nicht unmittelbar aus. Daß der Betriebsrat bzw. Personalrat ein solches Mitbestimmungsrecht hat, ergibt sich aus BAG BB 1983 S. 1597 und 1988 S. 270 sowie aus BVerfG BB 1986 S. 593 zum Mitbestimmungsrecht des Betriebsrats bei der Festsetzung der Ladenschluß- bzw. Ladenöffnungszeiten (vgl. auch § 3 LSchlG Rn. 13; a.A. Gaul D III 14).

Art. 1 GzED schließt zwar das Mitbestimmungsrecht des Betriebs- 10
bzw. Personalrats bei der Einführung des Dienstleistungsabends nach § 87 Abs. 1 Nr. 2 BetrVG bzw. § 75 Abs. 3 Nr. 1 BPersVG nicht unmittelbar aus. Da dieser Artikel jedoch eine dahingehende Empfehlung in Gesetzesform, und zwar als formell gesetzliche Verhaltensvorschrift, enthält, übt er über § 76 Abs. 5 Satz 3 BetrVG zumindest einen erheblichen **Druck auf den Betriebsrat** aus. Nach dieser Vorschrift faßt die Einigungsstelle ihre Beschlüsse unter angemessener Berücksichtigung der Belange des Betriebs und der betroffenen Arbeitnehmer nach billigem Ermessen. In Art. 1 und 2 Nr. 1 GzED hat der Gesetzgeber eine Wertentscheidung dahin getroffen, daß das Interesse des Inhabers eines Dienstleistungsbetriebes und das seiner Kunden am Dienstleistungsabend grundsätzlich höher zu achten ist als das Interesse seiner Arbeitnehmer an einem früheren Feierabend. Würde nun der Betriebsrat der Verlängerung der Arbeitszeit am Dienstleistungsabend durch den Arbeitgeber bis 20.30 Uhr seine Zustimmung versagen, müßte die

Einigungsstelle die Versagung überprüfen, wenn eine echte Chance für den Dienstleistungsabend im betreffenden Betrieb besteht, zumindestens dann, wenn der Arbeitgeber spätöffnungsbedingte Wettbewerbsnachteile gegenüber Mitwettbewerbern, die von der Empfehlung zum Dienstleistungsabend Gebrauch machen, befürchten muß. Für den Personalrat ergibt sich eine entsprechende Lage aus § 71 Abs. 3 Satz 1 BPersVG.

11 Nach § 76 Abs. 5 Satz 3 BetrVG entscheidet die **Einigungsstelle** bei Meinungsverschiedenheiten zwischen Dienstleistungsbetrieb und Betriebsrat unter angemessener Berücksichtigung der Belange des Betriebs und der betroffenen Arbeitnehmer nach billigem Ermessen (vgl. § 3 LSchlG Rn. 14). Bei Meinungsverschiedenheiten zwischen Dienstleistungsbetrieb und den betroffenen Arbeitnehmern ist von der Einigungsstelle zusätzlich die Empfehlungg in Art. 1 GzED zu beachten, weil es sich um eine gesetzliche Verhaltensvorschrift und Leitlinie im formellen Sinne handelt, zumindest dann, wenn sich konkurrierende Dienstleistungsbetriebe am Dienstleistungsabend beteiligen, da zu den Belangen eines Dienstleistungsbetriebes i. S. d. § 76 Abs. 5 Satz 3 BetrVG dessen Konkurrenzfähigkeit gehört (vgl. § 3 LSchlG Rn. 15; vgl. ferner BT-Drucks. 11/2973 S. 5 und 11/4649 S. 7 sowie BT-Plenarprotokoll 11/147 S. 10949 A).

12 Die Ausführungen und Forderungen der Opposition im Schriftlichen Bericht und bei der 2. und 3. Lesung des Gesetzentwurfs, durch Art. 1 GzED werde „das Recht, die Arbeitszeiten durch Betriebsvereinbarungen festlegen zu können, ... weder unmittelbar noch mittelbar eingeschränkt ... Eine Präjudizierung der Ermessensentscheidungen der Einigungsstellen müsse ausgeschlossen bleiben," haben keinen Eingang in den Gesetzestext gefunden (vgl. BT-Drucks. 11/4649 S. 8; BT-Plenarprotokoll 11/147 S. 10952 B).

13 Zu Fragen der Einführung des Dienstleistungsabends bei **entgegenstehenden** kollektiven und einzelvertraglichen **Vereinbarungen** über die Lage der Arbeitszeit am Abend vgl. Art. 5 GzED Rn. 1 ff.

Artikel 2 Änderung des Gesetzes über den Ladenschluß

Das Gesetz über den Ladenschluß in der im Bundesgesetzblatt Teil III, Gliederungsnummer 8050-20, veröffentlichten bereinigten

Fassung, zuletzt geändert durch Gesetz vom 18. Dezember 1987 (BGBl. I S. 2793), wird wie folgt geändert:

1. § 3 enthält folgende Fassung:

„§ 3

Allgemeine Ladenschlußzeiten

(1) Verkaufsstellen müssen zu folgenden Zeiten für den geschäftlichen Verkehr mit den Kunden geschlossen sein:

1. an Sonn- und Feiertagen,

2. montags bis freitags bis 7.00 Uhr, in Verkaufsstellen für Bäckerwaren bis 6.30 Uhr und ab 18.30 Uhr,

3. samstags bis 7.00 Uhr, in Verkaufsstellen für Bäckerwaren bis 6.30 Uhr, und ab 14.00 Uhr, am ersten Samstag im Monat oder, wenn dieser Tag auf einen Feiertag fällt, am zweiten Samstag im Monat sowie an den vier aufeinanderfolgenden Samstagen vor dem 24. Dezember ab 18.00 Uhr, in den Monaten April bis September ab 16.00 Uhr,

4. am 24. Dezember, wenn dieser Tag auf einen Werktag fällt, ab 14.00 Uhr.

Die beim Ladenschluß anwesenden Kunden dürfen noch bedient werden.

(2) Abweichend von Absatz 1 Nr. 2 dürfen Verkaufsstellen donnerstags bis 20.30 Uhr geöffnet sein, wenn hierdurch die nach Absatz 1 Nr. 2 und 3 zulässige Gesamtöffnungszeit in der Woche nicht überschritten wird. Dies gilt nicht für den Gründonnerstag."

2. In § 11 Abs. 1 Nr. 2, § 16 Abs. 1 Satz 1 und § 17 Abs. 7 Nr. 3 werden jeweils die Worte „und Abs. 2" gestrichen.

Aus der amtlichen Begründung: Im ... Artikel 2 des Gesetzentwurfs wird vorgeschlagen, die Offenhaltung von Verkaufsstellen abweichend von der in § 3 Abs. 1 Nr. 2 des Ladenschlußgesetzes LSchlG auf 18.30 Uhr festgesetzten Schließung entsprechend der Empfehlung in Artikel 1 des Gesetzentwurfs am Donnerstag ... zuzulassen. Damit soll auch **Verkaufsstellen** ermöglicht werden, der Empfehlung zur Einrichtung eines Dienstleistungsabends zu folgen.

Grundsätzlich wird erwartet, daß die Verkaufsstellen der **Empfehlung** in Artikel 1 des Gesetzentwurfs **folgen** und einen Verkaufsabend am Donnerstag durchführen werden.

Aus dem Schriftlichen Bericht: Die Mitglieder der Fraktionen der CDU/CSU und FDP hoben hervor, daß durch die Einführung des Dienstleistungsabends im Einzelhandel der im geltenden Ladenschlußgesetz enthaltene **Kompromiß** zugunsten der Verbraucher verändert werde. Um die Akzeptanz des Dienstleistungsabends auch für die Beschäftigten im Einzelhandel zu erhöhen, hielten die Mitglieder der CDU/CSU und FDP es für vertretbar, den Dienstleistungsabend auf 20.30 Uhr und die Ladenöffnungszeit an langen Samstagen in den Monaten April bis September auf 7.00 bis 16.00 Uhr zu beschränken. Dagegen müsse es an den übrigen langen Samstagen und an den kurzen Samstagen im Interesse der Verbraucher und des Einzelhandels bei den bisherigen Öffnungszeiten von 7.00 bis 18.00 Uhr bzw. 7.00 bis 14.00 Uhr, ferner auch bei den bisherigen Öffnungszeiten an den Tagen Montag bis Mittwoch und Freitag von 7.00 bis 18.30 Uhr verbleiben ...

Nach Auffassung der Mitglieder der Fraktionen der CDU/CSU und der FDP kann auf die im Gesetzentwurf vorgesehene **„Großhandelsklausel“** des § 3 Abs. 3 verzichtet werden. Die beteiligten Wirtschaftskreise hätten im Laufe des Gesetzgebungsverfahrens über den Anlaß der vorgesehenen gesetzlichen Regelung eine Einigung getroffen. Danach wollen die Verbände des Handels bei Meinungsverschiedenheiten über die Einhaltung der wettbewerbsrechtlichen Vorschriften einschließlich des Ladenschlußgesetzes und der dazu ergangenen Rechtsprechung des Bundesgerichtshofes durch die Verkaufsstellen des Großhandels einvernehmliche Lösungen herbeiführen. Komme eine Einigung nicht zustande, solle vor der Inanspruchnahme der Gerichte der Deutsche Industrie- und Handelstag gebeten werden, die Beteiligten zu einem Schlichtungsgespräch unter seiner Leitung einzuladen ...

Im Rahmen der Beratungen des Gesetzentwurfs zeigten sich die Mitglieder der Fraktionen der CDU/CSU und FDP über die großzügige Praxis in den Bundesländern besorgt, **Verkaufssonntage aus Anlaß von Märkten,** Messen oder ähnlichen Veranstaltungen zuzulassen. Die Ausschußmehrheit appelliert in diesem Zusammenhang an die Landesregierungen, künftig von der Delegation der Regelungsbefugnis an die Gemeinden und Kreise zurückhaltender als bisher Gebrauch zu machen, den Gemeinden und Kreisen einheitliche Richtlinien für die Handhabung der Ermächtigung zu geben und hierbei den Verfassungsauftrag in Art. 140 Grundgesetz in Verbindung mit Art. 139 Weimarer Reichsverfassung zu beachten, Sonn- und Feiertage zu schützen. In der Erwartung, daß dieser Appell Gehör findet, war die Ausschußmehrheit der Auffassung, daß von einer gesetzlichen Einschränkung der Zahl der freizugebenden Sonntage bzw. von einer Einschränkung der Delegationsbefugnis in § 14 Ladenschlußgesetz abgesehen werden könne.

Erläuterungen zu Art. 2 GzED

Zu Art. 1 Nr. 1 vgl. § 3 LSchlG Rn. 1 ff. 1

Die Streichungen in Art. 2 Nr. 2 beziehen sich auf § 3 Abs. 2 LSchlG 2 alter, überholter Fassung, nicht auf den durch Art. 2 Nr. 1 GzED neu angefügten § 3 Abs. 2 LSchlG (vgl. BT-Drucks. 11/4649 S. 9).

Zur sog. Großhandelsklausel vgl. die Fassung des Abs. 3 in Art. 2 des 3 Regierungsentwurfs (BT-Drucks. 11/2973 S. 4 und 6), ferner hier § 1 LSchlG Rn. 9.

Wegen der Erläuterungen zu § 14 LSchlG über Verkaufssonntage aus 4 Anlaß von Märkten, Messen vgl. § 14 LSchlG Rn. 1 ff.

Artikel 3 Verwaltungsvorschriften

Der jeweils zuständige Bundesminister wird ermächtigt, für die seiner Rechtsaufsicht unterstehenden bundesunmittelbaren Körperschaften und Anstalten des öffentlichen Rechts durch allgemeine Verwaltungsvorschriften nähere Bestimmungen zur Ausführung der Empfehlung in Artikel 1 zu erlassen. Dabei kann er auch die Voraussetzungen für die Einführung eines Dienstleistungsabends verbindlich festlegen.

Die Empfehlung in Art. 1 richtet sich an alle Dienststellen des Bundes 1 mit regem Publikumsverkehr, also auch an die bundesunmittelbaren Körperschaften und Anstalten des öffentlichen Rechts. **Jede Dienststelle** des Bundes, in der ein unmittelbarer persönlicher Verkehr zwischen der Behörde und dem außenstehenden Bürger in erheblichem Umfang stattfindet, ist damit **gehalten, von sich aus** den Dienstleistungsabend einzuführen. Gegebenenfalls kann jeder Bundesminister die Einführung des Dienstleistungsabends in den Dienststellen seines Geschäftsbereichs durch Weisungen sicherstellen. Gegenüber den seiner Rechtsaufsicht unterstehenden bundesunmittelbaren Körperschaften und Anstalten des öffentlichen Rechts kann er solche Weisungen nicht erteilen. Er benötigt eine Ermächtigung zum Erlaß entsprechender Verwaltungsvorschriften und muß ggf. solche Verwaltungsvorschriften erlassen, um die Einführung eines Dienstleistungsabends auch dort sicherzustellen.

Art. 3 stellt die erforderliche **Ermächtigungsgrundlage** dar, um auch 2 bei lediglich der Rechtsaufsicht unterliegenden juristischen Personen des öffentlichen Rechtes den Dienstleistungsabend durch allgemeine Verwaltungsvorschriften einführen zu können (vgl. BT-Drucks. 11/2973 S. 6).

Artikel 4 Berlin-Klausel

Dieses Gesetz gilt nach Maßgabe des § 13 Abs. 1 des Dritten Überleitungsgesetzes auch im Land Berlin.

1 Dieser Artikel enthält die übliche Berlin-Klausel.

Artikel 5 Inkrafttreten

Dieses Gesetz tritt am 1. Oktober 1989 in Kraft.

1 Der Gesetzgeber läßt das GzED am 1. 10. 1989 in Kraft treten, um den Dienstleistungsbetrieben zwischen Verabschiedung (2. 6. 1989) und Inkrafttreten des Gesetzes (1. 10. 1989) Gelegenheit zu geben, die zur Teilnahme am Dienstleistungsabend erforderlichen organisatorischen und **personellen Umstellungen** rechtzeitig vornehmen zu können (vgl. BT-Drucks. 11/4649 S. 9). Zu diesen Umstellungen gehört u. a. die Anpassung von Betriebsvereinbarungen und Arbeitsverträgen, wenn und soweit sie der Einrichtung eines Dienstleistungsabends entgegenstehen, insbesondere die Anpassung von Betriebsvereinbarungen und Arbeitsverträgen mit Arbeitszeitende 18.30 Uhr. Dabei ist zwischen tarifgebundenen und nicht tarifgebundenen Betrieben zu unterscheiden.

2 **In nicht tarifgebundenen Betrieben** kann eine dem Dienstleistungsabend entgegenstehende Betriebsvereinbarung im Einvernehmen zwischen Arbeitgeber und Betriebsrat, wie auch sonst, durch eine neue, dem Dienstleistungsabend angepaßte Betriebsvereinbarung ersetzt werden. Die Geltung einer dem Dienstleistungsabend entgegenstehenden Betriebsvereinbarung kann auch durch einen zwischen Arbeitgeber und Betriebsrat abzuschließenden Aufhebungsvertrag beendet werden (vgl. hierzu Löwisch, BetrVG, § 77 Rn. 18 und 35).

3 Ist der Betriebsrat zum Abschluß einer neuen **Betriebsvereinbarung** oder zum Abschluß eines Aufhebungsvertrages nicht bereit, kann der Arbeitgeber eine dem Dienstleistungsabend entgegenstehende Betriebsvereinbarung nach § 77 Abs. 5 BetrVG, soweit nichts anderes vereinbart ist, mit einer Frist von 3 Monaten **kündigen** (zur Nachwirkung vgl. § 77 Abs. 6 BetrVG). Hat der Arbeitgeber diese Kündigungsfrist

versäumt oder endet eine dem Dienstleistungsabend entgegenstehende befristete Betriebsvereinbarung nicht rechtzeitig durch Ablauf der in ihr enthaltenen Befristung (vgl. hierzu Löwisch, BetrVG, § 77 Rn. 17), stellt sich die Frage nach einer fristlosen Kündigung.

Eine Betriebsvereinbarung kann ausnahmsweise auch fristlos gekün- 4
digt werden, wenn Umstände vorliegen, aufgrund derer dem Kündigenden die Bindung an die Betriebsvereinbarung bis zum Ablauf der Kündigungsfrist nicht zugemutet werden kann (BAG BB 1957 S. 966 und 1964 S. 1083). Die gesetzliche Empfehlung des Art. 1 GzED als solche dürfte in der Regel eine solche **fristlose Kündigung** nicht rechtfertigen, sicherlich auch nicht der Hinweis in BT-Drucks. 11/4649 S. 9, daß die Betriebe Gelegenheit zur rechtzeitigen personellen Umstellung erhalten sollen (vgl. Art. 5 Rn. 1). Eine fristlose Kündigung könnte jedoch zulässig sein, wenn weitere Umstände hinzutreten, die eine Bindung an die Betriebsvereinbarung bis zum Ablauf der Kündigungsfrist oder der in ihr enthaltenen Befristung als unzumutbar erscheinen lassen, z.B. wenn eine Verkaufsstelle an eine Betriebsvereinbarung mit Arbeitszeitende um 18.30 Uhr gebunden ist, während Mitbewerber den Dienstleistungsabend bereits eingerichtet haben und sie dadurch in eine schwierige Wettbewerbssituation gerät. Zum Abschluß einer neuen Betriebsvereinbarung vgl. § 3 LSchlG Rn. 14f.

Ist die Lage der täglichen Arbeitszeit durch **Arbeitsvertrag** so festge- 5
legt, daß er der Beschäftigung des Arbeitnehmers am Dienstleistungsabend entgegensteht, kann eine Änderung im beiderseitigen Einvernehmen oder durch Änderungskündigung erfolgen. Bei der Änderungskündigung sind der gesetzliche und der tarifliche Kündigungsschutz zu beachten, ggf. auch vertragliche Kündigungsbeschränkungen.

Dringende betriebliche Erfordernisse rechtfertigen in der Regel nur 6
eine ordentliche Kündigung des Arbeitgebers (BAG BB 1980 S. 1103). Rechtfertigt also die Einrichtung eines Dienstleistungsabends die Änderung der Lage einer arbeitsvertraglich festgelegten Arbeitszeit nur aus dringenden betrieblichen Erfordernissen, dürfte somit im Regelfall nur eine ordentliche **Kündigung** zulässig sein. Ist die ordentliche Kündigung durch eine besondere Regelung ausgeschlossen oder sind erheblich längere Kündigungsfristen als die Regelkündigungsfristen vereinbart, dürfte eher angenommen werden, daß dem Arbeitgeber bei dringenden betrieblichen Gründen das Durchhalten eines so langfristi-

gen Vertrages nicht mehr zumutbar ist (BAG BB 1958 S. 118), insbesondere wenn dem Betrieb andernfalls erhebliche spätöffnungsbedingte Konkurrenznachteile entstehen würden. In solchen Fällen kann auch eine außerordentliche Kündigung gerechtfertigt sein. Dabei ist die Rechtsprechung des BAG zu beachten. Danach ist eine außerordentliche Änderungskündigung nur begründet, wenn die alsbaldige Änderung der Arbeitsbedingungen unabweisbar notwendig ist und die neuen Bedingungen für den Arbeitnehmer zumutbar sind (BAG BB 1973 S. 1212 und BB 1986 S. 2419).

7 Ist die **Lage der Arbeitszeit nicht festgelegt,** weder durch Betriebsvereinbarung noch durch Arbeitsvertrag, besteht **jedoch** im Betrieb ein **Betriebsrat,** so bedarf die Einführung des Dienstleistungsabends, da sie die Lage der Arbeitszeit betrifft, der Zustimmung des Betriebsrats nach § 87 Abs. 1 Nr. 2 BetrVG. Stimmt der Betriebsrat der Einführung des Dienstleistungsabends nicht zu, so kann der Arbeitgeber, wenn er den Dienstleistungsabend trotzdem einführen möchte, die Einigungsstelle zur Überprüfung der Versagung der Zustimmung des Betriebsrats anrufen (vgl. Art. 1 GzED Rn. 10f.; § 3 LSchlG Rn. 15ff.).

8 Besteht im Betrieb **kein Betriebsrat** und ist die Lage der Arbeitszeit auch einzelvertraglich nicht festgelegt, so steht in nicht tarifgebundenen Betrieben der Einführung des Dienstleistungsabends ein rechtliches Hindernis nicht entgegen. Der Arbeitgeber kann in diesen Fällen die Lage der Arbeitszeit seiner Arbeitnehmer dem Dienstleistungsabend entsprechend kraft seines **Direktionsrechts** durch einseitige Weisung in die Abendstunden verlegen, allerdings nur, wie auch sonst, im Rahmen billigen Ermessens.

9 In **tarifgebundenen Betrieben** ist zunächst zu prüfen, ob für sie nach Verabschiedung des GzED, also nach dem 2. 6. 1989, ein Tarifvertrag abgeschlossen wurde und ob und inwieweit darin eine tarifliche Sonderregelung für die Beschäftigung von Arbeitnehmern am Dienstleistungsabend getroffen ist. Wurde ein solcher Tarifvertrag abgeschlossen, geht er jeder Betriebsvereinbarung im tarifgebundenen Betrieb im Range vor, wegen des Grundsatzes des § 75 Abs. 1 BetrVG auch gegenüber den nicht tarifgebundenen Arbeitnehmern des tarifgebundenen Betriebs (vgl. Löwisch, BetrVG, § 77 Rn. 24). Im Zweifel ist eine Tarifnorm gesetzeskonform auszulegen, d. h. im Einklang mit Art. 1 GzED und § 3 Abs. 2 LSchlG (vgl. Einf. Rn. 10, § 3 LSchlG Rn. 17).

Nach den Tarifverträgen für die Tarifgebiete **Baden-Württemberg** und **Rheinland-Pfalz** ist die Lage des regelmäßigen täglichen Arbeitszeitendes für Arbeitnehmer mit Verkaufstätigkeit in Betriebsvereinbarungen festzulegen, und zwar montags bis freitags grundsätzlich auf spätestens 18.30 Uhr, samstags auf spätestens 14.00 Uhr, am langen Samstag der gesetzlichen Regelung gemäß entsprechend später als 14.00 Uhr. Für den Verkaufsabend am **Donnerstag** kann zur Vermeidung spätöffnungsbedingter Wettbewerbsnachteile zwischen dem Inhaber der Verkaufsstelle und dem Betriebsrat ein **späteres Arbeitszeitende als 18.30 Uhr** vereinbart werden. Der Inhaber der Verkaufsstelle hat dem Betriebsrat die Gründe dafür darzulegen, die eine Abendöffnung seiner Verkaufsstelle erforderlich machen; d. h. er muß ihm insbesondere mitteilen, daß und welche Mitbewerber vom Dienstleistungsabend Gebrauch machen bzw. Gebrauch machen wollen, welche Wettbewerbsnachteile hierdurch für die betroffene Verkaufsstelle entstehen und wie sie vermieden werden können. 10

In anderen Tarifgebieten sind für die Zulassung eines späteren Arbeitszeitendes am Donnerstag weitgehend ähnliche Tarifverträge wie in Baden-Württemberg und Rheinland-Pfalz abgeschlossen worden. Unterschiedliche Formulierungen im Wortlaut der betreffenden Tarifnorm als Voraussetzung für die Zulassung eines späteren Arbeitszeitendes als 18.30 Uhr durch Betriebsvereinbarung, z. B. Formulierungen „zur Vermeidung begründeter spätöffnungsbedingter Nachteile" in Hamburg und Schleswig-Holstein oder „zur Vermeidung wesentlicher (spürbarer) Nachteile" in Bayern, Nordrhein-Westfalen und Niedersachsen dürften eine von Baden-Württemberg und Rheinland-Pfalz abweichende, erheblich strengere rechtliche Beurteilung bei der Einführung eines Verkaufsabends wohl nicht rechtfertigen. Eine strengere Handhabung, die die Verkaufsstelleninhaber bei der Einführung eines Verkaufsabends noch mehr als in Baden-Württemberg und Rheinland-Pfalz behindern würde, wäre mit dem in Art. 1 GzED und § 3 Abs. 2 LSchlG zum Ausdruck gekommenen Willen des Gesetzgebers, einen Dienstleistungsabend einzuführen, nicht zu vereinbaren, auch nicht mit dem Zweck und der besonderen Aufgabe des LSchlG, einen bundeseinheitlichen Ladenschluß sicherzustellen (vgl. Einf. Rn. 7 ff.). Eine unterschiedliche Handhabung des Ladenschlusses in den einzelnen Bundesländern würde ferner nicht nur die Notwendigkeit des Ladenschlußgesetzes, sondern auch dessen Verfassungsmäßigkeit in Frage stellen. Das Ladenschlußgesetz greift nicht nur in Grundrechte der Ar- 11 beitnehmer, sondern auch der Verkaufsstelleninhaber und der Verbraucher ein (vgl. BVerfGE 13, 225 ff.). Im Interesse der Weitergeltung des Ladenschlußgesetzes empfiehlt sich eine verfassungs- und gesetzeskonforme Auslegung der Tarifverträge. Zur Entscheidung der Einigungsstellen nach § 76 BetrVG vgl. § 3 LSchlG Rn. 14 ff.

12 Erhebliche Unterschiede bestehen in den tariflichen Bestimmungen über die **sozialen Belange** der von der Abendöffnung betroffenen Arbeitnehmer. Während der Tarifvertrag für Baden-Württemberg die Regelung der sozialen Belange entsprechend den unterschiedlichen Verhältnissen in den einzelnen Verkaufsstellen den Betriebsvereinbarungen überläßt, enthalten andere Tarifverträge, z. B. die für Hamburg, Nordrhein-Westfalen und Bayern, unmittelbar geltende detaillierte Regelungen, u. a.: Arbeitnehmer sollen nicht an 2 aufeinanderfolgenden Donnerstagen abendöffnungsbedingt nach 18.30 Uhr eingesetzt werden. An einem solchen Donnerstag sollen sie nicht länger als 8,5 Stunden beschäftigt werden. Gegen solche und ähnliche tarifliche Regelungen bestehen, wenn und soweit deren Handhabung die Befolgung der gesetzlichen Empfehlung in Art. 1 GzED nicht unmöglich macht, keine durchgreifenden Bedenken. Im Zweifel sind sie gesetzeskonform auszulegen.

13 Zur Einhaltung eines Tarifvertrages sind nur die Verkaufsstellen verpflichtet, die tarifgebunden sind (§ 4 Abs. 1 TVG). Tarifgebunden sind nur die Verkaufsstellen, die Mitglied des Einzelhandelsverbandes sind, der den betreffenden Tarifvertrag abgeschlossen hat (§ 3 Abs. 1 i. V. m. § 2 Abs. 1 TVG). **Nicht tarifgebundene Verkaufsstellen** werden von den Bestimmungen eines Tarifvertrages erst erfaßt, wenn und soweit sie vom BMA oder von der von ihm ermächtigten obersten Arbeitsbehörde eines Landes für allgemeinverbindlich erklärt worden sind (§ 5 TVG). Tarifverträge über das Arbeitszeitende am Donnerstag um 18.30 Uhr sind bisher wegen der gesetzlichen Empfehlung in Art. 1 GzED, am Donnerstag einen Dienstleistungsabend einzurichten, nicht für allgemeinverbindlich erklärt worden (vgl. § 3 LSchlG Rn. 17).

Teil D
Anhang

1. Arbeitszeitordnung

in der Fassung vom 30. April 1938 (RGBl. I S. 447), zuletzt geändert durch Gesetz vom 10. März 1975 (BGBl. I S. 685)

Erster Abschnitt. Allgemeine Vorschriften

§ 1 Geltungsbereich. (1) Die Arbeitszeitordnung gilt für Arbeitnehmer über achtzehn Jahre in Betrieben und Verwaltungen aller Art, auch wenn sie nicht mit der Absicht der Gewinnerzielung betrieben werden. Ausgenommen sind

1. die Landwirtschaft einschließlich des Gartenbaues, des Weinbaues und der Imkerei, die Forstwirtschaft, die Jagd, die Tierzucht und die land- und forstwirtschaftlichen Nebenbetriebe gewerblicher Art, letztere jedoch nur, wenn sie nur für den eigenen Bedarf arbeiten,
2. die Fischerei, die Seeschiffahrt und die Luftfahrt, ausschließlich der zugehörigen Land- und Bodenbetriebe.

(2) Die Arbeitszeitordnung gilt nicht für

1. Generalbevollmächtigte und die im Handelsregister oder Genossenschaftsregister eingetragenen Vertreter eines Unternehmens,
2. sonstige Angestellte in leitender Stellung, die Vorgesetzte von mindestens zwanzig Arbeitnehmern sind *oder deren Jahresarbeitsverdienst die im Versicherungsgesetz für Angestellte für die Versicherungspflicht jeweils bestimmte Höchstgrenze übersteigt,*

   pharmazeutisch vorgebildete Arbeitnehmer in Apotheken.

(3) Für Bäckereien und Konditoreien gilt das Gesetz über die Arbeitszeit in Bäckereien und Konditoreien vom 29. Juni 1936 (Reichsgesetzbl. I S. 521), abgeändert durch das Gesetz über Kinderarbeit und über die Arbeitszeit der Jugendlichen (Jugendschutzgesetz) vom 30. April 1938 (Reichsgesetzbl. I S. 437). Für das Pflegepersonal und die ihm gleichgestellten Arbeitnehmer in Krankenpflegeanstalten gilt die Verordnung über die Arbeitszeit in Krankenpflegeanstalten vom 13. Februar 1924 (Reichsgesetzbl. I S. 66, 154).

§ 2 Begriff der Arbeitszeit. (1) Arbeitszeit ist die Zeit vom Beginn bis zum Ende der Arbeit ohne Ruhepausen.

(2) Im Steinkohlenbergbau gilt als Arbeitszeit die Schichtzeit; sie wird gerechnet vom Beginn der Seilfahrt bei der Einfahrt bis zum Wiederbeginn bei der Ausfahrt oder vom Eintritt des einzelnen Arbeitnehmers in das Stollenmundloch bis zu seinem Wiederaustritt.

(3) Arbeitszeit ist auch die Zeit, während der ein im übrigen im Betriebe Beschäftigter in seiner eigenen Wohnung oder Werkstätte oder sonst außerhalb des Betriebes beschäftigt wird. Werden Arbeitnehmer von mehreren Stellen beschäftigt, so dürfen die einzelnen Beschäftigungen zusammen die gesetzliche Höchstgrenze der Arbeitszeit nicht überschreiten.

Zweiter Abschnitt. Arbeitszeit im allgemeinen

§ 3 Regelmäßige Arbeitszeit. Die regelmäßige werktägliche Arbeitszeit darf die Dauer von acht Stunden nicht überschreiten.

§ 4 Andere Verteilung der Arbeitszeit. (1) Wird die Arbeitszeit an einzelnen Werktagen regelmäßig verkürzt, so kann die ausfallende Arbeitszeit auf die übrigen Werktage derselben sowie der vorhergehenden oder der folgenden Woche verteilt werden. Dieser Ausgleich ist ferner zulässig, soweit die Art des Betriebes eine ungleichmäßige Verteilung der Arbeitszeit erfordert; das Gewerbeaufsichtsamt kann bestimmen, ob diese Voraussetzung vorliegt.

(2) Die durch Betriebsfeiern, Volksfeste, öffentliche Veranstaltungen oder aus ähnlichem Anlaß an Werktagen ausfallende Arbeitszeit kann auf die Werktage von fünf zusammenhängenden, die Ausfalltage einschließenden Wochen verteilt werden. Dasselbe gilt, wenn in Verbindung mit Feiertagen die Arbeitszeit an Werktagen ausfällt, um den Arbeitnehmern eine längere zusammenhängende Freizeit zu gewähren.

(3) Die tägliche Arbeitszeit darf bei Anwendung der Vorschriften der Absätze 1 und 2 zehn Stunden täglich nicht überschreiten. Das Gewerbeaufsichtsamt kann eine Überschreitung dieser Grenze zulassen.

§ 5 Vor- und Abschlußarbeiten. (1) Die für den Betrieb oder eine Betriebsabteilung zulässige Dauer der Arbeitszeit darf um zwei Stunden täglich, jedoch höchstens bis zu zehn Stunden täglich in folgenden Fällen ausgedehnt werden:

1. bei Arbeiten zur Reinigung und Instandhaltung, soweit sich diese Arbeiten während des regelmäßigen Betriebes nicht ohne Unterbrechung oder erhebliche Störung ausführen lassen,

2. bei Arbeiten, von denen die Wiederaufnahme oder Aufrechterhaltung des vollen Betriebes arbeitstechnisch abhängt.

(2) Beim Zuendebedienen der Kundschaft einschließlich der damit zusammenhängenden notwendigen Aufräumungsarbeiten darf die Arbeitszeit um eine halbe Stunde, jedoch höchstens bis zu zehn Stunden täglich verlängert werden.

(3) Die Arbeitszeit darf in den Fällen des Absatzes 1 über zehn Stunden täglich verlängert werden, wenn eine Vertretung des Arbeitnehmers durch andere Arbeitnehmer nicht möglich ist und die Heranziehung betriebsfremder Personen dem Arbeitgeber nicht zugemutet werden kann. Als Vor- und Abschlußarbeiten gelten hierbei nur solche Arbeiten, die die Dauer von zwei Stunden täglich nicht überschreiten.

(4) Das Gewerbeaufsichtsamt kann bestimmen, welche Arbeiten als Vor- und Abschlußarbeiten gelten.

§ 6 Arbeitszeitverlängerung an dreißig Tagen. Die Arbeitnehmer eines Betriebes oder einer Betriebsabteilung dürfen an dreißig Tagen im Jahr über die regelmäßige Arbeitszeit hinaus mit Mehrarbeit bis zu zwei Stunden täglich, jedoch nicht länger als zehn Stunden täglich beschäftigt werden.

§ 7 Arbeitszeitverlängerung durch Tarifvertrag. (1) Die regelmäßige Arbeitszeit kann durch Tarifvertrag bis zu zehn Stunden täglich verlängert werden.

(2) Wenn in die Arbeitszeit regelmäßig und in erheblichem Umfange Arbeitsbereitschaft fällt, kann die Arbeitszeit auch über zehn Stunden täglich verlängert werden.

(3) [gegenstandslos]

§ 8 Arbeitszeitverlängerung durch das Gewerbeaufsichtsamt. (1) Das Gewerbeaufsichtsamt kann beim Nachweis eines dringenden Bedürfnisses eine von den §§ 3, 4 und 7 abweichende befristete Regelung der Arbeitszeit zulassen.

(2) Eine über zehn Stunden täglich hinausgehende Arbeitszeit kann das Gewerbeaufsichtsamt nur zulassen, wenn in die Arbeitszeit regelmäßig und in erheblichem Umfang Arbeitsbereitschaft fällt oder wenn die Arbeitsverlängerung aus dringenden Gründen des Gemeinwohls erforderlich ist.

§ 9 Arbeitszeit bei gefährlichen Arbeiten. (1) Für Gewerbezweige oder Gruppen von Arbeitnehmern, die unter besonderen Gefahren für Leben oder Gesundheit arbeiten, insbesondere für Arbeiter im Steinkohlenbergbau untertage sowie für Arbeiter, die in außergewöhnlichem Grade der Einwirkung von Hitze, giftigen Stoffen, Staub oder dergleichen oder der Gefährdung durch Sprengstoffe ausgesetzt sind, ist eine Überschreitung der Grenze des § 3, abgesehen von einer anderen Verteilung der Arbeitszeit nach den §§ 4 und 10, nur auf Grund eines

Tarifvertrags nach § 7 oder einer Genehmigung des Gewerbeaufsichtsamts nach § 8 und nur dann zulässig, wenn die Arbeitszeitverlängerung aus Gründen des Gemeinwohls dringend erforderlich ist. Eine Überschreitung auf Grund eines Tarifvertrags oder Genehmigung des Gewerbeaufsichtsamtes ist ferner zulässig, wenn sie sich in langjähriger Übung als unbedenklich erwiesen hat und eine halbe Stunde nicht übersteigt. Der *Reichsarbeitsminister* bestimmt, für welche Gewerbezweige oder Gruppen von Arbeitnehmern diese Beschränkung gilt.

(2) Der *Reichsarbeitsminister* kann für einzelne Arten von Betrieben oder Beschäftigungen, die mit besonderen Gefahren für die Gesundheit der Arbeitnehmer verbunden sind, eine über die Vorschriften der Arbeitszeitordnung hinausgehende Begrenzung der Arbeitszeit anordnen.

(3) Im Bergbau untertage ist für Betriebspunkte mit einer Wärme über 28 Grad Celsius durch die zuständige Bergbehörde eine Verkürzung der Arbeitszeit der Arbeitnehmer anzuordnen. Weitergehende bergpolizeiliche Bestimmungen bleiben unberührt.

§ 10 Ununterbrochene Arbeit. Bei Arbeiten, die werktags und sonntags einen ununterbrochenen Fortgang erfordern, dürfen zur Herbeiführung eines regelmäßigen wöchentlichen Schichtwechsels männliche Arbeitnehmer innerhalb eines Zeitraumes von drei Wochen einmal zu einer Schicht von höchstens sechszehnstündiger Dauer einschließlich der Ruhepausen herangezogen werden, sofern ihnen in diesen drei Wochen zweimal eine ununterbrochene Ruhezeit von je vierundzwanzig Stunden gewährt wird. Das Gewerbeaufsichtsamt kann eine abweichende Regelung zulassen.

§ 11 Höchstgrenze für Arbeitszeitverlängerungen. Die Arbeitszeit darf, abgesehen von den Vorschriften des § 4 Abs. 3 Satz 2, § 5 Abs. 3, § 7 Abs. 2, § 8 Abs. 2, § 10 und § 14, auch beim Zusammentreffen mehrerer Ausnahmen zehn Stunden täglich nicht überschreiten.

§ 12 Arbeitsfreie Zeiten und Ruhepausen. (1) Den Arbeitnehmern ist nach Beendigung der täglichen Arbeitszeit eine ununterbrochene Ruhezeit von mindestens elf Stunden zu gewähren. In Gast- und Schankwirtschaften, im übrigen Beherbergungswesen und im Verkehrswesen darf die ununterbrochene Ruhezeit auf zehn Stunden verkürzt werden. Das Gewerbeaufsichtsamt kann beim Nachweis eines dringenden Bedürfnisses weitergehende Ausnahmen zulassen.

(2) Den männlichen Arbeitnehmern sind bei einer Arbeitszeit von mehr als sechs Stunden mindestens eine halbstündige Ruhepause oder zwei viertelstündige Ruhepausen zu gewähren, in denen eine Beschäftigung im Betrieb nicht gestattet ist. Für den Aufenthalt während der Pausen sind nach Möglichkeit besondere Aufenthaltsräume oder freie Plätze bereitzustellen. Bei Arbeiten, die einen ununterbrochenen Fortgang erfordern, sind die in Wechselschichten be-

schäftigten Arbeitnehmer ausgenommen; jedoch müssen ihnen Kurzpausen von angemessener Dauer gewährt werden. Die Vorschriften des § 20 Abs. 3 über eine andere Regelung durch das Gewerbeaufsichtsamt finden entsprechende Anwendung.

§ 13 Sonderregelung für öffentliche Betriebe und Verwaltungen. (1) Für die Betriebe und Verwaltungen *des Reichs, des „Unternehmens Reichsautobahnen", der Reichsbank* und der Länder und für die Verwaltungen der Gemeinden und Gemeindeverbände können die vorgesetzten Dienstbehörden die für Beamte gültigen Dienstvorschriften über die Arbeitszeit auf die Arbeitnehmer übertragen.

(2) Für Angestellte, die von Körperschaften des öffentlichen Rechts gemeinsam mit Beamten beschäftigt werden, gelten mangels abweichender Einzelabrede, *Dienstordnung* oder Tarifvertrag die für Beamte gültigen Dienstvorschriften über die Arbeitszeit auch ohne ausdrückliche Übertragung nach Absatz 1.

§ 14 Außergewöhnliche Fälle. (1) Die Vorschriften der §§ 3 bis 13 über die Dauer der Arbeitszeit, arbeitsfreie Zeiten und Ruhepausen finden keine Anwendung auf vorübergehende Arbeiten in Notfällen und in außergewöhnlichen Fällen, die unabhängig vom Willen der Betroffenen eintreten und deren Folgen nicht auf andere Weise zu beseitigen sind, besonders wenn Rohstoffe oder Lebensmittel zu verderben oder Arbeitserzeugnisse zu mißlingen drohen.

(2) Dasselbe gilt, wenn eine verhältnismäßig geringe Zahl von Arbeitnehmern an einzelnen Tagen mit Arbeiten beschäftigt wird, deren Nichterledigung das Ergebnis der Arbeit gefährden oder einen unverhältnismäßigen wirtschaftlichen Schaden zur Folge haben würde und wenn dem Arbeitgeber andere Vorkehrungen nicht zugemutet werden können.

§ 14a [Ermächtigung für den Bundesminister für Verteidigung].

§ 15 Mehrarbeitsvergütung. (1) Wird auf Grund des § 6 über Arbeitszeitverlängerung an dreißig Tagen, des § 7 über Arbeitszeitverlängerung durch Tarifvertrag, des § 8 über Arbeitszeitverlängerung durch das Gewerbeaufsichtsamt und des § 14 über außergewöhnliche Fälle Mehrarbeit geleistet, so haben die Arbeitnehmer mit Ausnahme der Lehrlinge für die über die Grenzen der §§ 3 und 4 hinausgehende Arbeitszeit Anspruch auf eine angemessene Vergütung über den Lohn für die regelmäßige Arbeitszeit hinaus. Dies gilt nicht, soweit die Mehrarbeit auch nach den Vorschriften des § 5 über Vor- und Abschlußarbeiten zulässig wäre oder lediglich in Folge von Notfällen, Naturereignissen, Unglücksfällen oder anderen unvermeidlichen Störungen erforderlich ist. Bei Arbeitszeitverlängerungen durch Tarifvertrag oder behördliche Genehmigung entfällt der Anspruch auf Mehrarbeitsvergütung, wenn in die Arbeitszeit regelmäßig und in erheblichem Umfang Arbeitsbereitschaft fällt.

(2) Als angemessene Vergütung gilt, wenn nicht die Beteiligten eine andere Regelung vereinbaren *oder ein Reichsminister durch gemeinsame Dienstordnung, der Reichsarbeitsminister oder der Reichstreuhänder (Sondertreuhänder) der Arbeit eine abweichende Regelung trifft*, ein Zuschlag von 25 vom Hundert.

(3) Wird in Gewerben, die ihrer Art nach in gewissen Zeiten des Jahres regelmäßig zu erheblich verstärkter Tätigkeit genötigt sind, in diesen Zeiten über die Grenze des § 3 hinaus gearbeitet, so kann der *Reichsarbeitsminister* bestimmen, daß die Vorschriften der Absätze 1 und 2 keine Anwendung finden, soweit die Mehrarbeit durch Verkürzung der Arbeitszeit in den übrigen Zeiten des Jahres ausgeglichen wird.

Dritter Abschnitt. Erhöhter Schutz für Frauen

§ 16 Beschäftigungsverbote. (1) Weibliche Arbeitnehmer dürfen in Bergwerken, Salinen, Aufbereitungsanstalten und unterirdisch betriebenen Brüchen und Gruben nicht untertage, ferner bei der Förderung, mit Ausnahme der Aufbereitung (Separation, Wäsche), bei dem Transport und der Verladung auch nicht übertage beschäftigt werden.

(2) Weibliche Arbeitnehmer dürfen ferner nicht in Kokereien und nicht mit der Beförderung von Roh- und Werkstoffen bei Bauten aller Art beschäftigt werden.

(3) Der *Reichsarbeitsminister* kann die Beschäftigung von weiblichen Arbeitnehmern für einzelne Arten von Betrieben oder Arbeiten, die mit besonderen Gefahren für Gesundheit und Sittlichkeit verbunden sind, gänzlich untersagen oder von Bedingungen abhängig machen.

§ 17 Höchstarbeitszeit. (1) Mit den in § 5 Abs. 1 genannten Vor- und Abschlußarbeiten dürfen weibliche Arbeitnehmer höchstens eine Stunde über die für den Betrieb oder die Betriebsabteilung zulässige Dauer der Arbeitszeit hinaus beschäftigt werden.

(2) Bei Anwendung der Ausnahmen des Zweiten Abschnitts dürfen weibliche Arbeitnehmer nicht länger als zehn Stunden täglich beschäftigt werden. An den Tagen vor Sonn- und Feiertagen darf die Arbeitszeit acht Stunden nicht überschreiten.

(3) Die Vorschrift des Absatzes 2 Satz 2 gilt nicht für das Verkehrswesen, für Gast- und Schankwirtschaften, für das übrige Beherbergungswesen, für das Friseurhandwerk, für Badeanstalten, für Krankenpflegeanstalten, für Musikaufführungen, Theatervorstellungen, andere Schaustellungen, Darbietungen oder Lustbarkeiten, für Filmaufnahmen, für Gärtnereien, für Apotheken, für offene Verkaufsstellen und für die mit ihnen verbundenen Änderungswerkstätten sowie für den Marktverkehr.

§ 18 Ruhepausen. (1) Den weiblichen Arbeitnehmern müssen bei einer Arbeitszeit von mehr als viereinhalb Stunden eine oder mehrere im voraus feststehende Ruhepausen von angemessener Dauer innerhalb der Arbeitszeit gewährt werden. Die Ruhepausen müssen mindestens betragen bei mehr als viereinhalb bis zu sechs Stunden Arbeitszeit zwanzig Minuten, bei mehr als sechs bis zu acht Stunden eine halbe Stunde, bei mehr als acht bis zu neun Stunden dreiviertel Stunden und bei mehr als neun Stunden eine Stunde. Bei mehr als acht bis zu achteinhalb Stunden Arbeitszeit dürfen die Ruhepausen auf eine halbe Stunde verkürzt werden, wenn die Verlängerung der Arbeitszeit über acht Stunden dazu dient, durch andere Verteilung der Arbeitszeit einen Frühschluß vor Sonn- und Feiertagen herbeizuführen. Länger als viereinhalb Stunden hintereinander dürfen weibliche Arbeitnehmer nicht ohne Ruhepause beschäftigt werden.

(2) Als Ruhepausen gelten nur Arbeitsunterbrechungen von mindestens einer Viertelstunde.

(3) Während der Ruhepausen darf den weiblichen Arbeitnehmern eine Beschäftigung im Betriebe nicht gestattet werden. Für den Aufenthalt während der Pausen sind nach Möglichkeit besondere Aufenthaltsräume oder freie Plätze bereitzustellen. Der Aufenthalt in den Arbeitsräumen darf nur gestattet werden, wenn die Arbeit in den Teilen des Betriebes, in denen die weiblichen Arbeitnehmer sich aufhalten, während der Pausen völlig eingestellt und auch sonst die notwendige Erholung nicht beeinträchtigt wird.

§ 19 Nachtruhe und Frühschluß vor Sonn- und Feiertagen. (1) Arbeiterinnen dürfen nicht in der Nachtzeit von zwanzig bis sechs Uhr und an den Tagen vor Sonn- und Feiertagen nicht nach siebzehn Uhr beschäftigt werden.

(2) In mehrschichtigen Betrieben dürfen Arbeiterinnen bis dreiundzwanzig Uhr beschäftigt werden. Nach vorheriger Anzeige an das Gewerbeaufsichtsamt kann die Frühschicht regelmäßig frühestens um fünf Uhr beginnen, wenn die Spätschicht entsprechend früher endet. Das Gewerbeaufsichtsamt kann zulassen, daß die Spätschicht regelmäßig spätestens um vierundzwanzig Uhr endet, wenn die Frühschicht entsprechend später beginnt.

(3) Die Vorschriften der Absätze 1 und 2 gelten nicht für die in § 17 Abs. 3 genannten Betriebe.

§ 20 Behördliche Genehmigung von Ausnahmen. (1) Der *Reichsarbeitsminister* kann aus betriebstechnischen oder allgemein wirtschaftlichen Gründen Ausnahmen von den Vorschriften des § 17 über Höchstarbeitszeit und des § 19 über Nachtruhe und Frühschluß vor Sonn- und Feiertagen zulassen.

(2) Das Gewerbeaufsichtsamt kann beim Nachweis eines dringenden Bedürfnisses Ausnahmen von den in Absatz 1 genannten Vorschriften auf die Dauer von zwei Wochen, jedoch für nicht mehr als vierzig Tage innerhalb eines Kalender-

jahres unter der Voraussetzung zulassen, daß die zu gewährende ununterbrochene Ruhezeit nicht weniger als zehn Stunden beträgt.

(3) Das Gewerbeaufsichtsamt kann aus wichtigen Gründen eine von § 18 abweichende Regelung der Ruhepausen zulassen. Es kann für Betriebe oder Betriebsteile oder für bestimmte Arbeiten, soweit die Schwere der Arbeit oder der sonstige Einfluß der Beschäftigung auf die Gesundheit der weiblichen Arbeitnehmer es dringend erwünscht erscheinen läßt, über die Vorschriften des § 18 Abs. 1 und 2 hinausgehende Pausen anordnen.

(4) Das Gewerbeaufsichtsamt kann abweichend vom § 19 Abs. 1 in Betrieben, in denen die Arbeiter in außergewöhnlichem Grade der Einwirkung von Hitze ausgesetzt sind, in der warmen Jahreszeit die Beschäftigung von Arbeiterinnen vor sechs Uhr zulassen.

§ 21 Ausnahmen in Notfällen. Die Vorschriften der §§ 17 bis 19 über Höchstarbeitszeit, Ruhepausen, Nachtruhe und Frühschluß vor Sonn- und Feiertagen finden keine Anwendung auf vorübergehende Arbeiten, die in Notfällen sofort vorgenommen werden müssen. Der Arbeitgeber hat die Vornahme solcher Arbeiten dem Gewerbeaufsichtsamt unverzüglich anzuzeigen.

Vierter Abschnitt. Werktäglicher Ladenschluß

§§ 22, 23 (aufgehoben)

Fünfter Abschnitt. Durchführungsvorschriften

§ 24 Aushänge und Verzeichnisse. (1) Der Arbeitgeber ist verpflichtet:

1. einen Abdruck der Arbeitszeitordnung an geeigneter Stelle im Betriebe zur Einsichtnahme auszulegen;
2. einen Aushang über Beginn und Ende der regelmäßigen Arbeitszeit und der Ruhepausen an sichtbarer Stelle im Betriebe anzubringen;
3. einen Nachweis über die andere Verteilung der Arbeitszeit nach § 4, über die Vor- und Abschlußarbeiten nach § 5, über die Arbeitszeitverlängerung an dreißig Tagen nach § 6 und über die Arbeiten in außergewöhnlichen Fällen nach § 14 zu führen und darin Lage und Dauer der Arbeitszeit und ihre Verteilung auf die Arbeitnehmer unverzüglich anzugeben; den beteiligten Arbeitnehmern ist auf Verlangen Einsicht in den Nachweis zu gewähren.

(2) Der in Abs. 1 Nr. 3 vorgeschriebene Nachweis ist dem Gewerbeaufsichtsamt auf Verlangen vorzulegen oder zur Einsicht einzusenden.

§ 25 Straf- und Bußgeldvorschriften. (1) Ordnungswidrig handelt, wer vorsätzlich oder fahrlässig

1. einer Vorschrift des § 2 Abs. 3 Satz 2 über die Grenzen der Arbeitszeit bei mehreren Beschäftigungen oder des § 3 über die Grenzen der regelmäßigen Arbeitszeit,
2. einer Vorschrift des § 4 Abs. 1 bis 3 Satz 1 über eine andere Verteilung der Arbeitszeit,
3. einer Vorschrift der §§ 5 bis 7, 11 oder 17 über die Höchstgrenzen der verlängerten Arbeitszeit,
4. einer Vorschrift des § 9 Abs. 1 Satz 1, 2 oder des § 10 Satz 1 über die Arbeitszeit bei gefährlichen Arbeiten oder bei ununterbrochener Arbeit,
5. einer Vorschrift des § 12 Abs. 1 Satz 1, 2. Abs. 2 Satz 1, 3, des § 18 Abs. 1 bis 3 Satz 1, 3 oder des § 19 Abs. 1, 2 Satz 1, 2, Abs. 3 über arbeitsfreie Zeiten und Ruhepausen,
6. einem Beschäftigungsverbot nach § 16 Abs. 1 oder 2,
7. einer Vorschrift des § 19 Abs. 2 Satz 2 oder des § 21 Satz 2 über die Anzeige oder
8. einer Vorschrift des § 24 über Aushänge und Verzeichnisse

zuwiderhandelt.

(2) Ordnungswidrig handelt auch, wer vorsätzlich oder fahrlässig

1. einer Rechtsverordnung nach § 9 Abs. 1 Satz 3, Abs. 2 oder § 16 Abs. 3 in Verbindung mit § 29, soweit sie auf diese Bußgeldvorschrift verweist,
2. einer Rechtsvorschrift nach § 7 Abs. 2, § 15 Abs. 1 der Verordnung über die Arbeitszeit vom 21. Dezember 1923/14. April 1927 (Reichsgesetzbl. 1923 I S. 1249/1927 I S. 110) oder
3. einer Auflage oder vollziehbaren Anordnung auf Grund der §§ 8, 9 Abs. 3, des § 10 Satz 2, des § 12 Abs. 1 Satz 3, Abs. 2 Satz 4, des § 19 Abs. 2 Satz 3 oder des § 20 Abs. 3 Satz 2

zuwiderhandelt.

(3) Die Ordnungswidrigkeit nach Absatz 1 Nr. 1 bis 6 und Absatz 2 kann mit einer Geldbuße bis zu fünftausend Deutsche Mark, die Ordnungswidrigkeit nach Absatz 1 Nr. 7 und 8 mit einer Geldbuße bis zu tausend Deutsche Mark geahndet werden.

(4) Wer vorsätzlich eine der in Absatz 1 Nr. 1 bis 6 oder Absatz 2 bezeichneten Handlungen begeht und dadurch Arbeitnehmer in ihrer Arbeitskraft oder Gesundheit gefährdet, wird mit Freiheitsstrafe bis zu einem Jahr oder mit Geldstrafe bestraft.

(5) Wer in den Fällen des Absatzes 4 die Gefahr fahrlässig verursacht, wird mit Freiheitsstrafe bis zu sechs Monaten oder mit Geldstrafe bis zu einhundertachtzig Tagessätzen bestraft.

§ 25a Zwangsmaßnahmen. Bei einer Zuwiderhandlung gegen die auf Grund des § 9 Abs. 2 oder des § 16 Abs. 3 erlassenen Bestimmungen über die Beschäftigung bei gefährlichen Arbeiten kann das Gewerbeaufsichtsamt bis zur Herstellung des den Bestimmungen entsprechenden Zustandes die Einstellung des Betriebes, soweit er durch die Bestimmungen getroffen wird, anordnen, falls dessen Fortsetzung erhebliche Nachteile oder Gefahren herbeizuführen geeignet wäre.

§ 26 (überholt durch VwGO)

§ 27 Arbeitsaufsicht und Behördenzuständigkeit. (1) Die Aufsicht über die Ausführung der Vorschriften der Arbeitszeitordnung und der auf Grund der Arbeitszeitordnung erlassenen Bestimmungen obliegt den Gewerbeaufsichtsämtern. Gewerbeaufsichtsamt im Sinne der Arbeitszeitordnung ist die örtlich zuständige Dienststelle der Gewerbeaufsicht.

(2) Die nach der Arbeitszeitordnung dem Gewerbeaufsichtsamt zustehenden Befugnisse üben bei bergbaulichen Betrieben die Bergbehörden aus.

(3) Auf die Befugnisse und Obliegenheiten der Aufsichtsbehörden finden die Vorschriften der Gewerbeordnung § 139b Anwendung.

(4) Die dem Gewerbeaufsichtsamt nach den Vorschriften der Arbeitszeitordnung zustehenden Befugnisse übt für den Bereich mehrerer Gewerbeaufsichtsämter die höhere Verwaltungsbehörde aus, für Fälle, die sich über deren Bezirk hinaus erstrecken, *der Reichsarbeitsminister* und bei bergbaulichen Betrieben *der Reichswirtschaftsminister.* Die Landesregierungen werden ermächtigt, durch Rechtsverordnung zu bestimmen, daß abweichend von Satz 1 an Stelle der höheren Verwaltungsbehörde eine andere Behörde zuständig ist. Sie können diese Ermächtigung auf oberste Landesbehörden übertragen.

(5) *Der Reichsarbeitsminister* ist ermächtigt, die ihm nach der Arbeitszeitordnung zustehenden Befugnisse auf eine andere Stelle zu übertragen.

(6) Bei den Betrieben und Verwaltungen *des Reichs, des „Unternehmens Reichsautobahnen", der Reichsbank* und der Länder und bei den Verwaltungen der Gemeinden und Gemeindeverbände üben die vorgesetzten Dienstbehörden die dem *Reichsarbeitsminister* oder anderen Behörden nach der Arbeitszeitordnung zustehenden Befugnisse aus; die *Verordnungsbefugnis steht jedoch nur den obersten Reichsbehörden zu.* Die zuständige *oberste Reichs- oder* Landesbehörde kann diese Befugnisse *im Einvernehmen mit den Reichsarbeitsminister* dem Gewerbeaufsichtsamt übertragen.

§ 28 Ausnahmen im öffentlichen Interesse. Der *Reichsarbeitsminister* kann über die in der Arbeitszeitordnung oder in anderen Arbeitsschutzvorschriften vorgesehenen Ausnahmen hinaus widerruflich weitere Ausnahmen zulassen, wenn sie im öffentlichen Interesse dringend nötig werden.

§ 29 Ausführungsbestimmungen. Der *Reichsarbeitsminister* erläßt die zur Durchführung der Arbeitszeitordnung erforderlichen Rechts- und Verwaltungsvorschriften.

2. Gewerbeordnung

in der Fassung der Bekanntmachung vom 1. Januar 1987 (BGBl. I S. 425)
(Auszug)

Titel IV Messen, Austellungen, Märkte

§ 64 Messe. (1) Eine Messe ist eine zeitlich begrenzte, im allgemeinen regelmäßig wiederkehrende Veranstaltung, auf der eine Vielzahl von Ausstellern das wesentliche Angebot eines oder mehrerer Wirtschaftszweige ausstellt und überwiegend nach Muster an gewerbliche Wiederverkäufer, gewerbliche Verbraucher oder Großabnehmer vertreibt.

(2) Der Veranstalter kann in bechränktem Umfang an einzelnen Tagen während bestimmter Öffnungszeiten Letztverbraucher zum Kauf zulassen.

§ 65 Ausstellung. Eine Ausstellung ist eine zeitlich begrenzte Veranstaltung, auf der eine Vielzahl von Ausstellern ein repräsentatives Angebot eines oder mehrerer Wirtschaftszweige oder Wirtschaftsgebiete ausstellt und vertreibt oder über dieses Angebot zum Zweck der Absatzförderung informiert.

§ 66 Großmarkt. Ein Großmarkt ist eine Veranstaltung, auf der eine Vielzahl von Anbietern bestimmte Waren oder Waren aller Art im wesentlichen an gewerbliche Wiederverkäufer, gewerbliche Verbraucher oder Großabnehmer vertreibt.

§ 67 Wochenmarkt. (1) Ein Wochenmarkt ist eine regelmäßig wiederkehrende, zeitlich begrenzte Veranstaltung, auf der eine Vielzahl von Anbietern eine oder mehrere der folgenden Warenarten feilbietet:

1. Lebensmittel im Sinne des § 1 des Lebensmittel- und Bedarfgegenständegesetzes mit Ausnahme alkoholischer Getränke;
2. Produkte des Obst- und Gartenbaues, der Land- und Forstwirtschaft und der Fischerei;
3. rohe Naturerzeugnisse mit Ausnahme des größeren Viehs.

(2) Die Landesregierungen können zur Anpassung des Wochenmarktes an die wirtschaftliche Entwicklung und die örtlichen Bedürfnisse der Verbraucher durch Rechtsverordnung bestimmen, daß über Absatz 1 hinaus bestimmte

Waren des täglichen Bedarfs auf allen oder bestimmten Wochenmärkten feilgeboten werden dürfen. Sie können diese Ermächtigung durch Rechtsverordnung auf oberste Landesbehörden mit der Befugnis zur Weiterübertragung auf andere Behörden übertragen.

§ 68 Spezialmarkt und Jahrmarkt. (1) Ein Spezialmarkt ist eine im allgemeinen regelmäßig in größeren Zeitabständen wiederkehrende, zeitlich begrenzte Veranstaltung, auf der eine Vielzahl von Anbietern bestimmte Waren feilbietet.

(2) Ein Jahrmarkt ist eine im allgemeinen regelmäßig in größeren Zeitabständen wiederkehrende, zeitlich begrenzte Veranstaltung, auf der eine Vielzahl von Anbietern Waren aller Art feilbietet.

(3) Auf einem Spezialmarkt oder Jahrmarkt können auch Tätigkeiten im Sinne des § 60b Abs. 1 ausgeübt werden; die §§ 55 bis 60a und 60c bis 61a bleiben unberührt.

§ 68a Verabreichen von Getränken und Speisen. Auf Märkten dürfen alkoholfreie Getränke und zubereitete Speisen, auf anderen Veranstaltungen im Sinne der §§ 64 bis 68 Kostproben zum Verzehr an Ort Stelle verabreicht werden. Im übrigen gelten für das Verabreichen von Getränken und zubereiteten Speisen zum Verzehr an Ort und Stelle die allgemeinen Vorschriften.

§ 69 Festsetzung. (1) Die zuständige Behörde hat auf Antrag des Veranstalters eine Veranstaltung, die die Voraussetzungen der §§ 64, 65, 66, 67 oder 68 erfüllt, nach Gegenstand, Zeit, Öffnungszeiten und Platz für jeden Fall der Durchführung festzusetzen. Auf Antrag können, sofern Gründe des öffentlichen Interesses nicht entgegenstehen, Volksfeste, Großmärkte, Wochenmärkte, Spezialmärkte und Jahrmärkte für einen längeren Zeitraum oder auf Dauer, Messen und Ausstellungen für die innerhalb von zwei Jahren vorgesehenen Veranstaltungen festgesetzt werden.

(2) Die Festsetzung eines Wochenmarktes, eines Jahrmarktes oder eines Spezialmarktes verpflichtet den Veranstalter zur Durchführung der Veranstaltung.

(3) Wird eine festgesetzte Messe oder Ausstellung oder ein festgesetzter Großmarkt nicht oder nicht mehr durchgeführt, so hat der Veranstalter dies der zuständigen Behörde unverzüglich schriftlich anzuzeigen.

§ 69a Ablehnung der Festsetzung, Auflagen. (1) Der Antrag auf Festsetzung ist abzulehnen, wenn

1. die Veranstaltung nicht die in den §§ 64, 65, 66, 67 oder 68 aufgestellten Voraussetzungen erfüllt,
2. Tatsachen die Annahme rechtfertigen, daß der Antragsteller oder eine der mit der Leitung der Veranstaltung beauftragten Personen die für die Durchführung der Veranstaltung erforderliche Zuverlässigkeit nicht besitzt,

3. die Durchführung der Veranstaltung dem öffentlichen Interesse widerspricht, insbesondere der Schutz der Veranstaltungsteilnehmer vor Gefahren für Leben oder Gesundheit nicht gewährleistet ist oder sonstige erhebliche Störungen der öffentlichen Sicherheit oder Ordnung zu befürchten sind oder

4. die Veranstaltung, soweit es sich um einen Spezialmarkt oder einen Jahrmarkt handelt, vollständig oder teilweise in Ladengeschäften abgehalten werden soll.

(2) Die zuständige Behörde kann im öffentlichen Interesse, insbesondere wenn dies zum Schutz der Veranstaltungsteilnehmer vor Gefahren für Leben oder Gesundheit oder sonst zur Abwehr von erheblichen Gefahren für die öffentliche Sicherheit oder Ordnung erforderlich ist, die Festsetzung mit Auflagen verbinden; unter denselben Voraussetzungen ist auch die nachträgliche Aufnahme, Änderung und Ergänzung von Auflagen zulässig.

§ 69b Änderung und Aufhebung der Festsetzung. (1) Die zuständige Behörde kann in dringenden Fällen vorübergehend die Zeit, die Öffnungszeiten und den Platz der Veranstaltung abweichend von der Festsetzung regeln.

(2) Die zuständige Behörde hat die Festsetzung zurückzunehmen, wenn bei ihrer Erteilung ein Ablehnungsgrund nach § 69a Abs. 1 Nr. 3 vorgelegen hat; im übrigen kann sie die Festsetzung zurücknehmen, wenn nachträglich Tatsachen bekannt werden, die eine Ablehnung der Festsetzung gerechtfertigt hätten. Sie hat die Festsetzung zu widerrufen, wenn nachträglich ein Ablehnungsgrund nach § 69a Abs. 1 Nr. 3 eintritt; im übrigen kann sie die Festsetzung widerrufen, wenn nachträglich Tatsachen eintreten, die eine Ablehnung der Festsetzung rechtfertigen würden.

(3) Auf Antrag des Veranstalters hat die zuständige Behörde die Festsetzung zu ändern; § 69a gilt entsprechend. Auf Antrag des Veranstalters hat die zuständige Behörde die Festsetzung aufzuheben, die Festsetzung eines Wochenmarktes, Jahrmarktes oder Volksfestes jedoch nur, wenn die Durchführung der Veranstaltung dem Veranstalter nicht zugemutet werden kann.

§ 70 Recht zur Teilnahme an einer Veranstaltung. (1) Jedermann, der dem Teilnehmerkreis der festgesetzten Veranstaltung angehört, ist nach Maßgabe der für alle Veranstaltungsteilnehmer geltenden Bestimmungen zur Teilnahme an der Veranstaltung berechtigt.

(2) Der Veranstalter kann, wenn es für die Erreichung des Veranstaltungszwecks erforderlich ist, die Veranstaltung auf bestimmte Ausstellergruppen, Anbietergruppen und Besuchergruppen beschränken, soweit dadurch gleichartige Unternehmen nicht ohne sachlich gerechtfertigten Grund unmittelbar oder mittelbar unterschiedlich behandelt werden.

(3) Der Veranstalter kann aus sachlich gerechtfertigten Gründen, insbesondere wenn der zur Verfügung stehende Platz nicht ausreicht, einzelne Austeller, Anbieter oder Besucher von der Teilnahme ausschließen.

§ 70a Untersagung der Teilnahme an einer Veranstaltung. Die zuständige Behörde kann einem Austeller oder Anbieter die Teilnahme an einer bestimmten Veranstaltung oder einer oder mehreren Arten von Veranstaltungen im Sinne der §§ 64 bis 68 untersagen, wenn Tatsachen die Annahme rechtfertigen, daß er die hierfür erforderliche Zuverlässigkeit nicht besitzt.

§ 70b Anbringung von Namen und Firma. Auf Veranstaltungen im Sinne der §§ 65 bis 68 finden die Vorschriften des § 15a über die Anbringung des Namens und der Firma entsprechende Anwendung; außerdem ist die Anschrift anzubringen.

§ 71 Vergütung. Der Veranstalter darf bei Volksfesten, Wochenmärkten und Jahrmärkten eine Vergütung nur für die Überlassung von Raum und Ständen und für die Inanspruchnahme von Versorgungseinrichtungen und Versorgungsleistungen einschließlich der Abfallbeseitigung fordern. Daneben kann der Veranstalter bei Volksfesten und Jahrmärkten eine Beteiligung an den Kosten für die Werbung verlangen. Landesrechtliche Bestimmungen über die Erhebung von Benutzungsgebühren durch Gemeinden und Gemeindeverbände bleiben unberührt.

§ 71a Öffentliche Sicherheit und Ordnung. Den Ländern bleibt es vorbehalten, Vorschriften zur Aufrechterhaltung der öffentlichen Sicherheit und Ordnung auf Veranstaltungen im Sinne der §§ 64 bis 68 zu erlassen.

§ 71b Anwendbarkeit von Vorschriften des stehenden Gewerbes. Für Veranstaltungen nach den §§ 64 bis 68 gilt § 61a entsprechend.

Titel VII Gewerbliche Arbeitnehmer (Gesellen, Gehilfen, Lehrlinge, Betriebsbeamte, Werkmeister, Techniker, Fabrikarbeiter)

§ 105b Ruhezeit an Sonn- und Feiertagen. (1) Im Betriebe ... dürfen Arbeitnehmer an Sonn- und Feiertagen nicht beschäftigt werden. Die den Arbeitnehmern zu gewährende Ruhe hat mindestens für jeden Sonn- und Feiertag vierundzwanzig, für zwei aufeinanderfolgende Sonn- und Feiertage sechsunddreißig, für das Weihnachts-, Oster- und Pfingstfest achtundvierzig Stunden zu dauern. ...

(2) Im Handelsgewerbe dürfen Gehilfen, Lehrlinge und Arbeiter an Sonn- und Feiertagen nicht beschäftigt werden. Die zuständige Behörde kann für bis zu zehn Sonn- und Feiertage im Jahr, an denen besondere Verhältnisse einen er-

weiterten Geschäftsverkehr erforderlich machen, für alle oder für einzelne Geschäftszweige oder für einzelne Betriebe dieser Geschäftszweige eine Beschäftigung bis zu acht Stunden, jedoch nicht über sechs Uhr abends hinaus, zulassen und die Beschäftigungsstunden unter Berücksichtigung der für den öffentlichen Gottesdienst bestimmten Zeit festsetzen.

(3) Für das Speditions- und Schiffsmaklergewerbe sowie für andere Gewerbebetriebe, soweit es sich um Abfertigung und Expedition von Gütern handelt, kann die zuständige Behörde eine Beschäftigung bis zu zwei Stunden zulassen.

(4) Die Bestimmungen des Absatzes 2 finden auf die Beschäftigung von Gehilfen, Lehrlingen und Arbeitern im Geschäftsbetriebe von Konsum- und anderen Vereinen entsprechende Anwendung.

(5) Die Vorschriften der Absätze 2 und 3 finden auf alle Angestellten im Sinne der Arbeitszeitordnung Anwendung. Die Ausnahme- und Sonderbestimmungen über die Sonntagsruhe der Angestellten im Handelsgewerbe gelten auch für die sonstigen Angestellten im Sinne der Arbeitszeitordnung. Die hiernach für Sonn- und Feiertage zugelassenen Arbeitsstunden sind auf die nach der Arbeitszeitordnung zulässige Höchstdauer nicht anzurechnen.

§ 105c Ausnahmen von § 105b. (1) Die Bestimmungen des § 105b finden keine Anwendung

1. auf Arbeiten, welche in Notfällen oder im öffentlichen Interesse unverzüglich vorgenommen werden müssen;
2. für einen Sonntag auf Arbeiten zur Durchführung einer gesetzlich vorgeschriebenen Inventur;
3. auf die Bewachung der Betriebsanlagen, auf Arbeiten zur Reinigung und Instandhaltung, durch welche der regelmäßige Fortgang des eigenen oder eines fremden Betriebs bedingt ist, sowie auf Arbeiten, von welchen die Wiederaufnahme des vollen werktägigen Betriebs abhängig ist, sofern nicht diese Arbeiten an Werktagen vorgenommen werden können;
4. auf Arbeiten, welche zur Verhütung des Verderbens von Rohstoffen oder des Mißlingens von Arbeitserzeugnissen erforderlich sind, sofern nicht diese Arbeiten an Werktagen vorgenommen werden können;
5. auf die Beaufsichtigung des Betriebs, soweit er nach Nummer 1 bis 4 an Sonn- und Feiertagen stattfindet.

(2) Gewerbetreibende, welche Arbeitnehmer an Sonn- und Feiertagen mit Arbeiten der unter Nummer 1 bis 5 erwähnten Art beschäftigen, sind verpflichtet, ein Verzeichnis anzulegen, in welches für jeden einzelnen Sonn- und Feiertag die Zahl der beschäftigten Arbeitnehmer, die Dauer ihrer Beschäftigung sowie die Art der vorgenommenen Arbeiten einzutragen sind. Das Verzeichnis ist auf Verlangen der nach § 139b zuständigen Behörde jederzeit zur Einsicht vorzulegen.

(3) Bei den unter Nummer 3 und 4 bezeichneten Arbeiten, sofern dieselben länger als drei Stunden dauern oder die Arbeitnehmer am Besuche des Gottesdienstes hindern, sind die Gewerbetreibenden verpflichtet, jeden Arbeitnehmer entweder an jedem dritten Sonntage volle sechsunddreißig Stunden oder an jedem zweiten Sonntage mindestens in der Zeit von sechs Uhr morgens bis sechs Uhr abends von der Arbeit frei zu lassen.

(4) Ausnahmen von den Vorschriften des vorstehenden Absatzes darf die zuständige Behörde gestatten, wenn die Arbeitnehmer am Besuche des sonntäglichen Gottesdienstes nicht gehindert werden und ihnen an Stelle des Sonntags eine vierundzwanzigstündige Ruhezeit an einem Wochentage gewährt wird.

3. Verordnung über Arbeitsstätten

vom 20. 3. 1975 (BGBl. I S. 729), zuletzt geändert durch VO v. 1. 8. 1983 (BGBl. I S. 1057)
(Auszug)

Fünftes Kapitel. Verkaufsstände im Freien, die im Zusammenhang mit Ladengeschäften stehen

§ 50 Anforderungen. (1) An Verkaufsständen im Freien, die im Zusammenhang mit Ladengeschäften stehen, dürfen in der Zeit vom 15. Oktober bis 30. April Arbeitnehmer nur dann beschäftigt werden, wenn die Außentemperatur am Verkaufsstand mehr als + 16 °C beträgt.

(2) Verkaufsstände im Freien sind so einzurichten, daß die Arbeitnehmer gegen Witterungseinflüsse geschützt sind.

(3) An Verkaufsständen im Freien muß für jeden Arbeitnehmer eine freie Bodenfläche von mindestens 1,50 m^2 vorhanden sein. Sitzgelegenheiten müssen zur Verfügung stehen.

(4) Verkaufsstände im Freien dürfen nur so aufgestellt werden, daß die Arbeitnehmer keinem unzuträglichen Lärm und keinen unzuträglichen mechanischen Schwingungen, Stäuben, Dämpfen, Nebeln oder Gasen, insbesondere Abgasen von Verbrennungsmotoren, ausgesetzt sind.

(5) Die Absätze 1 bis 4 gelten nicht für Warenauslagen, wenn sich die Arbeitnehmer im Ladengeschäft befinden und die Waren dort verkauft werden.

Sachregister

Fettgedruckte Zahlen bezeichnen die Paragraphen des Ladenschlußgesetzes im Teil A, magere Zahlen die Randnummern. **G** mit fettgedruckter Zahl verweist auf die Artikel des Gesetzes zur Einführung eines Dienstleistungsabends im Teil C, magere Zahlen hinter diesen auf deren Randnummern. **VO** mit mageren Zahlen verweist auf die jeweilige Ladenschlußverordnung mit ihrer Dezimal-Nr. **Einf.** bezeichnet die Einführung, **Anh.** den Anhang.

Seit über 40 Jahren unentbehrlich für die Praxis: Betriebs-Berater. Diese Zeitschrift für Recht und Wirtschaft bietet alle 10 Tage das neueste aus dem Bereich Recht, Wirtschaft, Steuern – mit schneller Berichterstattung und aktueller Kommentierung. 3 kostenfreie Probehefte stehen zur Verfügung, bitte anfordern.

Betriebs-Berater

Zeitschrift für Recht und Wirtschaft

Alle, die sich täglich mit dem komplexen und weitgefächerten Recht der Wirtschaft auseinanderzusetzen haben, benötigen die Sicherheit, ständig auf dem neuesten Stand der juristischen Entwicklung zu sein. Der Betriebs-Berater ist dabei die kompetente und umfassende Unterstützung.

Mit den Schwerpunkten **Wirtschaftsrecht, Bilanzrecht, Steuerrecht sowie Arbeits- und Sozialrecht** bietet diese Fachzeitschrift alle 10 Tage das gesamte Recht der Wirtschaft – mit allem, was in der Praxis benötigt wird: Schnelle Berichterstattung über alle die Wirtschaft betreffenden Grundsatzentscheidungen der Gerichte, Erlasse und Verfügungen der Steuer- und Verwaltungsbehörden, außerdem aktuelle Kommentierung von neuen Gesetzen und Entscheidungen und Darstellung zusammenhängender Rechtsprobleme durch namhafte und anerkannte Experten aus Praxis, Verwaltung und Wissenschaft.

Mit detaillierten Literaturhinweisen wird die Bewältigung von Rechtsproblemen leicht gemacht. Und – damit keine Zeit verloren wird – der Betriebs-Berater ist zweckmäßig gegliedert mit sachlicher knapper Darstellung und klarer Sprache.

Bitte mit dieser Karte kostenfrei und unverbindlich 3 Probehefte und die Bezugsbedingungen anfordern.